무용·동작 심리치료

Dance Movement Psychotherapy

| 류분순 저 |

학지사

머리말

21세기에 들어서면서 심리치료 분야는 새롭고 다양한 이론과 과학적인 모델로 빠르게 발달하고 있다. 특히 무용 · 동작 심리치료는 더욱 그러하다.

무용 · 동작 심리치료는 개인의 창의적이고 자발적인 움직임으로 자신의 몸과 접촉하고, 움직임의 경험에서 나온 정서적 상태, 이미지, 생각을 받아들이게 한다. 이러한 방식들은 결과적으로 정화된 언어를 통해 개념화된다.

인간의 존재는 곧 몸이다. 몸을 중심으로 세계와 역사, 시간과 공간 그리고 예술과 종교가 그 의미를 안고 있으며 그 의미는 정지된 몸이 아니라 움직이는 몸이다. 움직이는 몸은 인간 경험의 중심이다. 우리가 개념화하고 인지한 것이 어떻게 움직임으로 드러나고 또 어떻게 감정을 드러내는지를 통해 경험 과정의 근원으로서의 신체적 자신과 내적 태도를 알게 된다.

무용 · 동작 심리치료는 숨겨진 내면을 표현하고 승화시키도록 한다. 즉, 인간의 기본적인 감정인 기쁨, 슬픔, 분노, 두려움, 역겨움, 공포, 욕망 등을 표현하고 그 내적 정서를 바탕으로 인간의 부정적인 감정 상태를 성찰하고 수용하게 한다.

또한 자신의 힘으로 극복할 수 없는 한계상황에 부딪혔을 때 춤은 정화를 이끌어 내억압된 감정을 풀어내게 한다.

그러므로 무용 · 동작 심리치료의 본성은 다른 심리치료와는 다르다고 볼 수 있다. 무용 · 동작 심리치료사는 체계적이고 과학적인 임상연구를 통하여 내담자와 몸의 정서로 공감 · 반응하며, 타인과의 관계와 사회적 관계 시스템 형성의 근본적인 구도를 탐색하여 존재론적인 기반을 갖게 한다.

그리하여 언어적으로는 접근할 수 없는 인간 삶의 창조적이고 자발적인 측면에 도달할 수 있는 가능성을 열어 주는 것이다.

필자는 1993년 한국 최초로 국립서울병원에서 정신과 환자들과 공식적인 임상무용 ·

동작치료를 시작하였다. 1994년 설립한 한국무용치료학회는 사단법인 한국댄스테라피협회(KDTA)로 발전하여 석 · 박사 출신의 많은 무용 · 동작 심리치료사를 배출했고, 이들은 다양한 임상현장에서 일하고 있다. 1995년부터 현재까지는 국내뿐 아니라 미국 · 일본 · 유럽 임상예술학회 및 세계 표현정신병리학회 등에서 한국의 춤과 그 치료성에 대한 이론과 실제에 대해 알리고 있다.

이 책은 무용 · 동작 심리치료의 이론과 실제에 관한 전반적인 내용을 담고 있으면서도 한국적 문화와 정서를 통한 치유의 의미를 중요하게 다루고 있다.

후학들에게 작은 기여가 되길 바라는 마음이다.

2017년

류분순

차례

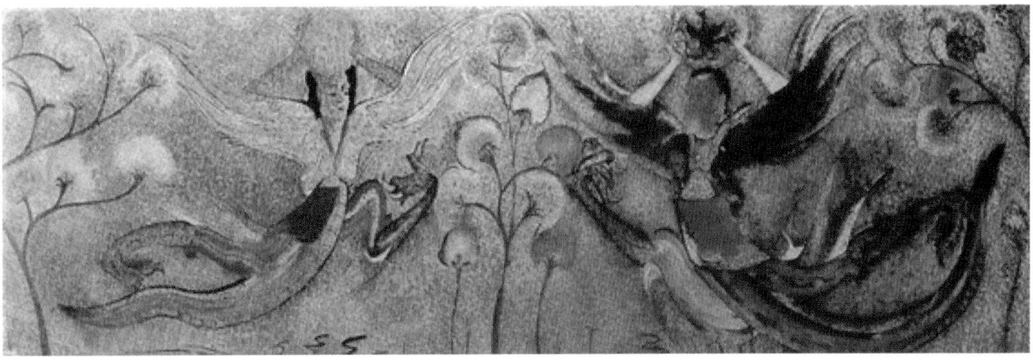

제1장

무용 · 동작 심리치료의 이론적 기초

1. 개념 및 정의

예술치료와 무용 · 동작 심리치료

무용 · 동작 심리치료는 음악, 미술, 드라마 등과 함께 하는 예술치료의 한 분야로 동작을 심리치료적으로 사용하여 개인의 감정과 정신, 신체를 통합시키는 것을 목적으로 한다. 무용 · 동작 심리치료는 무용의 표현적이고 창의적인 개념들을 정신치료의 통찰력과 결합시키는데, 이것은 치료사와 환자의 관계에서 환자를 변화시킬 수 있게 초점을 두고 있으며, 우리의 일상적인 자각과 내부에 존재하는 무의식적인 정신 과정들을 이해하기 위한 것이다.

무용 · 동작 심리치료는 무언의 상호작용

무용 · 동작 심리치료는 개인과 집단의 정신치료로부터 그 이론과 방법을 도입하고 있으며, 무언의 상호작용에 대한 연구와 발달심리학, 동작에 관한 연구와 함께하고 있다. 뿐만 아니라, 무용 · 동작 심리치료는 안무와 동작분석 시스템을 사용하여 동작의 특성들을 분석한다. 또한, 무용 · 동작 심리치료에서 동작은 개인들에 따른 개인차와 타인들과 어울릴 수 있는 개인들의 능력에 따른 차이를 용이하게 하는 데 이용된다. 환자는 어떻게 해서 감정적인 경험과 신체적인 경험이 연결되며, 말과 자유롭게 연결됨으로써 동작이 어떻게 이미지들을 창출해 낼 수 있는지를 자각할 수 있게 되는데, 그것은 나중에 심리학적인 이해로까지 확장된다.

창의적 움직임을 통한 신체상 재확립

집단 무용 · 동작 심리치료에서, 상호 동작에 참여하는 것은 내담자들로 하여금 개인 간에 일어나는 행동들을 더욱 잘 자각할 수 있게끔 도와주고, 그들이 타인들과의 관계를 어떻게 형성하고 유지시켜 나갈 것인지를 알게 해 준다. 뿐만 아니라, 집단 무용 · 동작 심리치료는 무의식적이고 감정적인 집단의 삶에 대한 어떤 것을 설명해 주는 움직임, 은유 그리고 상상력을 끄집어내게 한다.

내담자의 전체적인 정신치료 면에 있어서 무용 · 동작 심리치료는 여러 가지 방식으로 도움을 줄 수 있는데, 그것은 언어적 · 비언어적 상호행동양식들을 모두 갖고 있기 때문에, 딱딱한 언어집단치료에 참가하는 능력이 제한되어 있던 환자들이 참여할 때에 특히 효과적임이 입증되어 왔다(Sandel & Johnson, 1983). 정신의학에 있어서 무용 · 동작 심리치료는 내담자들이 그룹 안에서 사회적인 역할수행 능력을 향상시킬 수 있는 생생한 기회들을 제공해 주는데, 그 이유는 움직임이 창의적이라서 그룹 미팅을 하는 동안에 내담자들이 작은 성과들을 거둘 수 있는 것이다. 초기 단계(워밍업 단계)에서 내담자는 가장 큰 효과를 거두게 될지도 모른다. 그것은 적절한 신체상을 재확립시키고, 내담자를 신체적으로 활동하게끔 고무시키면서, 그들 행동의 비언어적인 요소들을 재통합할 것을 목적으로 하는 실제들로 구성되어 있기 때문이다. 신체가 편안하고 민첩하다는 느낌은 제공받고 있는 다른 치료에도 효과적인 첫걸음이 될 수 있다. 그 후에 무용 · 동작 심리치료 그룹에 참가하는 과정에서 내담자는 그룹이 수용하는 틀 내에서 좌절감과 분노감을 안전하게 뿜어내기 위해 창의적인 동작을 사용할 수 있게 되는 것이다.

2. 역사

억눌린 감정의 발산

춤은 인류가 시작되면서 제례나 의식 속에 종교와 함께 있어 왔으며 원시 사회에서는 그들의 근본 목적 달성을 위해 주술적으로 사용되었다. 그들은 언어로 표현될 수 없는 공포, 경외, 숭배들을 춤으로 표현했고, 집단적인 공유를 함께했다. 치료로써 유용한 종교적 춤의 유형은 춤추는 행위자가 일으키는 엑스터시로서 원시부족에 있어 왔다. 이러한 엑스터시의 치료적 가치는 춤에 의해 유도된 황홀경의 상태에서 뭉쳐진 억눌린 감정의 격렬한 발산을 통해 정화되는 경험을 갖는 것이다. 즉, 원시 사회에서는 신들의 노여움을 달래거나 그들을 경배하기 위해서 고안된 의식들 내에서 춤의 역할을 부각시키고 있다.

한국무속에서의 치료효과

한국무속에서도 서서히 움직임이 시작되어 격렬한 춤을 통하여 황홀 상태에 들어간 무당과 관객의 동시적인 참여의 체험으로 관객의 소망과 염원에 따라 그들을 대리하여 인간의 신앙적 기원을 신에게 비는데, 무당굿이 얼마나 치료 효과를 갖는가는 관중들의 적극적인 참여와 즉각적인 반응으로 형성되는 굿판에서의 상호행위 속에 이루어진다.

무용 철학에서의 영혼과 신체

한편, 고대 그리스인들은 어떤 형태들의 춤을 치료로써 간주했는데, 그 이유는 그것들이 어떤 감정을 강렬하게 방출할 수 있도록 해 주었기 때문이다. 그 후 18세기 미학자들은 무용이 천상의 섭리에 대한 개념들을 비춰 주는 거울이며, 군주의 권리에 대한 아름다움과 진실, 그리고 천상과 우주 사이의 연관성을 지지해 주는 하나의 증거라고 보았다. 대중무용에서는 1980년대에 생겨났던 것과 같은 급진적인 변화들은 옛날부터 형성된 양식들로부터 새롭게 탈피하고, 성 역할에 있어서의 변화를 보여 주는 동시에,

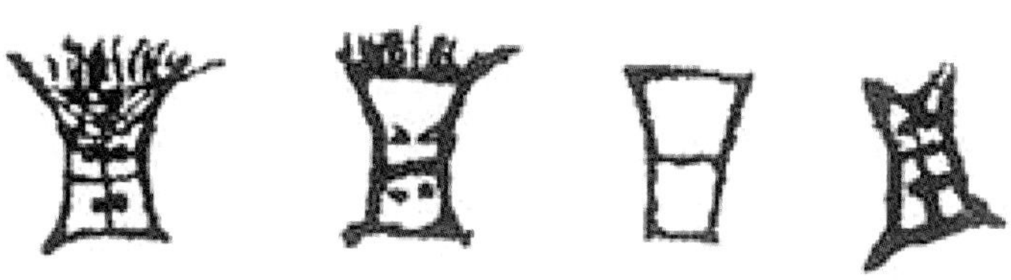

약을 사용하거나 명상을 통해서 의식을 확장시키는 것에 대한 실험을 하면서 대중적인 문화의 관심사들을 무언의 설명을 통해 펼쳐 보였다. 무용철학에 관한 최근의 작업은 우리가 이해하는 것이 어떻게 해서 영혼과 신체, 욕구와 금기 등과 같이 문화에 의해 의도된 대로 만들어진 개념들과 밀접하게 연결되는지를 설명해 준다.

20세기의 초반기에 무용에 있어서 나타난 급진적인 변화들은 광범위한 산업화와 여성들의 해방, 그리고 표현주의, 입체파, 다다이즘 같은 문화 운동을 포함하는 그 밖의 주요한 사회적 · 지적 운동들과 나란히 일어났다. 모던댄스를 초기에 옹호했던 사람들에 의한 값어치에는 전체적 감정과 연관성을 강조했던 테마들, 신체에 대한 자각, 개인의 표현에 대한 자발성, 창의성 등이 포함되어 있다. 초기의 위대한 선구자들은 인간의 투쟁, 절망, 좌절과 사회적 위기에 관한 테마들을 의인화시키고 있다.

이사도라 던컨과 데니숀 스쿨

이사도라 던컨(Isadora Duncan)은 "교묘한 춤 솜씨가 멀리 던져진 나의 무용에서는 위대한 생명의 리듬과 신체라는 도구를 통해서 펼쳐질 수 있고, 심오한 의식들이 우리 생활 안의 빛으로 연결되는 하나의 채널을 제시해 준다. 이러한 심오한 의식들은 전부 우리 안에 존재한다."고 말하고 있다.

루스 데니스(Ruth Denis)와 테드 숀(Ted Shawn)에 의해 설립된 데니숀 스쿨과 같은 시스템들을 가진 모던댄스는 영혼에 대한 생각들을 표현하기 위해서 동양문화로 눈을 돌렸다. 그들은 마사 그라함(Martha Graham)과 도리스 험프리(Doris Humphrey)에게 영향을 미쳤고, 또 그들 둘은 그 후에 무용 · 동작치료의 주요 창시자로 간주되었던 마리안 체이스(Marian Chace)

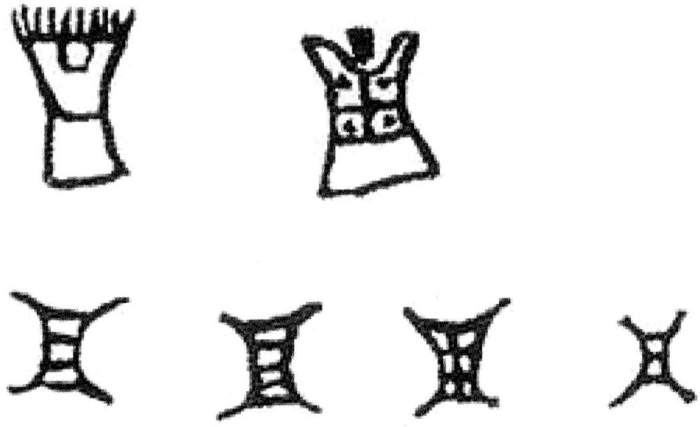

에게 영감을 불어넣어 주었다(Bernstein, 1979). 유럽에서는 마리 뷔그만(Mary Wigman)의 무용이 형식적인 구조에 반발하여, 모던댄스에 너무나 필수적인 개인의 표현과 반란을 정확히 잘 표현해 주었다.

뷔그만과 라반

뷔그만의 작품은 내적 무용의 예로써 간주될 수 있는데, 그것은 특정한 치료진들에 의해 표현된다기보다는 주관적인 감정에 의해 펼쳐져 보였다(Levy, 1988).

뷔그만의 작품뿐만이 아니라 그녀와 동시대에 살았던 루돌프 라반(Rudolf Laban)의 작품 역시 초창기의 주요한 무용·동작치료사들의 사상에 근원적인 영향을 미쳤는데, 그중에서도 특히 화이트하우스(Whitehouse)와 보아스(Boas)에게는 결정적인 영향을 끼쳤다.

그는 인간의 신체 안에 세 가지의 단위, 즉 신체, 정신 그리고 영혼이 있다고 주장했다. 이들 각각은 동작이 연결되어 있어서 서로 의존적이며, 그것이 작동을 할 때에는 두 가지 방식의 과정이 있다면서 우리는 느끼고 생각을 하는데, 그것은 외관과 생각에 영향을 미친다고 하였다.

동작의 과학적 연구

1900년에서 1950년대까지는 정신의학과 심리분석 내에 새로운 발전이 이루어졌고, 심리학과 정신 병리학의 비언어적인 개념들에 대해서도 끊임없는 관심이 계속되었다. 동작의 과학적인 연구는 얼굴과 신체의 표현에 관한 기원들과 역할들을 조사했던 다윈(Darwin)의 작품『인간과 동물들의 감정표현(The Expression of the Emotion in Man and Animals)』이 출간되는 것을 시작으로 19세기 후반에 나타났다. 다윈은 런던 수용소의 의사들에게 정신질환자들의 표정과 신체 동작들에 관한 견해들을 보내달라고 요구했었다(Davis, 1975). 그런 과정을 통해 그는 환자 몸의 형태와 환자가 날카로운 상태에 있을 때 행하는 동작을 바라보면서 정신병의 초기 진단에 대한 어떤 경향을 찾아내었다. 스위스의 유겐 브로러(Eugen Bleuler), 프랑스의 진-마틴 챠코트(Jean-Martin Charcot), 영국의 헨리 모드스리(Henry Maudsley)는 그들 환자들의 기묘한 동작, 주먹 모양, 고정관념, 제스처들을 세심하게 관찰했다. 그들은 자신들이 이러한 현상들을 가지고 조현병이라는 질병의 과정을 예측하도록 도울 수 있는 분명한 진단적 기준을 세울 수도 있다는 희망을 안고서 이 일을 했다. 그들은 그 후에 조증, 우울증, 히스테리와 같은 병들로부터 조현병을 차별화시킬 수 있게 되었다(Bleuler,

1950; Manschreck et al., 1986; Simon-Dhouailly, 1986).

신체표현과 감정의 연구

그리고 1920년대와 1930년대의 유럽과 미국에서는 끊임없는 신체적 표현과 감정에 대한 연구가 진행되었다. 1950년경에 그러한 연구들은 표현적인 행동을 설명하기 위해 동물적 본능이나 운동신경 방출에 관한 유사성들을 사용하지 않고 인간들 사이의 무언의 상호작용을 구조적 언어학에 비유하면서 훨씬 더 세련되어졌다(Birdwhistell, 1970).

정신의학 운동

신체표현과 감정의 연구와 비슷한 시기에 생겨났던 심리 분석적 아이디어들은 지적인 그룹들과 정신학 실습 내에 있어서 보다 폭넓은 청중을 가지게 되었다. 프로이트(Freud), 융(Jung), 아들러(Adler)는 물론 주요한 인물들이었다. 무용 · 동작 심리치료에 있어서 중요한 또 다른 요소는 프로이트와 아들러의 사상들을 조현병의 치료에 첨가하려고 시도했던 미국의 정신의학자 설리번(Sullivan)의 사상들이었다. 설리번은 라이히만이나 그 밖에 다른 사람들과 함께 정신역학, 정신의학운동의 창시자이다(Reichmann, 1955; Karon & Vandenbos, 1981; Sullivan, 1940). 마리안 체이스는 조현병 환자와 솔직하고 직접적인 접촉을 하기 위한 시도를 높이 사고, 그들의 기묘한 행위를 의사소통의 가치 있는 형태로써 이해하려고 시도하면서, 설리번의 사상에서 자신의 작업을 뒷받침해주는 점을 찾아냈다.

제2차 세계대전 후에 정신의학협회들은 전쟁에서 돌아오는 많은 수의

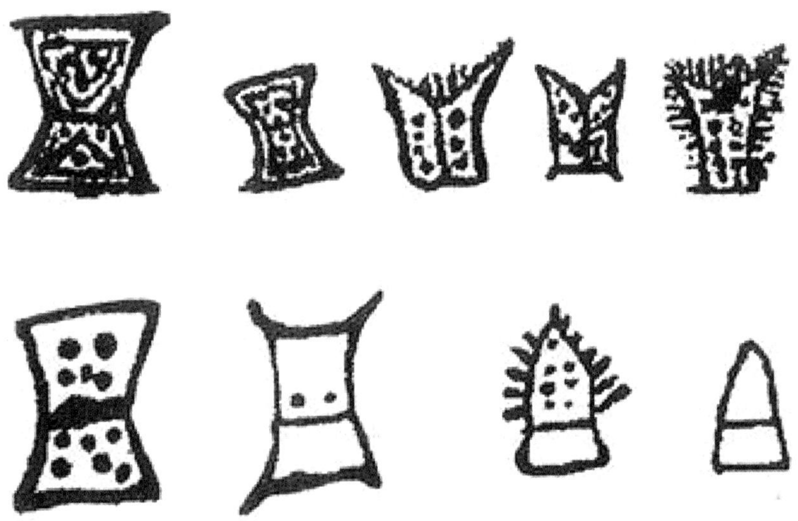

참전자를 위해 치료을 제공해 주려는 모험을 감행했다. 억압된 감정을 풀게 하거나 약을 복용시키는 등의 많은 방법이 시행되고 진척되었다. 이러한 방법은 환자들이 여전히 부분적으로 의식을 하고 있기 때문에 어떤 자극을 받았을 때 그들이 억압된 정신적 내상의 기억들을 회상해낼 수 있고, 그것들이 인격에 미치는 영향력을 제거할 수 있을 때에는 진정제, 수면제와 같은 약들을 처방하는 데까지 진척되었다.

3. 이론적 원리

무용 · 동작 심리치료는 다섯 가지 필수적인 이론적 원리를 기본으로 한다.

신체와 정신의 상호작용

첫 번째 원리는 신체와 정신이 끊임없는 상호작용을 하고 있다는 것이다(Schoop, 1973). 따라서 전체적인 역할수행에 영향을 미칠 수 있는 동작 수준에 중요한 변화들이 일어난다. 실제로 이것은 무용 · 동작 심리치료사가 환자들의 동작 경험과 언어 통찰력을 결합시키려고 그들을 끊임없이 격려하고 있다는 사실을 의미한다.

동작은 인격을 반영

두 번째 원리는 동작이 인격을 반영한다는 것이다. 무용 · 동작 심리치료사들은 이 점을 뒷받침해 주는 일련의 심리학적 이론들을 활용하고 있다. 프로이트는 "에고, 그중에서도 신체 에고가 가장 먼저 발달한다."고 말했다. 프로이트의 추종자인 빌헬름 라이히는 신체의 자세, 제스처, 동작이 적개심이나 성욕, 불안감들을 막아내는 방어적 행위를 나타낸 것으로 결론지었다. 그는 또한 신체가 유년기의 상처에 대한 흔적을 보여 주고 있다고 믿었는데, 그것은 신체가 영혼이 알지 못하는 어떤 기억을 간직하고 있는 경우에도 적용된다(Reich, 1949). 분석가인 쥬디시 케스텐버그(Judith Kestenberg)는 유년기의 정신적 성욕의 발달에 관한 프로이트의 생각이 구강기, 항문기, 남근기를 거쳐서 어떻게 동작에 나타나는지를 자세히 연구해 왔다(Kestenberg, 1975; Stanton, 1988).

그 밖에도 많은 심리분석가는 엄마와 유아 간의 초기 상호작용이 인격의 형성에 결정적인 역할을 한다는 이론을 고수했다. 이렇게 중요한 최초의 관계는 주로 언어라는 매체 없이 이루어지는 것이다(Stern, 1985). 무용 · 동작 심리치료는 환자의 동작을 반영해 주는 기법을 사용함으로써 인격발달의 비언어적인 영역에 관심을 두고 있다. 이러한 반영은 하나의 중요한 발전적 심리과정을 반복해서 보여 준다. 어린이들과 마찬가지로, 우리는 다른 사람들의 행동을 통해서 우리 자신들을 경험함으로써 우리가 누구인지를 배우게 되는 것이다.

이러한 발전적 원리들 외에도, 무용 · 동작 심리치료는 인격을 반영해

주는 또 다른 측면의 비언어적인 행동들을 이용한다. 동작이 정신 병리학이나 사회적으로 통제된 인격의 요소들을 설명해 줄 수 있음을 여러 가지 연구들이 제시하고 있다.

치료사와 환자의 움직임 관계

세 번째 원리는 무용·동작 심리치료사와 환자와의 관계가 효율적인 접근 방식에 중점을 두고 있다는 가정이다. 무용·동작 심리치료에서, 동작을 통해서 환자와 치료사 사이에 이루어진 관계는 행동의 변화를 뒷받침해 주고 또 그것을 가능하게 해 준다(Schmais, 1985). 환자에 대한 치료사의 반응들이 주로 언어에 의해서 이루어지는 심리치료와는 대조적으로 무용·동작 심리치료사는 환자의 동작을 그대로 움직이고, 반복하며, 그것에 덧붙이거나 반응을 보임으로써 환자에게 답한다. 이것은 환자와 치료사 간의 관계가 강력하며, 치료사에 대한 관리와 지지를 필요로 한다는 것을 의미한다(Sandel, 1980). 실제로 이것은 심각하게 병이 들거나 너무 약화되어 언어치료에 부적합한 환자들에게 있어서는 무용·동작 심리치료가 유용하다는 것을 말해 준다. 무용·동작 심리치료는 그것이 무의식적인 감정에 접근하기 위한 하나의 수단으로써 신체를 사용하고자 노력하기 때문에 언어치료에 방어적인 환자들에게 효과적이다.

동작을 통한 무의식 접근

네 번째 원리는 꿈, 그림, 꼬불꼬불한 글자, 입 안에 뱅뱅 도는 말, 자유연상 등과 같은 동작이 무의식의 증거가 될 수 있다는 것이다. 무의식은 의식적인 자각의 분야에 존재하지 않는 영혼의 내용으로써 정의될 수 있고, 억압되지 않은 생각, 느낌, 이미지들을 포함한다(Ellenberger, 1970; Laplanche & Pontalis, 1973). 무의식의 내용들은 원시적이고 본능적이거나 유아적인 개념들의 인격을 나타낸다고 믿어져 왔다. 이러한 상징들은 환자의 무의식에 관한 내용들에 접근하고, 무의식적인 감정들을 자각하게끔 만들 수 있는 필수적인 수단이다. 동작에서부터 상징에 이르기까지 설명해 주는 과정은 치료적 변화를 위한 하나의 메커니즘이다.

창의적 움직임

다섯 번째 원리는 즉흥 움직임을 통해서 하나의 동작을 만들어 내는 행위는 개인으로 하여금 허구의 세계에 대한 새로운 경험을 하게 만들어 주기 때문에 본질적으로 치료를 가능하게 해 준다는 원리다. 창의력이 만들어 내는 치료적 가치는 창의성의 심리학적 이론들에서 축적되어 왔는데, 그것은 예술치료들을 강조해 주고 있다(Kubie, 1958).

이러한 이론들은 무용이라는 매체가 조각, 그림, 음악, 연극과 마찬가지로 창의적인 영감의 원천으로써 무의식에 그려지고 있다는 개념을 지지해 주고 있다. 따라서 예술은 사회에서 받아들여지는 형태 안에서 충족되지 않는 무의식적 욕구들에 대한 대리 환상을 만족시켜 주는 역할을 한다. 게다가 꿈과 마찬가지로, 예술은 무의식적인 소재를 취하고 그것을 상징으로 표현한다. 예를 들어, 분노와 파괴를 나타내는 어떤 그림에서는 강력한 폭풍에 대한 이미지가 응용될지도 모른다. 환자는 치료과정에 있어서 이와 유사한 방식으로 상징적인 의사소통을 하고, 치료사의 도움으로 상징이 의미하고 있는 감정들이 무엇인지를 이해하게 된다. 예술에 있어서와는 달리, 치료 중에 나타나는 상징들은 실생활에서 파괴적으로 표출되는 대신에 그들의 무의식적 원천으로 되돌아가는 방식으로 나타나게 되는데, 그것은 무의식에서 나온 감정들이 자각을 일깨울 수도 있고 인격으로 통합될 수도 있다는 희망을 환자들이 가지게 되기 때문이다. 폭풍 속을 걷는 등의 이미지를 만들어 내는 집단 그룹 무용 · 동작 심리치료 과정에서 환자들은 번개, 천둥, 바람을 상징화시키기 위해 강력하거나 공격적인 특성들을 띤 동작들을 이용할지도 모른다. 자극을 받아 행해지는 이러한 강렬한 동작들은 그들의 분노의 원천과 대상들 모두를 인식하도록 해 주는 감정들이다. 이것은 보다 생산적으로 분노의 감정들을 처리할 수 있게 해 주는 하나의 방법을 제공해 준다. 경고도 하지 않고 어떠한 분노를 갑자기 분출해 버리는 대신에, 그들은 무엇이 그들을 화나게 만드는지를 알 수 있게 되고, 천둥과 번개 같은 상징을 사용함으로써 그들의 무의식에 존재하는 분노의 에너지를 방출하게 된다.

창의성이라는 무의식적 원천들에 대한 이러한 가정들은 무용 · 동작 심리치료에 있어서 아주 중요하다. 이러한 방식으로 간주되는 창의성은 어떤 때와 장소에서 생겨나는 새로운 관계들과 새로운 의미들, 그리고 새롭고도 예기치 않은 연관성 들을 찾을 수 있는 능력으로서 정의될 수 있다 (Kastner, 1988; Kubie, 1958).

무용 · 동작 심리치료에서 강조하고 있는 다섯 가지 이론적 원리는 다음과 같이 요약될 수 있다.

- 영혼과 신체는 끊임없이 복합적으로 상호작용을 한다.
- 동작은 심리학적 발달과정들, 정신 병리학, 주관적 표현들, 서로 관계를 맺는 개인적인 패턴들과 함께 인격의 측면들을 반영시켜 주고 있다.
- 환자와 무용 · 동작 심리치료사 간에 형성되는 치료적 관계는 무용 · 동작 심리치료의 주된 장점이다.
- 동작은 꿈이나 그 밖에 다른 심리학적 현상과 유사한 방식으로 무의식적인 과정들을 명백히 나타내 주고 있다.
- 동작에 있어서 자유연상의 사용으로 구체화된 창의적인 과정은 본질적으로 치료에 도움이 된다.

제2장

무용 · 동작 심리치료, 일반 신체요법, 언어 심리치료

1. 무용 · 동작 심리치료와 일반 무용활동의 차이

무용 · 동작 심리치료와 다른 유형들

무용 · 동작 심리치료와 다른 유형들의 신체적 활동에는 중요한 차이점이 있고, 무용 · 동작 심리치료와 언어심리치료에도 차이점들이 존재하는데, 그것들을 명확히 하는 것이 중요하다. 무용 · 동작 심리치료에서 그 목적은 좀 더 자유롭게 움직이거나 보다 완벽하게 움직이는 것이 아니라, 존재하고 느껴지는 새로운 방법들을 탐구할 움직임을 사용하는 것이며, 말로써 표현할 수 없는 내적 감정들에 접근하는 것이다. 학교 등에서의 무용활동에서 교사는 교육 목표에 따라 특정한 무용 · 동작들을 사용하고, 교사는 학생들에게 생생하거나 즐거운 기분을 느끼기 위해 유연한 동작을 사용하거나 혹은 점프를 하라고 요구할지도 모른다. 이와는 대조적으로 무용 · 동작 심리치료사는 내담자들을 지도하거나 내담자에게 어떤 감정을 표현하라고 정해 주지도 않을 뿐만 아니라, 어떻게 움직이라고 설명해 주지 않고, 내담자의 현재 상태에서 함께 움직인다.

인격발달의 지식이 필수

무용 교사와는 달리, 무용 · 동작 심리치료사는 인격발달에 대한 특별한 지식을 가지고 있으며, 내담자에게 심리치료적으로 도움이 되는 동작 상호활동을 이끌어 낼 수 있도록 훈련을 받는다. 초기의 워밍업과는 별도로, 무용 · 동작 심리치료에서의 동작은 즉흥적이며, 무용 교사와는 달리 치료사에 의해 동작을 수정받지도 않는다. 그러나 치료사는 즉흥성이 일어나는 어떤 그룹의 틀을 제공해야만 한다. 최초의 무용 · 동작치료사들 중 한 명인 마리안 체이스는 환자들이 하나의 원을 형성하고서 그 뒤를 따르거나, 차례로 서로의 즉흥적인 동작을 바라보는 것과 같은 구조를 발전시켰다(Chaiklin, 1975). 동시에 치료사는 동작의 특성에 대한 질문들을 할 수도 있고, 그룹에게 그 동작에 이미지를 부여하거나 그것의 특징을 말로써 표현하라고 요구할지도 모른다. 이로 인해 야기되는 이미지나 은유 그리고 그에 따르는 동작은 그룹 내의 무의식적인 과정들에 대한 증거일지도 모른다. 이러한 과정은 치료사에 의해 설명되고, 세션의 마지막에 그룹에 의해서 토의된다. 무용 · 동작 심리치료의 그룹 과정은 필연적으로 이미지에 대한 동작에서 그에 대한 설명까지 전개되는 것이라고 할 수 있다(Stanton, 1988).

무용 · 동작 심리치료사는 전문화 영역

무용 · 동작 심리치료사의 기술은 전문화된 것이다. 그것은 그림 내에 있는 색상, 선, 형태, 구성 그리고 작품의 상징적 의미를 분석함으로써 환자의 상태를 이해하도록 훈련받은 예술가의 기술과 유사하다. 이러한 이해력은 치료적 관계 내에서 환자에 대한 어떤 새로운 심리학적 통찰력을 기르고자 할 때에 아주 중요하게 사용된다. 그것은 주로 환자와 관계를 맺고자 하거나, 환자가 창의적인 예술작품 등에서 무의식적인 소재를 발견할 때의 감정적 충격을 견디도록 도와주려는 치료사의 특별한 능력에 의해서 얻어진다. 이와 유사하게, 무용 · 동작 심리치료에서 치료사는 리듬과 형태, 상징적 내용뿐만 아니라 공간, 에너지, 시간과 흐름에 나타나는 특징들을 통해서 그것이 의미를 전달하는 방식과 동작을 이해한다. 이러한 이해력은 짧은 말과 설명 그리고 무용 · 동작 심리치료사 무언의 반응 등 모든 것을 통해서 환자에게 전달된다. 이러한 모든 것은 치료적 관계의 전후 관계에서 발생하게 된다. 무용 · 동작 심리치료에서 그 목적은 어떤 종류의 무용을 창조하려는 것이 아니다. 따라서 결과보다는 과정이 중요하다고 말할 수 있다.

2. 무용 · 동작 심리치료와 일반 신체요법의 차이

무용 · 동작 심리치료와 일반 신체요법

무용 · 동작 심리치료는 영혼과 신체 모두를 설명하고자 애쓰는 다른 유형들의 활동으로부터 설명되어야만 한다. 사람들 사이에 나타나는 변화에 영향을 주고자 하는 동작 형태들의 배열은 아주 많은데, 그 예로는 요가, 에어로빅, 마사지, 지압요법, 운동요법, 회복 운동, 진행성 이완, 정신 운동요법, 태극권, 단전호흡, 롤핑(근육을 깊이 마사지하는 물리요법), 기공, 생체에너지 요법 등이 있다. 이러한 시스템들 간의 차이점들은 세 가지 질문들을 해 봄으로써 그 이해가 가능해진다.

첫째, 그러한 노력을 하는 전체적인 목적이 무엇인가?

둘째, 그러한 작업의 이론적 바탕을 설명해 주고 있는 것은 무엇인가? 이것은 아마도 영혼적, 현실적, 실존적이거나 심리학적인 문제일지도 모른다.

셋째, 어떤 유형의 동작이 도입되고 있는가? 그것은 표현을 목적으로 하는 동작인가, 아니면 미적인 이상에 도달하고자 하는 것이 그 목적인가, 혹은 어떤 특별한 동작을 하기 위해서 개인의 전체적인 능력을 향상시키려는 것을 목적으로 하는 동작인가?

요가, 단전호흡, 태극권, 기공 등의 경우는 그 동작의 특별한 형태들이 계몽이나 신에 대한 자각과 같은 어떤 영적인 목표에 도달하기 위해 이루어져 있다고도 말할 수 있고, 에어로빅, 마사지, 신체 정렬법, 지압요법과 회복 운동 등에 있어서, 그 목적들이 연속적인 점프를 하는 것이든, 손상된 근육들을 바로잡는 것을 뜻하든 간에, 어떤 특정한 신체 상태에 도달하도록 하는 것이다. 이러한 형태들에 있어서 편안하다는 심리적 느낌은 부차적인 효과로 보일지도 모른다. 정신 운동요법, 생체 에너지 요법, 롤핑의 경우에 있어서, 그 정해진 동작은 어떤 특정한 효과에 도달하기 위해 이용되고 있다.

동작을 통해 진정한 감정상태로

무용 · 동작 심리치료는 롤핑이나 생체 에너지 요법과는 그 성격이 다르다. 생체 에너지 요법은 초기의 급진적인 심리분석가였던 라이히의 제자 로웬에 의해 발전되어 왔다. 이러한 신체적 치료들이나 신체구조 시스템들은 정해진 동작과 마사지를 통해 신체를 활발하게 조종한다. 예를 들어, 억압된 욕구나 갈망의 감정들에 대한 표현을 지탱하거나 강화시켜 주면서 근육을 이완하게끔 하기 위해, 가슴 부위에 숨쉬기 연습이나 강한 마사지가 행해질 수도 있다(Reich, 1949; Schmais, 1985). 그러한 방법들은 정신질환 환자들에게는 일반적으로 이용되지 않지만, 일반적인 내담자들에게는 이용될 수 있다. 라이히와 로웬은 이런 강렬한 방법들이 환자들이나 내담자들의 방어에 의해 빨리 없어진다고 비평하기는 하지만, 그들의 방법들에서 얻어지는 성공을 역설하고 있다.

이와는 대조적으로, 무용 · 동작 심리치료는 내적 변화나 감정적 고통을 변화시키고 수용할 수 있는 보다 효율적인 방법들을 개발하도록 실제적 도움을 준다. 무용 · 동작 심리치료사들은 신체가 감정적 혼란에 대한 증거를 보여 주지만, 이러한 이슈들을 표현하는 방법들은 생태 에너지 학파에 의해 전개되었던 것들과는 아주 다르다. 신체 치료사들이 동작을 규정하거나 이끌고, 신체를 활발하게 이용하는 반면에, 무용 · 동작 심리치료사는 동작의 유형을 심리치료적 목적에 부합시키면서 내담자 스스로 내적 감정의 움직임을 만들도록 한다.

3. 무용 · 동작 심리치료와 언어 심리치료의 차이

무용 · 동작 심리치료와 언어 심리치료의 다른 점

무용 · 동작 심리치료와 언어 심리치료와의 관계는 단순하지 않다. 무용 · 동작 심리치료사들과 언어 심리치료사들은 같은 심리이론들을 바탕으로 하고 있지만, 그들이 환자에게 접근하는 방식은 아주 다르다. 무용 · 동작 심리치료사들은 창의적으로 신체를 움직이는 동작이 단지 언어상담치료만을 사용하면서 접근할 때보다, 감정적 기능의 어려운 분야들을 훨씬 더 잘 설명해 줄 수 있다고 믿는다(Silberstein, 1987).

창의적 상상력

무용 · 동작치료사인 화이트하우스의 활동적인 상상력은 의식적인 요소들과 무의식적인 요소들이 창의적인 경험을 하는 동안에 내면에서 일어난다는 개념이다(Chodorow, 1984).

무용 · 동작 심리치료사들은 언어치료에서 응용된 방법들과 생각들을 선별해서 사용하며, 이들 중 몇몇은 그들의 작업이 동작심리치료로써 규정되어야 한다고 느끼고 있다. 무용 · 동작 심리치료는 동작을 첨가한 언어 심리치료가 아니다. 심리학적 통찰력을 가지고서 동작을 통합하는 것은 다른 치료적 도구 역시 유용하게 만드는데, 그것은 다른 형태들을 가진 심리치료의 목적과 유사한 반면에, 그것들과의 구별도 뚜렷하다. 무용 · 동작 심리치료는 음악, 미술, 드라마 치료와 함께 예술적 치료방법 분야에 뚜렷하게 보인다. 그것은 정확하게 표현하자면, 무용 · 동작 심리치료학으로 볼 수 있다.

무용 · 동작 심리치료는 인격을 재확립시키고, 내담자가 가지고 있는 현 상태가 유년기에 어떻게 뿌리를 내리고 있었는지를 이해하는 것이 과정 중에 일어날 수는 있으나 그것이 전체의 목적은 아니다.

무용 · 동작 심리치료와 언어 심리치료

일반적으로 무용 · 동작 심리치료와 언어 심리치료 간의 차이점들은 다음과 같다.

첫째, 무용 · 동작 심리치료사들은 신체 경험이라는 심리적, 신체적 개념들을 내담자가 통합할 수 있는가에 커다란 비중을 두고 있으며, 동작이 그러한 통합을 이루기 위한 최상의 수단으로 본다.

둘째, 창의성과 자발성이 정신적 건강을 일으켜 세운다고 본다.

셋째, 무용 · 동작 심리치료를 통하여 긍정적 경험과 자기표현 등에 도움을 줄 수 있다고 본다.

넷째, 감정적 경험을 심리적, 신체적 개념들로 재결합할 수 있는 통찰력을 키우기 위해 동작을 사용하도록 돕는다.

다섯째, 개인들과 그룹 내에 존재하는 무의식적인 감정에 접근하기 위해 창의적이고 즉흥적인 움직임을 사용한다.

무용 · 동작 심리치료의 주요 목적

무용 · 동작 심리치료와 언어 심리치료 간의 또 다른 차이점은 각각 이 무의식적 내용들을 이용하는 방법에 있다. 광범위하게 말해서, 언어 심리

분석가는 성욕과 인격을 형성하는 역할을 하는 신경과민 증상들에 대한 무의식적 결정요소들, 그리고 분석가에 대한 전이 관계에서 나타나는 다양한 무의식들에 관심을 가진다. 이와는 대조적으로, 무용 · 동작 심리치료에서는 무의식이라는 이미지와 창의적인 개념들과 연관을 맺고 있다. 즉, 그것은 내담자의 무의식에서 일어나는 움직임과 심상을 통해서 감정들을 상징적으로 표현하는 데에 관심이 있다. 무용 · 동작 심리치료는 언어와 그 밖의 채널들을 모두 사용하면서 내담자가 자유롭게 연상을 하게끔 만들며 무의식에 접근을 한다. 무용 · 동작 심리치료는 동작과 심상들 간의 새롭고도 예기치 않은 관련성을 만들기 위해 무의식이라는 경향을 이용하는 것이다. 감정, 감각, 환상, 이미지와 같은 무의식적 내용들을 자각하고 그것들을 내담자의 의식 속으로 통합하는 과정은 아마도 무용 · 동작 심리치료가 심리치료 분야에 있어서 중요한 장점이 될 것이다. 이와 대조적으로 심리분석가는 분석적 관계의 변화 가능한 잠재력으로써 환자의 인격을 재구성시키기 위해 꿈, 유년기의 기억들, 분석가에 대한 환자의 반응들을 통해 나타나는 억압된 내용들을 다룬다. 무용 · 동작 심리치료와 언어심리치료가 무의식적 현상이라는 치료과정을 다룰 때에는 겹치는 부분이 있으나 몸의 현상과 표현, 창의성, 예술성의 강조점에 있어서 다른 점이 존재한다.

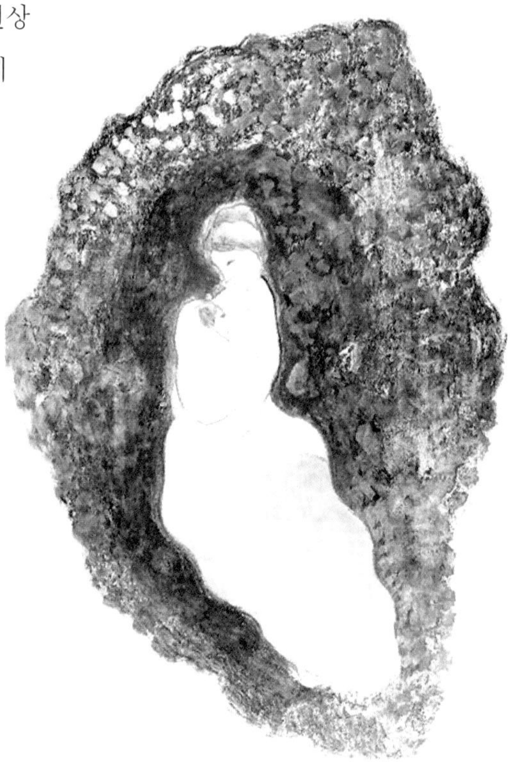

제3장

정신치료의 이론과 무용 · 동작 심리치료의 이해

1. 정신분석적 무용 · 동작 심리치료

'무의식은 언어보다는 이미지다.'

정신분석학의 프로이트가 말한 의식구조는 현재의 경험과 감각, 사고, 지각, 감정을 포함하는 의식, 잠재의식으로 의식과 무의식을 연결하는 전의식, 인간 정신의 가장 깊고 중요한 부분으로 의식 속에서 끌어올리기 어려운 심리적 상태인 무의식이 있다.

프로이트 성격의 구조는 본능, 자아, 초자아로 그 특징은 다음과 같다.

본능은 본능의 목적, 본능적 충동, 소망, 욕망 등 본능적 삶에서 신체의 욕구가 마음에서 떠오르고, 마음이 욕구 충족을 요구하는 주장이다(가장 본능적인 욕구는 성적 욕구와 공격 욕구에 속하는 모든 욕구로, 우리 내부에서 긴장을 일으켜 마침내 성격의 의식 부분이 긴장을 느끼며, 본능적 욕구가 해소되고 만족해야 긴장이 풀린다). 기분은 무의식에서 나오며 성격의 다른 부분과 눈에 보이는 접촉을 하지 않는다.

그래서 사람들은 자신에게 본능이 얼마나 크게 작용하는지 모를 수 있다. 본능은 의식에 접근하기가 어려우며, 역동적이고 에너지가 강한 진정한 힘의 저장소이다. 반면, 어떤 생각을 의식으로 표현해 버리면 무의식의 힘은 의식 행동으로 빠져나가 그 힘이 약해진다. 즉, 본능의 욕구는 원시적인데, 긴장 없는 쾌감의 상태를 누리는 것으로 통합되지 않은 시간 개념이 없는 상태이다.

자아는 개인의 자기 보전 방식으로 바깥세상이 만들어 놓은 이상을 따라가려 하며, 내면 깊숙이 일어나는 욕구와 바깥세상의 사건 사이의 충돌을 중재한다.

성격의 합리적인 부분으로 우리가 말하는 '나'는 우리 몸과 성격 특성의 알고 있는 부분으로 마음의 의식적인 부분을 말한다. 아이가 인식하는 최초의 자기는 자기 신체로서 자아를 경험한다(body ego). 즉, 아이들은 신체의 각 부분에서 올라오는 감각들을 받아들여 신체 자아라는 구조를 형성하고, 그다음 신체 자아는 주변 환경에서 정보를 수집하여 외부세계를 동일화하면서 성격이 형성된다. 아기들의 자아의 사용기능은 언어기능으로, 첫 단계는 자신의 입과 혀로 소리를 만들어 내면서 노는 것을 좋아하는 것이며, 다음은 영아와 엄마 간의 의사소통으로 소리로 구별하는 것이다.

자아는 외적, 내적을 구별하고, 경험 기억, 소망 통합, 생각을 논리적으로 표현, 행동 조절을 결정한다. 그러나 자아가 막 형성되기 시작한 어린 시기에는 욕구의 힘이 자아를 능가한다.

자아가 배우는 기능은 의식적, 논리적, 합리적 사고를 배우고 욕망이 행동으로 나타날 때 조절하는 기능이다.

초자아는 개인의 생각과 행동에 도덕적 윤리적 판단을 내리고, 양심을 기능하게 하여 개인이 사회의 일원으로 살아가도록 한다. 초자아의 특성은 부모의 특성을 가지며, 부모에 대한 사랑과 애착을 가질 때 동일화가 일어나고, 이 동일화를 통하여 초자아가 형성된다. 초자아는 자아보다 이드에 가까운데, 모순되고 역설적인 면을 가지고 있다.

실버스테인은 무용·동작치료의 통합적인 기능은 감각에서 이미지, 이미지에서 언어 수준으로 움직이는 과정으로 가정했다. 이것은 동작에서 이미지로, 이미지에서 설명으로 변하는 과정으로 묘사될 수도 있다(Stanton, 1988). 처음에는 동작 경험의 원시적인 수준이었는데, 그것이 정신적·물질적 특질을 공유하는 감정 상태를 창출하게 된다. 이것은 종종 그러한 상태를 묘사해 주는 이미지나 말로 전개된다. 그러한 경우에 치료사는 내담자의 도움을 받아 동작에 의해서 유발된 것을 말로 설명하거나 치료적 동작 반응을 하는 동안에 생겨난 감정들을 의식 속으로 밀어 넣으려고 시도할 수 있다. 치료사나 다른 그룹들과 관계를 형성할 때는 각 개인뿐만 아니라 환자 개인의 내적이고 외적인 면에도 변화와 통합이 일어나게 된다. 많은 환자의 경우에는 전통적인 심리치료에서 볼 수 있는 것처럼 언어 하나만 가지고 일하는 것이 불가능하다는 것에 주목하는 것이 중요하다. 통찰력이나 상호반응을 저해하는 너무나 많은 뒤틀림과 방어가 있기 때문이다. 무용 · 동작 심리치료의 중요한 강점 중의 하나는 환자가 자신의 감정과 인간관계들을 이해할 수 있도록 작업 소재를 직접 고르게 하는 등 주요한 동작 경험을 제공하는 능력이라고 할 수 있겠다.

신체상과 자아 동시성

언어와 동작을 결부시킨 것 외에도, 실버스테인은 첫 번째 신체의 작업이 정신질환자에게 커다란 혜택을 줄지도 모른다고 가정한 연구를 발표했다. 환자들은 그들이 에고(ego)를 발달시키기 이전에, 먼저 일관성이 있는 신체상을 향상시켜야만 한다(Silberstein, 1987). 그러므로 환자의 자아 동시성을 향상시키기 위해서 조직화된 워밍업을 포함한 여러 가지 동작을 사용하고 있다.

실버스테인은 정신질환자와 관계를 형성할 때 덜 방어적인 비언어 양식의 의사소통을 사용하는 것이, 최소한 어떤 경우에서는 처음에 맞닥뜨리게 되는 저항의 강도를 축소시킬 수 있다고 말한다. 정신분석이론은 초년기에 이루어지는 엄마 · 유아의 초기 상호반응이 나중에 맺어지는 모든 관계에 대한 결정적인 열쇠가 된다고 단언하고 있다. 많은 정신 역동 무용 · 동작 심리치료사는 무용 · 동작치료의 비언어적인 특징이 말을 하기 이전의 유아기에 뿌리를 두고 있는 의식세계를 향한 통로를 환자들에게 마련해 주고 있다고 믿는다. 이러한 현상은 19세기 정신의학자인 챠코트(Charcot)에 의해서 인식되었으며 그 후 1950년대 미국에서 심리분석가인 페릭스 도쉬(Felix Deutsch)에 의해서 재개되었는데, 그는 초반기의 기억과 감정에 대한 통로를 찾기 위해서 그의 환자들에게 정신운동 자극을 사용하려고 시도했다(Deutsch, 1952, 1962).

신체 동작과 감정의 경험

무용 · 동작 심리치료는 신체와 신체의 경험에 중점을 두고 있는 치료적 접근법을 제공해 준다. 정신분석적 접근은 신체 동작과 그것이 수반하는 감정적인 경험들, 심상, 상호반응을 가지고 일할 때에 생겨나는 강력한 감정적 현상들을 이해할 수 있는 틀을 마련해 준다. 정신분석적 접근들 중 무용 · 동작 심리치료에서 사용되는 방식은 그것을 실행하는 사람들에 따라서 달라지는데 동작과 정의, 특정한 개념들을 혼합한 정신 역동 이론의 여러 개념을 선별하여 강조할 수 있다.

2. 대상관계 무용 · 동작 심리치료

대상관계이론

대상관계이론은 클라인(Klein), 위니컷(Winnicott), 코헛(Kohut) 컨버그(Kernberg)를 중심으로 나타난 영국학파 이론이다.

특히 클라인은 대상관계 영국학파를 만든 사람으로 프로이트가 오이디푸스 갈등을 강조한 것을 반박하면서 오이디푸스 전기의 대상 관계가 이후의 정신병리 발현 및 발달에 중요하다는 점을 강조하고, 생후 3개월까지를 편집 · 분열성 위치, 9개월까지를 우울적 위치로 나누고 있다. 즉, 자아는 좋은 대상과 나쁜 대상을 내재화하는데, 모두 엄마의 젖가슴에서 비롯되어 분리되고 내재화하며 이런 분리현상이 지속되면 나중에는 동일한 대상에서 이 두 가지 모두를 경험하지 못하게 되므로, 결국 다른 사람들을 극단화시켜 보게 되는 것이다.

위니컷은 클라인의 이론을 지지하고 발전시켰는데, 엄마와의 대상관계에서 지지환경(holding environment)이 아이의 발달에 중요함을 강조하였다. 즉, 아기의 전능감에 잘 반응해 주어 약한 자아를 강화하고, 상징의 형성을 가능하게 해 주어야 진정한 자기로 자란다고 하였다. 또한, 외부현실과 내부의 주관성 사이의 중간 영역(transitional object)을 중요시하였는데, 그것은 여러 가지 예술성과 창조성을 말한다. 진정한 자기는 자발적이고, 창조적이고 조절능력을 가지는 것이다.

코헛의 주요 개념은 자기대상과 자기의 관계로 자기대상에 대한 자기애적 욕구를 대상이 공감적 반응을 통해 충분하게 제공해 줄 때 건강한 자기가 형성된다고 보는 것이다. 정상적 발달과정에서 공감적 반영(empathic mirroring)과 부모의 이상화를 통해 아기의 원시적 과대 증상과 과시는 조절되고 건강한 자기애로 통합되지만, 반대일 경우 원시적 과대 증상과 과시주의가 그대로 남게 되고 그 정신은 한계가 모호한 절대 완전의 상에 매달리게 된다. 자기애적 병리 장애는 타자에 대해서 계속 자기 대상들로 반응하며, 자기 유지와 자기 긍정감의 조절을 위해서 타자를 찾고, 자기중심적, 과시, 공감 능력과 돌봄이 없으며, 대상을 바꾸고, 화를 폭발시키며, 이상화된 자기 대상과의 감정의 연합이 없으면 공허하고 무력해하며, 해체불안으로 약해진다.

컨버그의 주요 개념은 심각한 인격장애를 개념화한 것이다. 클라인의 초기 대상관계, 공격성, 시기심, 분열의 중요성과 초기 발달과 성격 병리의 병인으로 작용하는 투사적-내사적 과정을 중요시하였다. 컨버그는 경계선 성격장애 병리적 원인으로 좋은 자기 표상 및 대상 표상과 나쁜 자기 표상 및 대상 표상이 통합하는 발달 과제를 성취하지 못한 결과라고 보았다. 즉, 좋은 자기 표상과 대상 표상이 계속적으로 나쁜 표상들에 의해 위협 당하게 되고, 그 결과 자기 표상과 대상 표상이 각각 좋은 것과 나쁜 것으로 분열된 상태로 남는 것이다. 컨버그의 경계선 성격조직 심리구조의 네 가지 지표는 약한 자아, 분열 기제, 일차적 내재화된 대상관계로의 이동, 내재화된 대상관계의 병리로 모두 좋고 나쁜 자기 이미지들과 대상 이미지들이 분열되는 것과 그로 인한 결과로 나타난다고 보았다.

경계선 성격의 방어기제들로는 투사적 동일시, 부인(denial) 전능감, 평가절하(대상에 대한 평가절하는 박해불안에 대한 주요 방어)가 있다.

1) 신체 움직임 안의 놀이성

위니컷과 슈더랜드(Sutherland)는 놀이가 유아와 성인 모두와 함께한 치료 경험에 대한 원형이 된다는 가설을 강하게 표현하였다. 유아 혹은 성인이 창조적 활동에서 그의 전인성을 사용하는 것은 오직 놀이뿐이며, 그가 이 자아를 발견하는 것은 오직 창조적 활동에서만 가능하다고 하였다(Sutherland, 1980). 놀이는 이때 매개체적 범주 내에서 일어나는데, 이것은 내부세계와 외부세계를 연결하는 과도기적인 현상으로서 창조적인 표현을 통해서, 아이들은 꿈같은 잠재력의 도움으로 외부적 환경을 조작하며 외부대상에 미치는 그 이전의 무의식적인 영향을 발견한다는 것이다 (winnicott, 1971).

신체 · 동작과 놀이의 관계는 위니컷에 의해 반영된다. "여기에는 신체 경험상에서 발견되는 자아의 일부가 있다."(winnicott, 1971)

즉, 충분히 좋은 엄마(good enough mother)로서의 치료자는 유아의 전능성을 반복적으로 의미 있게 주고, 충분히 좋은 어머니가 제공될 때 유아는 외적 실재를 믿기 시작하며, 자발적인 움직임을 통해 창조성을 경험한다.

"창의적이고 즉흥적인 움직임과 무의식적이며 자유로운 연상적 동작은 무용 · 동작 심리치료 과정에서는 중요한 기본이 된다."(Bernstein, 1984) 치료과정의 목적은 형식적이지 않은 경험과 창조적인 충동, 자발성 감각을 위한 기회를 제공하는 것이며 이것은 놀이의 자료이며, 인간의 존재라는 전체가 놀이라는 토대 위에 세워진다. 위니컷은 또한 치료에서 '유지와 처리'를 강조하며, 신체에 거주하고, 신체의 기능을 즐기며, 신체 동작 표현을 하는 데 있어서 다양한 과도기적 환경을 이용해 왔다. 그러므로 무용 · 동작 심리치료 안의 대상관계에서 '놀이'라는 공간 안에서 표현적이고, 새로운 경험적이며, 상징적인 연기를 통해서 언어습득 이전의 기억을 명백하게 하는 데 초점을 둔다.

2) 대상관계에서 무용 · 동작치료사의 역할

좋은 어머니로서의 치료사

무용 · 동작치료사들의 역할은 건트립(Guntrip, 1971)에 의해서 사람들이 그들만의 현실과 존재에 대한 적극적인 감각을 경험할 수 있도록 하는 '현실적 사람'으로 특징지어졌다. 그는 치료사들이 자기도취적 상처로 인해 고통받는 사람들이 경험해 온 순수한 모성의 차별적인 부족을 어떻게 치료하는지를 이해하고 배워야 한다고 주장한다.

위니컷은 참가자와 치료사들이 개인이 건강한 대상관계에 대한 원형이 되는 '다수의 의미 있는 기억'을 구축할 수 있는 치료 요법적 환경 안에서 함께 '놀 수 있는 때'가 발생할 수 있다는 잠재력을 이해하고 있다.

'충분히 좋은 어머니' 같은 치료사들은 환자의 리듬과 신체 태도에 자기의 그것을 조절해 줄 필요가 있다. 어머니와 아기가 서로의 필요성을 조절할 때 감정이입이 발달한다. 그와 유사한 과정이 치료 안에서 또한 일어난다. 그러므로 리듬을 호흡하면서 하는 형태 흐름의 조화는 치료사와 관련된 신뢰 및 자아감의 발전을 용이하게 하기 위해서 필요로 한다.

코헛은 자아도취적 인성 혼란을 나타내는 사람들과 함께했던 작업에서, 공생과 분리 개별화 간의 발달을 말러의 과도기적 기간에서 고착에 대응하는 자아도취적 전이에 초점을 두었다. 또한, 코헛은 원시적 자아도취의 균형은 피할 수 없는 모성적 보호의 결정에 의해서 생겨나고, 아기는 당당함과 자아, 전지전능한 과도기적 자아 대상에 이전의 완전함을 전해 줌으로써 이전의 완전함을 대신한다고 주장한다.

거울적 전이

'거울적 전이' 관계에서 환자는 공생 단계에 고착된 자아의 일부로서 치료사를 경험하며, 치료사로부터 '그의 위대함의 확인, 그리고 그의 인정된 반응'을 요구한다. 이것은 아기들이 그의 통합적인 신체, 정신 자아에 대한 무조건적인 인정과 감탄을 필요로 하는 단계이다. 치료사의 역할은 환자를 반영시키고 반응하는 것이다. '치료적 완충'과 경험적 용기를 제공함으로써 그 사람은 치료사로부터 받은 반영적인 안정감을 지니며, 자아라는 커다란 환상을 재경험하고, 그것을 현실 속으로 가지고 올 수 있다.

마리안 체이스의 작업

마리안 체이스의 선구자적 작업은 정신질환이 있는 성인과의 무용·동작치료에서의 거울적 전이를 다룬 코헛의 작업과 유사하다. 감정이입적 동작의 반영 혹은 거울화를 통한 조절은 모든 무용·동작치료사들에 의해 이용되어온 기본적인 치료기술이다.

체이스는 자아도취적으로 상처받은 성인의 분화되지 않은 공동생활적 세계로 들어가서는 비언어적인 동작 반사를 통해서 가장 고립된 것조차도 초창기적 관계로 끌고 들어간다.

감정이입으로 그녀의 동작을 환자의 그것에 적용할 때, 체이스는 개인의 고립화를 통해서 단절되는 관계가 시작될 수 있다고 믿었다.

호흡의 동화

지겔(1978)의 '함께 호흡하는 것'에 관한 연구는 상호적인 신체의 자세와 호흡의 동조작업이 정신질환 유아 및 발달 장애아의 심리학적 발전에 미치는 영향력을 확신시켜 주었다.

훈련된 동작 치료사들은 신체 동작 관찰을 토대로 하여 상관되는 평가의 윤곽을 잡도록 훈련된다. 무의식적인 진정한 동작과 상호작용적인 환경을 제공하는 것은 중요하다.

환자가 필요로 하는 발달상으로 기본적인 긴장과 형태 흐름에 민감한 감정이입적인, 즉 조절적인 동작 거울화와 유지와 처리라는 치료상의 파생물은 그 환자로 하여금 '수많은 의미 있는 기억'을 발전시킬 수 있도록 해 준다. 이런 방법으로 필요한 전이적 대상관계 구별과 궁극적인 대상의 불변성이 생길 수 있으며, 결과적으로 내적 충만함과 개성, 사랑하고 미워할 수 있는 능력을 개인적으로 경험할 수 있도록 해 주는 것이다.

결과적으로 무용 · 동작치료에서의 대상관계의 중요성은 한 개인의 일생을 좌우하는 성격의 기초가 되는 동시에, 성격장애나 정신질환의 근본이 되는 생후 첫 3년간의 경험이 언어를 통한 경험이 아닌 몸의 감각이나 소리, 상징적인 물체, 동작 등의 비언어적 형태로 이루어졌다는 점이다.

그러므로 무용치료의 역할은 피 치료자의 현실과 내면세계, 혹은 과거의 경험을 잇는 다리 역할뿐만 아니라 언어 미분화상태의 유아 시절의 상태로 안전한 퇴행을 가능하게 하며 치료자가 상징적인 어머니로서 그동안 해결되지 못한 병리적인 역동성장관계 상황을 회복하게 할 수 있는 것이다.

3) 무용 · 동작치료사의 역할과 기술

무용 · 동작치료의 통합적인 기능

무용 · 동작치료사는 개인의 방어기제(억압, 퇴행, 격리, 투사, 내사, 전향, 역전, 승화, 합리화, 동일시, 부정, 보상, 전환)에 적절하게 무용 · 동작치료사의 지식과 기술을 사용한다.

- 구조: 신체적 안전, 방향, 연속성, 규준의 형성
- 안전: 개인의 탐색 수용, 이해
- 지지: 환경에 따른 개인의 정서, 생각, 표현을 긍정적으로 지지
- 기술: 주제, 질문, 초점, 전략, 평가 등
- 동작 평가 지침: 호흡, 신체 자세, 신체 협응, 시간, 무게 사용, 공간 사용, 흐름, 상호작용 등

3. 분석심리 무용 · 동작 심리치료

화이트하우스와 무용 · 동작치료

분석심리 무용 · 동작 심리치료사들의 작업은 융(C. G. Jung) 학파에 주어진 이름인 분석심리학에서 도입된 사상들에 의해 알려지게 되었다. 인간의 중심에는 해리된 정신상태를 해결할 수 있는 '자기(Self)'가 있는데, 접근 방법으로 무의식을 바라보고 무의식의 방향에 의식을 가게 하여 의식을 변화시켜 자기실현을 하게 하는 것이다. 무용 · 동작치료에서는 많은 사람이 화이트하우스(Whitehouse)의 작업에 주목하고 있으며, 무용 · 동작 심리 치료사인 초도로우(Chodorow)는 『무용치료법과 심층심리학: 그 활동적인 상상력(Dance Therapy and Depth Psychology: The Moving Imagination)』이라는 저서를 저술했다. 분석심리학자들의 치료적 목표는 한 개인이 다른 사람의 심리나 총체적인 심리와 뚜렷이 구별되는 진정한 자기 자신이 되는 것으로 정의할 수 있다. 이것은 신화, 민속학, 동화, 전설, 종교적 심상 등에서 묘사된 것들로서 자기 자신의 삶의 투쟁들을 깨달아야 성취될 수 있다.

초도로우는 무의식에서 나오는 테마들을 발견하고 전개시킬 수 있게 해주는 자기가 이끄는 동작구조를 전적으로 사용하고 있다. 신체를 통한 이러한 대화는 활동적인 상상력을 형성시켜 주는데, 그 안에서 의식과 무의식의 요소들이 창의적인 과정으로 결합된다. 동작이 대체적으로 자연스러운 정신역학적 접근법과는 반대로, 분석심리 무용 · 동작 심리치료사들은 꿈, 특정한 환상들, 초년기의 신체 기억들, 만다라와 같은 예술작품에서 받게 되는 이미지들, 인간관계들, 그리고 치료사에게 전이되는 이슈들과 같은 역현상들을 탐구하기 위해 즉흥적인 동작을 사용할 수도 있다. 초도로우는 다음과 같이 말하고 있다.

동작은 개인의 초년 기억에 대한 주제를 감소시킬 수도 있고 혹은 신화적 모티브들이나 다른 보편적인 경험들로 전개시킬 수도 있는 강력한 경험이다. 이 두 가지 현상은 치료사가 환자의 움직임을 관망하든지 아니면 동참하든지 간에 둘 다 모두 발생할 수가 있다(Chodorow, 1984).

행위자와 관찰자의 상호동참

그녀는 상호관계에 대한 융의 견해들을 이용하여 동작 경험을 판별하였는데, 행위자와 관찰자가 상호동참의 느낌을 가지고서 의식-무의식, 내부-외부, 자아-타인을 초월하는 동시적인 순간에 도달할 수 있다고 말한다. 여기서 '동시성'은 시간과 공간이 일치하는 두 가지 사건들 간의 의미 있는 심리적 결합을 뜻한다(Samuels et al., 1986).

내담자의 동작과 치료사의 동작 간의 관계는 중요하다. 환자의 동작에 대한 치료사의 신체적 반응은 환자의 경험을 치료사가 공감하고 이해할 수 있도록 도와주는 어떤 감수성을 제공해 줄 수도 있다. 분석심리 무용 · 동작 심리치료는 내담자가 자기성찰을 위한 단독행위에 참가할 수 있도록 더 오랜 시간을 허용해 준다. 분명히 이러한 구조가 결핍되어 있다면, 그러한 자유로운 탐구에 참가하는 데에 필요한 자신감이나 자기 억제를 가지지 못한 보다 연약한 환자의 경우에는 권장할만한 것이 못될 것이다. 뿐만 아니라, 어떤 의미에서는 내담자가 치료사(관객의 역할을 함)를 위해 연기하는 이러한 상황이, 다른 사람들을 필연적으로 신뢰할 수 있는 사람들에게만 받아들여질지도 모른다. 의심이 많거나 편집증세를 보이거나 혹은 치료사의 힘에 의해 통제를 받고 있다고 느끼는 환자의 경우에는 이러한 상황이 치료적 과정에 부정적인 영향을 미치게 될 것이다.

생각, 느낌, 감각, 직관

융은 의식에는 다른 부분들이나 기능들(생각, 느낌, 감각, 그리고 직관)이 있다고 가정했다(Jung, 1923). 이러한 유형학의 개념을 좇아서 초도로우는 어떤 사람들은 '표현'으로써의 동작만을 사용하고 또 다른 사람들은 '심상'으로써의 동작들만을 독점적으로 사용할지도 모른다고 말한다. 표현은 내적 상태를 동작으로 나타내는 것이다. 이와는 대조적으로, 동작을 심상으로써 사용하는 사람들의 경우에는 '동작이 감정을 만들어 내거나 혹은 그것을 억제할지도 모르며, 내적 상태들에 어떤 영향을 미칠 수도 있다.' 그녀의 견해에서 보자면, 동작 과정은 '각각 서로에게 영향을 미치는 내적 · 외적 세계들 간의 교량 역할'을 하고 있다고 할 수 있다. 초도로우는 무용 · 동작 심리치료에서 어떤 사람들은 느껴지는 신체감각들을 통해서만 동작을 경험하는데, 이것은 말로 표현되지 않은 채로 남아 있을지도 모른다고 말했다. 그녀는 심상을 이용하는 사람들은 보통 동작 경험과 그들의 삶들을 직관적으로 연관시킨다고 제안했다. 그녀는 가장 풍요로운 동작 경험들은, 앞 · 뒤로 발생하거나 동시에 일어날지도 모르는 감각과 이미지를 연결시키는 것이 통합적인 경험이 될 수 있는지를 관찰하는 흥미로운 일이라고 하였다.

내부의 양극성

한 가지 실례에서, 초도로우는 두 가지의 다른 동작 특성(신체의 왼쪽과 오른쪽에 있어서 각각 다른 동작을 하고 있는)을 보이고 있는 한 여성에 대해 묘사했다. 한 쪽에서는 빠르고 분명하며 단호한 특성을 보이는 반면에, 다른 쪽은 마치 눈에 보이지 않는 작은 형태를 감싸고 있는 것처럼 부드럽고 지속적이며 포용하고 있는 듯한 특징을 보였다. 이러한 각각 다른 특징들을 통합하기 위해서 그 여성은 균형을 잡는 데에 커다란 곤란을 느꼈다. 치료사는 이러한 동작을 그대로 되비춰 주고, 그것이 경력과 모성애에 대한 균형을 맞추려는 그 여성의 투쟁과 연관 있다고 결론지었다. 비록 어떠한 해결책도 찾아내지는 못했지만, 이러한 두 가지 상반성들에 대한 인식은 이러한 상반되는 힘들을 조정하는 데에 어려움이 있다는 것을 그녀가 보다 분명하게 표현할 수 있도록 만들어 주었다.

상반되거나 극단적인 동작을 판독하는 방법들은 분석심리 무용 · 동작 심리치료에 있어서 아주 독특하다. 따라서 무용 · 동작 심리치료는 내담자가 치료 시간에 가지고 올지도 모르는 소재 안에서 나타나는 보편적이고도 상징적 테마들을 인식하고 설명할 수도 있다.

자아의 상징

각각의 심리적 구조는 인격을 설명하기 위한 특정한 심리구조들을 제공해 줄 뿐만 아니라, 상징을 이해하는 방식도 암시해 준다. 분석심리 접근법은 전체성, 균형 그리고 상반되는 힘들에 대한 통합을 강조하며, 개인의 투쟁은 보편적인 인간투쟁과 깊은 연관이 있다고 설명한다. 외래환자와 입원환자 모두에게 나타나는 그룹 주제들이 종종 전형적인 소재를 나타내고 있는지에 대해 주목해 보는 것도 흥미롭다. 이러한 집단 무용 · 동작 심리치료시간에는 강력한 악에 대한 격렬한 투쟁과 같은 이야기나 가치 있는 대상, 장소 혹은 상태를 위한 열정적인 추구 등과 같은 전개들이 종종 생겨나게 된다(Loomis & Loomis, 1957).

분석심리 무용 · 동작 심리치료의 전통은 '심리와 신체는 같은 것에 대한 두 가지의 다른 측면들'이며, '자아의 상징들은 신체의 심층으로부터 발생한다.'라는 융의 필수적인 가설들을 확장시켜 왔다(Chodorow, 1984). 화이트하우스와 초도로우에 의해 설명된 것처럼, 분석심리 무용 · 동작 심리

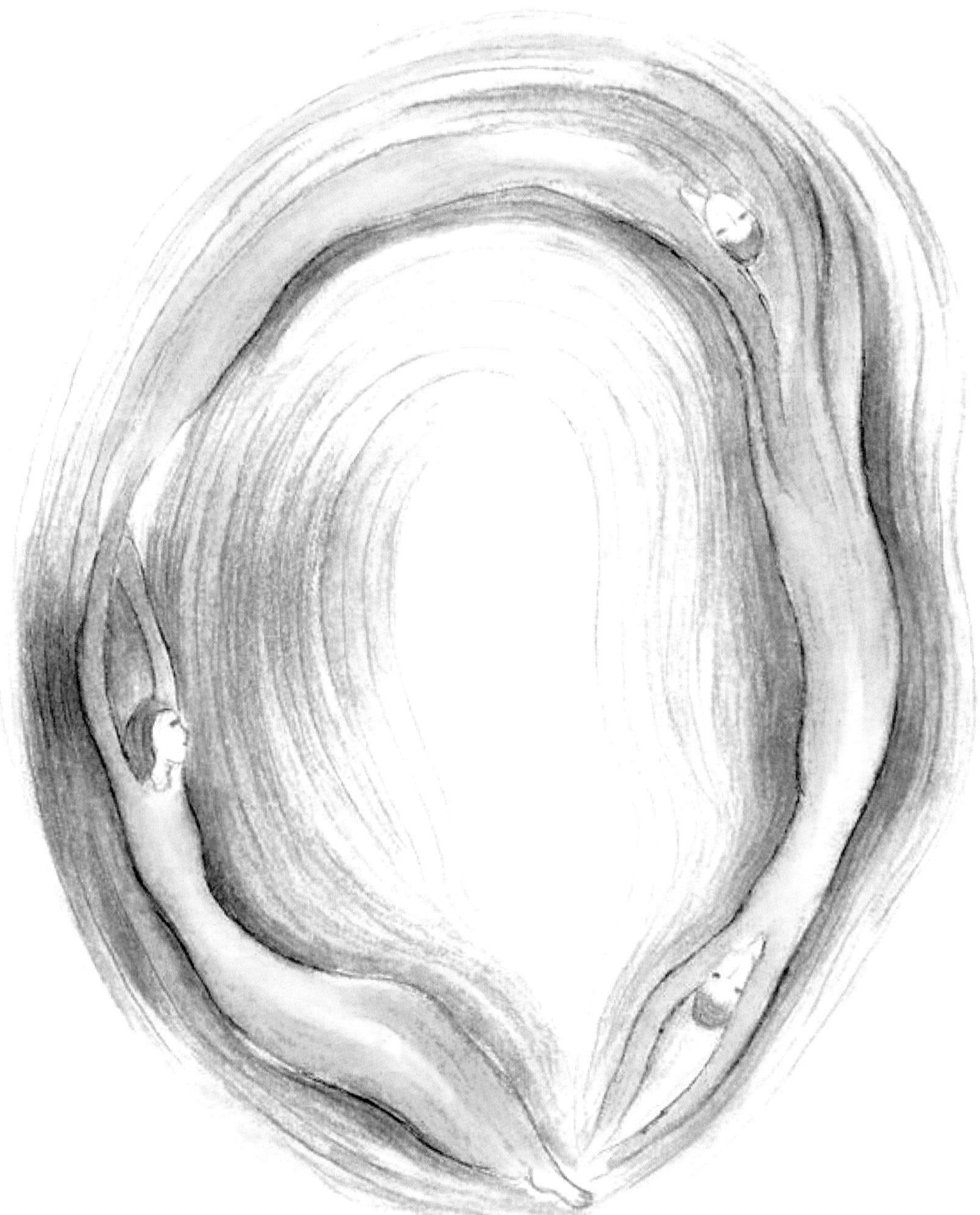

치료는 활동적인 상상력의 한 형태로써 신체의 경험을 풍부하게 사용하고 있는데, 그렇게 함으로써 동작이 무의식을 평가하고 그 내용을 의식 속으로 통합해 주는 강력한 도구임을 설명해 준다. 이러한 통찰력은 정신의학에서의 무용 · 동작 심리치료에서 특히 적절한 것인데, 동작을 생성해 내는 창의적인 과정이 핵심적인 치료과정이라는 생각을 강조해 준다.

4. 자아심리분석적 무용 · 동작 심리치료

자아심리분석적 무용 · 동작 심리치료

미국의 자아심리분석적 전통에서 심리분석가로 훈련을 받은 무용 · 동작 심리치료사인 엘라인 지겔(Elaine Siegel)은 『우리 자신들을 비춰주는 무용 · 동작 심리치료: 심리분석적 접근법(The mirror of our selves: dance movement therapy and the psychoanalytical approach)』이라는 저서를 저술했다(Siegel, 1984). 하트만(Hartmann), 말러(Mahler), 코헛(Kohut) 등과 같은 이론가들로부터 영향을 받은 자신의 통찰력들에 강하게 의존하고 있는 정신의학적, 비정신의학적 환자들과의 작업을 위해 어떤 이론적인 구조를 설정하고 있다. 그녀가 영향을 받은 무용들은 아주 다양하며, 아프리카 춤 등을 포함하고 있다(Levy, 1988).

체이스와 마찬가지로, 그녀는 동작의 상호작용을 용이하게 하기 위해서 리듬과 거울 효과를 이용한다. 지겔은 환자들을 평가하기 위해서 직접적인 동작과 동작 테스트들을 이용한 릴리안 에스페낙과 함께 훈련을 받았다. 그녀는 심리분석적 개념들을 도입하여 그것들을 동작 측정기준으로 해석하였다. 예를 들어, 팔을 넓게 들어 올리는 것과 같은 활짝 열린 동작은 상대적인 자아의 힘을 시사해 주는 것으로 보고 있다. 지겔이 도입한 복잡한 전문용어와 동작을 인격 형성에 대한 특정한 심리분석적 개념들을 나타내 주는 것으로써 간주한 그녀의 방식은 심리분석에 공감하지 않거나 그것에 익숙하지 못한 경우에는 어려울지도 모른다. 그러나 그녀의 많은 사상들은, 심한 장애를 일으키는 정신질환자들과 함께한 그녀의 작업과 연관이 있는 사람들에게는 특히 유용하다(Siegel, 1984). 지겔은 자신이 유년기의 투쟁들을 강조해 주는 증거라고 간주했던 동작 행위에 대해 심리

분석적인 해석을 하였다. 그러한 해석들은 모든 무용 · 동작 심리치료사들이 사용하기에는 부적절할지도 모르지만 지겔이 자신의 환자들을 이해하고 있는 심리적 · 성적인 발전구조의 일부분이다.

심리적 · 성적 발전 구조

코헛, 말러, 하트만, 스피즈와 같은 자아심리분석 저술가들은 프로이트의 이론을 통합하고 있지만, 이드의 충동들과 초자아의 지시를 통합한 대행자로서의 자아에 초점을 맞추려 하고 있다. 그들은 유년기와 유아기의 초기 단계들을 자아나 자아의 발전과정을 형성하는 결정적인 시기로 간주한다. 그들은 어떤 개인이 특별한 성장단계에 '집착'하거나 고정되어 있을 때 병인이 발전하게 된다고 생각한다. 예를 들어, 그들은 조현병이 유아가 자신의 어머니와 분리된 분명한 자아의 주체성을 발전시켜 나간 이후에 인격 형성의 공생단계에서 생겨난 어떠한 실패와 연관이 있다고 가정한다. 치료적 과정은 이러한 고착지점에 대한 역행과 치료사와의 상호작용에서의 인격의 회복에 중점을 두고 있다. 치료사와 환자의 역할에서부터 어머니와 유아 간의 관계에 이르기까지 직접적인 비교들이 이루어 질 수 있다. 환자는 치료사와 함께 초기의 어머니-아기의 요소들을 재연하게 된다. 이것은 그 후에 언어적 해석을 통해 상호작용의 특징 속으로 통찰력을 불어넣어 주는 치료사에 의해 설명될 것이다. 이것은 타인들과 연관을 맺는 환자의 근원적인 느낌과 타인들을 받아들이는 유형들을 바꾸어 줄 수 있는 하나의 방식으로써 간주될 수 있다. 이러한 해석은 심리분석적 심리치료사들에게 있어서는 보편적이다. 지겔의 독특한 공헌도는 이러한 치료적 과정에 동작을 도입하고, 그것들 안에서 신체의 역할을 설명했다는 점에 있다.

신체상과 인격형성

지겔은 또한 자아심리분석적 구조 내의 인격의 형성에 나타나는 동작의 역할과 신체상을 설명하는 데에 있어서 커다란 기여를 해왔다. 예를 들어, 그녀는 "움직임 그 자체는 다른 욕구들이 그것과 함께 나타나기 전에는 충동적이거나 공격적이지 않다."고 말하고 있다(Siegel, 1984). 여기서 그녀는 1950년대에 운동성과 심리에 대한 생각들을 토론했던 심리분석가인 밋텔만의 작업에 의존하고 있다(Mittelmann, 1954, 1957). 지겔은 동작이 근원적인 욕구이며 성이나 공격성에 대한 단순한 표현이 아니라고 말함으로써 치료에서 동작을 사용하는 것이 이러한 욕구들을 크게 충족시켜 줄지도 모르기 때문에 환자-치료사의 관계 내의 이슈들을 통해서 행해지는 작업에는 적절한 매체가 아니라고 걱정했던 어떤 심리분석가들에 대해 반론을 제기했다.

몸은 신체심리 에너지의 저장소

"전체적인 개념인 '움직임'에 대한 다양한 욕구들이 이드 안에 그 기초를 두고 있는 반면에, 욕구들의 실행기능은 자아가 수행하는 운동성 그 자체와 연관이 있다."(Siegel, 1984). 따라서 움직임은 신체적 에너지의 저장소이며 인격의 본능적인 극단이기도 한 이드(id)에서 생성될 수 있다. 그렇지 않다면, 그것은 에고에 의해서 주도될 수도 있는데, 에고(ego)는 전체로서 개인의 이익에 책임을 지는 인격의 일부분이며, 불쾌한 감정이 침입하려고 위협할 때에 방어기제를 수행하는 곳이기도 하다. 동작이 이드와 자아, 의식과 무의식 모두를 반영해 줄 수 있다는 생각은 중요한 것이다. 이것은 동작이 원시적인 감정들에 대한 방어나 서로 투쟁하는 감정들 간의 조절이나 타협을 반영해 줄 뿐만 아니라, 그 자체들을 표현해 줄 수도 있다는 것을 의미한다. 지겔은 "억제된 운동성은 항상 억압에 대한 표시이다."라고 결론지었다.

움직임 관찰과 분석

무용 · 동작 심리치료사들은 동작이 많은 것을 의미할 수 있다는 사실을 명심해야 하며, 만약에 그들이 에고를 반영해 주는 의식적이고 의도적인 행위보다는 무의식적인 과정을 나타내 주는 자발적인 동작에 초점을 맞추기로 결정했다면, 여러 가지 다양한 스펙트럼 중에서 동작을 판독할 수 있는 단 한 가지 방법만을 선택한 셈이라는 사실을 인식해야만 한다. 자발적이거나 무의식적인 동작과 방어적인 동작을 구분하는 것은 정신의학적 환자들과 비정신의학적 환자들에 대한 비디오 영상을 이용하여 100시간이 넘는 동작 관찰을 공부할 것을 요하는 어려운 과제다. 이러한 관찰적 · 분석적인 기술들에 대한 습득은 무용 · 동작 심리치료사들의 훈련과정에 있어서 많은 부분을 차지한다.

지겔의 저서는 다양한 유형의 환자와 함께한 무용 · 동작 심리치료 과정을 설명하고 있으며, 여러 환자와의 작업에서 발생하는 감정 전이들의 각각 다른 특성들을 묘사하고 있다. 그것은 자기 접촉을 사용하고, 각각의 신체요소를 연속적으로 움직이며, 신체상에 영향을 주기 위해서 발레의 형태들과 자세들을 응용하는 것을 포함하고 있다. 그녀는 "대상관계들이 신

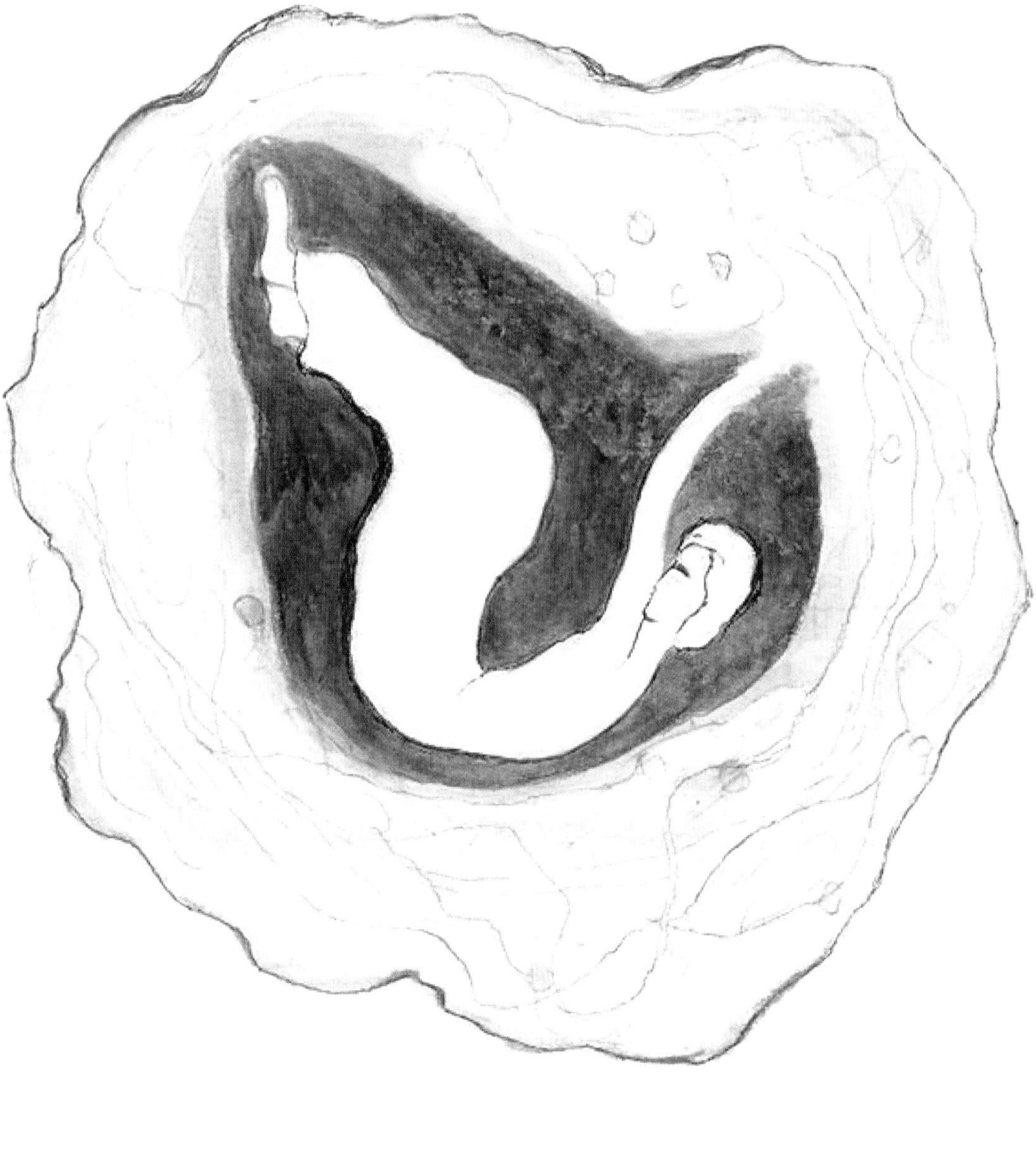

체상의 상대적인 상태와 차례로 연관을 맺게 된다."고 말한다. 바꾸어 말해서, 신체상들은 환자들이 인격발달 중에 고착되어 있는 성장단계들의 흔적들을 포함한다는 것이다. 예를 들어, 구강기에 해결되지 못한 이슈들을 가지고 있는 사람들은 얼굴, 특히 입 주위에 특정한 집중력을 보일지도 모른다. 그들은 동작이나 무용에 있어서도 흔드는 유형의 리듬을 선호할 수도 있다(Kestenberg, 1975; Lewis, 1986).

동작을 통한 공생적 전이

지겔은 정신질환자들과의 자유로운 즉흥극을 거의 이용하지 않고, 그 대신에 환자들에게 각각 다른 사람들의 동작들을 따라 할 것을 요구하고 리듬에 초점을 맞추는 것과 같은 체이스의 방법론들을 이용하였다. 그룹의 동작에서 생겨나는 이미지들을 해석하는 대신에, 지겔은 환자들이 공생적 전이에서처럼 자신을 완전히 모방하려고 하든, 혹은 어떤 정신질환자들과의 전이 상황에서 일어나는 경우처럼 치료사에 의해 압도된다는 두려움 때문에 치료사와 일치시킬 수 없든 간에, 치료사에게 투영되는 환자들의 역할에 대한 표시로서의 동작행위들을 판독하는 데에 초점을 맞추고, 전이에 대해 해석하였다.

인격발달 초기 단계의 이해

지겔은 환자들이 인격발달의 초기 단계들에서 경험했다고 믿어지는 무의식적인 유아적 감정들에 기초하고 있는 행위에 대한 그러한 해석들은 효율적으로 실행해야 하는 개인적인 심리분석과 감독을 포함한 장기간의 심리분석적 훈련을 요구한다. 자아심리분석적 무용 · 동작 심리치료에서 도출된 생각들은 동작을 자아가 주도하고 있는 것으로 해석하거나 아니면 감정들에 대한 방어로써 간주하는 하나의 원리를 제공해 주기 때문에 정신질환자들과의 작업에 있어서 유용하다고 할 수 있다. 이러한 전통은 유아기 성장에서의 특정한 시기들이 어떤 환자의 동작 패턴을 강하게 점령하고 있다고 제시해 주면서, 신체상에 대한 심리적 · 성적 본질을 강조하고 있다. 이것은 정신질환자들의 왜곡된 신체상을 재건하도록 도와주기 위해, 특정한 동작들의 형태 안에서 활동적이고 직접적인 움직임을 사용하도록 해 주는 어떤 이론적인 기반을 마련해 주고 있다.

자아심리분석적 치료에서는 동작이 자기 자신들의 신체에 대해 가지는 환자들의 상징적인 환상들이나 혹은 그들의 부모로부터 초기에 내사된 메시지들을 나타내 줄 수 있다고 제시해 준다.

5. 게슈탈트 무용 · 동작 심리치료

게슈탈트 무용 · 동작 심리치료는 자신의 욕구나 감정을 의미 있는 통합체로 지각하는 방법으로, 라이히의 신체이론, 다양한 예술기법, 실존철학, 인본주의, 정신분석 등의 영향과 새로운 방법에 개방적인 심리치료 접근방법이다. 많은 무용 · 동작 심리치료사는 프릿츠 펄스(Perls, F. S)가 발전시킨 형태심리치료학의 치료적 방법들과 이론에 의해 훈련을 받았다. 형태심리 접근법은 감정상의 경험을 나타내기 위해 주의를 기울일 것을 강조하며, 감정들을 명확히 해 주는 역할을 하는 기술들을 이용하고 있다. 형태심리치료는 상징과 은유에 주의를 기울일 뿐만 아니라, 때로는 역할극을 이용하기도 하고, 지금 여기에서 경험의 즉각성을 강조하고 있기 때문에, 극작법에서 행해진 많은 작품을 제시해 주고 있다(Holmes & Karp, 1991). 비록 그것이 자기인식을 얻기 위한 하나의 방법으로써 치료을 찾으려고 하는 사람들에게 주로 실행되고 있긴 하지만, 형태심리에서 도출된 아이디어들은 때때로 외래 정신의학적 환경(일반적으로, 개인치료수업이 아닌 집단치료)에서 이용되고 있다.

형태심리
무용 · 동작
심리치료

무용 · 동작 심리치료사들인 번스테인과 리니 실버만 다이엘(Linni Silberman-Diehl)은 모두 각각 다른 방식들로 형태심리 아이디어들을 이용하고 있다. 번스테인은 "개인이 자신들이 느끼고 있는 경험에 대해 단지 말로 표현하기보다 자각하게 된다면, 성장이 보다 더 잘 일어나게 된다."라고 저술하고 있다(Bernstein, 1979). 그녀는 형태이론이 기초적인 인지적 개념들을 응용하고 있다는 것에 주목하고 있다. 그녀는 형태심리 무용 · 동작 심리치료를 다음과 같이 정의하고 있다.

지금-여기에서
신체자각과 동작을
이용

> 완전히 현재에 근거를 두고 있는 신체의 자각과 동작을 이용하는 것은 환경 내의 표현적인 접촉을 위한 유기적인 자기 조절과 자발적인 인물 형성을 통한 개인의 분열된 지역들의 통합으로 이끌어 준다.

번스테인은 조직화된 '동작 실험들'과 주도된 동작 심상을 통해서 이러한 목표들에 도달하고 있다. 내담자는 '느껴지는 대로의 행위에 대한 경험을 강조해 주고 있는 지금-여기라는 자각'을 얻기 위해서 '나는 지금 ~을 느끼고 있어요.'라는 문장을 완성하도록 반복해서 요구받는다. 또한 '신체가 말을 한다.'라고 명명된 하나의 테크닉을 이용하고 있는데, 그 안에서 내담자는 이완훈련을 마친 후에 자신이 느끼고 있는 것에 대해 신체의 상징을 통해 표현하게 된다. 예를 들어, 내담자는 "나는 나의 다리예요. 나는 달리고 싶어요. 나는 나의 손인데, 주먹으로 누군가를 갈겨 주고 싶어요." 라고 말할 수 있다.

이러한 직접적인 행위들은 동작에서의 자유연상 테크닉과 정신역학적 무용 · 동작 심리치료사들이 선호하는 비구조화된 즉흥적 기술들과는 대조를 이루고 있다.

분명히 동작을 포함하고 있는 직접적인 환상작업을 통해 아주 강력하고 힘 있는 감정상의 소재를 이용하는 것은 경험 있는 치료사의 감독하에 조심스럽게 조정될 필요가 있다. 형태치료, 특히 역할극과 은유를 통한 어떤 개념들을 이용하고 있는 한 가지 예는 비록 확실한 형태심리치료에 근거하고 있지는 않지만 신경 심리학과 신경 언어학의 프로그램에서 도출된 개념들뿐만 아니라 형태 역할극의 개념들과 어떤 심리분석적 아이디어들을 결합시킨 실버만과 코미사럭의 논문에서 발견된다(Silberman & Komisaruk, 1985). 그들의 접근 유형은 무용 · 동작 심리치료를 다른 치료적 시스템들에서 나온 아이디어들과 결합시킨 실행가들이 무용 · 동작 심리치료에서 행해 왔던 기묘한 특징의 작업에 대해 설명해 주고 있다.

역할극과 은유의 움직임

「신체 은유를 통한 심리적 신체장애들을 치료하는 법」이라는 제목의 논문에서 그들은 심리적 · 신체적 장애들을 지니고 있는 환자들을 치료하는 것에 대해 토론하고 있다. 그들은 환자들의 신체적 변화들이, 말로 표현하기를 꺼리는 내담자들이 가지고 있는 특정한 감정들을 표현해 준다는 '신체 은유'라는 개념을 설정하였다. 그러한 변화들은 종종 '신체 동작, 자세, 고통, 동작이나 감정들의 억제로 표현되는 은유처럼 보일 수도 있다.' 예를 들어, 환자 중의 한 명은 자신의 '짐(환자가 자신의 감정들에 붙인 이름)'을 묘사할 때에 휘어진 자세를 취하고 있었다. '짐'이라는 단어는 비언어적 · 신체 은유와 일치하는, 언어적 · 휘어진 자세로 간주될 수도 있다. 동시에 '입을 늘어뜨리는' 감정과 같은 언어적 은유는 슬픔을 나타내는 얼굴표현을 묘사해 준다고 할 수 있다.

게슈탈트 치료와 정신질환자

일반적으로, 정신질환자들과 함께 하는 집단 무용 · 동작 심리치료 상황에서는 신체 은유에 대한 주의를 끌기 위해서 특정한 멤버의 비언어적 움직임을 지목하는 것은 바람직하지 못하다. 그렇게 하기보다는 그룹이 만들어 내고 있는 동작의 특성에 대해서 일반적인 해석들을 하거나, 개인을 지목하지 않은 채로 동작의 특성에 대해 모호하게 설명하는 것만으로도 환자가 인식하지 못하는 공동체에 대한 자각을 불러일으키기에 충분하다.

무용 · 동작 심리치료에서 형태이론에 근거한 구조화된 활동들을 사용하고 있는 정신질환자들과의 만남은 조심스러울 때가 있는데, 훈련받은 형태 심리치료사와 공동작업을 하거나 펄스의 작업 뒤에 숨은 인간적이고도 철학적인 원리들을 완전하게 이해하는 것만이 그러한 테크닉들을 사용할 수 있는 안전한 방법인 것이다(Clarkson, 1989). 그러한 후에라도 그들이 만들어 낼 수 있는 감정의 강도가 자신들의 감정들의 힘에 압도되기 쉬운 대다수의 정신질환자에게는 반작용을 불러일으킬 수도 있다.

이상의 다섯 가지 견해들(정신분석, 대상관계, 분석심리, 자아심리, 형태심리)에서 본 무용 · 동작 심리치료 접근법에 대한 고찰은 무용 · 동작 심리치료가 포함하고 있는 기능에 대한 심리적 이해, 다양한 방법론, 그리고 목표들을 잘 설명해 주고 있다.

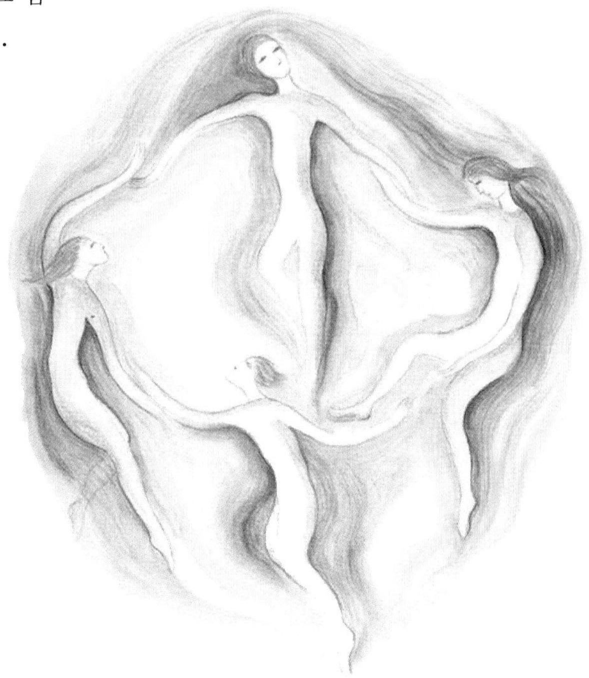

제4장

무용 · 동작치료 선구자들의 방법론 이해

1. 마리안 체이스

마리안 체이스(Marian Chace, 1896~1970)는 무용 · 동작치료의 창시자로서 알려져 있다. 그녀의 이론과 방법론은 체크린(Chaiklin), 둘리카이(Dulical), 플레쳐(Fletcher), 샌들(Sandel) 등과 같은 무용 · 동작치료사들에게 강한 영향을 미쳐 왔다(Levy, 1988). 체이스는 그들과 데니숀 스쿨에서 함께 연구했으며, 그녀가 소위 의사소통을 위한 무용을 실험하기 시작했던 때인, 1920년대 초반부터 1940년 초반까지 모던댄스를 가르쳤다. 그녀는 인격이 여러 가지 관계들을 통해서 형성된다고 강조했던 설리번의 정신의학에 관한 사상들에 의해 영향을 받았으며, 따라서 그녀는 무용의 상호작용적인 면을 치료학적으로 사용하기 시작했다.

체이스는 1940년대 초반부터 워싱턴에 있는 성 엘리자베스 병원과 혁신적인 사나토리움(Chestnut Lodge Sanatorium)에서 일했다. 그곳에서는 라이히만이 정신질환자들과 함께 전통적인 심리분석 실습을 수정하면서 혁신적인 작업을 발전시켜 나가고 있었다. 그 후 체이스는 미국무용치료협회를 조직하도록 도왔고, 1966년 초기 회장을 역임했다. 그녀는 비록 그녀의 논문들이 쭉 수집되고 출판되어 왔음에도 불구하고, 그녀의 작업을 완전한 길이의 논문으로 형식화하지는 않았다(Chaiklin 1975). 체이스는 슈마이스(Schmais), 체크린(Chaiklin)을 포함하는 차세대의 여러 중요한 치료사를 훈련시켰다.

그녀는 오늘날에도 여전히 이용되고 있는 많은 방법론, 즉 집단 상호반응을 위한 어떤 틀을 발전시킨 것, 리듬 있는 그룹 활동을 이용한 것, 통합을 이루는 동작을 이용한 것, 거울화 기법, 치료자와 환자 사이의 치료적 관계성, 그리고 상징주의를 중요한 원리로 세운다.

1) 마리안 체이스의 원리

원을 통한 그룹 상호작용

체이스는 환자들을 하나의 원을 형성하게끔 격려하고, 그들이 그곳에서 함께 시작 움직임을 할 수 있도록 하면서, 정신병동에서의 세션을 시작하였다. 그리고 중심단락은 모두 함께 하는 리더십의 형성으로 구성되는데, 그 안에서 그룹의 각 멤버들은 즉흥 동작을 시작하고 그룹의 나머지는 그것을 되풀이하거나 따라 한다. 이렇게 모두 참가하게 되는 리더십의 구조는 조직화된 집단 상호작용에 대한 기초를 형성해 주는데, 정신질환자들과 함께하는 작업에서는 이것이 가치가 있다. 체이스는 동작을 수반하는 상상을 부추기고 제안하면서, 동작의 특성에 대해 말한다. 그녀는 그룹의 생각과 느낌에 접근하기 위해서 동작에 대한 것들을 그룹에게 질문한다.

이렇게 말을 사이에 끼워 넣는 것은 종종 동작을 바꾸거나 확대시키는 효과를 가져온다.

세션의 이러한 중심단락은 흔히 특정하게 분담된 그룹의 몇몇 테마들을 포함하고 있는데, 치료사는 그룹이 그것을 자각하게끔 만든다. 세션은 모두 함께 참여하는 리듬 활동과 그날 그룹이 행했던 것에 대한 짧은 공동 토론으로 끝마치게 된다.

원시적 리듬을 통한 구조화

각 개인들로 하여금 하나의 그룹을 형성하게끔 만드는 리듬의 힘은 체이스가 원시적인 춤에서 따온 것이라고 할 수 있다. 그녀는 "함께 움직이는 사람들로 이루어진 그룹이 어떤 한 개인이 혼자서 느낄 수 있는 것보다 훨씬 더 큰 힘과 안정된 느낌을 가지게 된다는 것을 잘 이해하고 있다."라고 말했다. 리듬은 동작에서 두 가지 역할을 수행한다. 리듬은 개인의 행동을 조직화하며, 그룹과 연결되어 있다는 느낌을 더욱 강화시켜 준다. 한 그룹이 모두 함께 부드럽게 뒹굴든, 힘 있게 발 도장을 찍든 리듬은 그들 모두가 그룹의 경험을 공유할 수 있게 만들어 준다. 그들은 자신들이 평범한 리듬에 자신들의 동작을 내맡기는 한, 공간적으로 어떤 형태를 취할 필요가 없다. 리듬은 환자가 사회적인 영향력들을 수용하는 동안에 자기 자신의 본래의 모습을 유지하고 개발할 수 있게끔 만든다. 그룹에 속해 있다는 이런 특별한 느낌은 그룹 심리치료에 있어서 주요한 치료적 요인들 중의 하나이다(Yalom, 1970). 게다가 환자는 리듬의 구조 안에서 에너지를 전달하거나 개인적 활력을 얻을 수 있다(Chaiklin & Schmais, 1979).

감정을 표현하는 근육운동

체이스의 경우, 동작은 의사소통을 위한 것이지만 그것은 다른 면에 있어서도 환자에게 어떤 영향을 미쳤다. 체이스는 "감정을 표현하는 근육 움직임은 무용의 기초이며, 무용은 그러한 행위를 형성하고 조직화하는 하나의 수단이므로, 무용이 정신적으로 심각하게 병든 환자의 재생을 위한 의사소통의 잠재적 수단이 될 수 있다."(Chaiklin, 1975)라고 하였다.

동작은 환자를 치유하도록 영향을 미치는데, 이것은 당혹감과 무감각한 느낌을 제거하도록 도울 수 있을 뿐만 아니라 정신적으로 명확한 느낌을 불어넣어 줄 수도 있다.

이러한 유형의 신체 행위는 현실적인 신체상을 창조하고, 환자의 에너지를 활용할 수 있도록 도와주며, 동작과 감정에 대한 표현 범위를 확정해 준다(Chaiklin & Schmais, 1979). 체이스는 환자들이 어떤 특정한 형태로 움직이도록 지도함으로써 이러한 목적들을 성취한 것이 아니라, 환자 자신들이 직접 만들어낸 동작이 최대한의 치료 효과를 올리면서 작용할 수 있도록 리듬과 원 만들기 등과 같은 무용의 고유한 조직 원리를 이용했다는 사실에 주목하는 것이 중요하다.

반영기법과 치료적 움직임의 관계

체이스는 환자들의 동작을 비춰주는 반영기법(the technique of mirroring)을 발전시켰는데, 그것은 감정이입을 실행할 수 있는 관계를 형성하게 해주고, 상호작용을 확대시켜 주며, 동작에 있어서의 무의식적인 테마를 늘려 주는 등 무용 · 동작 심리치료의 많은 목표를 성취하는 데 유용하게 쓰이게 되었다. 반영기법은 환자들이 동작을 단순하게 모방하거나 흉내 내는 것을 뜻하는 것은 아니다. 그것은 어떤 공감을 반영해 주는 것이며, 상호반응이 생겨날 수 있는 어떤 구조를 뜻한다고 할 수 있다. 체이스는 무용에 대한 자신의 지식으로 인해서 동작의 특성을 추출해 내어 그것을 미묘하게 확장시키거나 어떤 결론에 이를 때까지 활용할 수 있게 되었다. 환자들의 동작은 그들이 그녀와 상호작용을 하면서 바뀌게 되기 때문에, 그들이 동작을 표현할 수 있는 잠재력은 더욱 확장되었다. 반영기법은 또한 더 많은 동작을 할 수 있도록 부추길 뿐만 아니라, 동작만 가지고 진행되는 대화가 늘어나도록 만든다.

수용감과 신뢰감을 길러 주기 위해서 환자의 행동을 말없이 따라 하는 과정은 치료사가 환자의 말을 되풀이하거나 환자 자신의 말을 그대로 사용하는 많은 형태의 언어치료과 상응하는 것이라고 할 수 있다(Rogers, 1951). 이러한 과정은 유아의 발달과정과도 상응한다고 할 수 있는데, 아이를 흉내 내는 엄마의 몸짓과 그에 따른 조화는 유아의 초기 정체감을 길러 주며, 아이가 자기 자신과 타인 모두를 이해하게 되는 언어다(Stern, 1985; winnicott 1971).

체이스는 정신병 환자의 손상된 관계들을 회복시키는 것이 중요하다고 피력했던 설리번의 견해에 영향을 받았으므로, 환자와 치료사의 관계를 접근법의 핵으로 설정해 놓았다(Sullivan, 1956). 이러한 환자와 치료사의 관계 안에서는, 신뢰감이 다시 형성될 수 있고 또 환자로 하여금 다른 관계를 맺으려는 흥미를 유발할 수도 있다. 이것은 여러 가지 인간관계로부터 일반적으로 움츠러드는 특성을 지니고 있는 정신질환에 있어서 결정적인 요소가 된다. 체이스는 그녀 자신의 신체를 통해서 환자들의 행동을 재생시킴으로써 환자의 세계 속으로 들어갔다. 이것은 말을 하려고 하지 않거나 과거에 그러했던 환자들에게 초기에 필요한 행동이었지만, 이러한 상호 동작이나 침묵으로 이루어진 관계는 모든 형태의 무용 · 동작 심리치료에 여전히 필수적인 요소로 남아 있다.

상징적인 동작언어로 상호반응

결국, 체이스의 접근법의 핵심은 대화나 침묵 모두를 가지고서 사용하는 상징주의라고 할 수 있다. 그녀는 다음과 같이 말하고 있다.

"정신질환자들은 그들이 종종 말로써 의사소통을 할 수 없든 그렇지 않으면 말로서 설명하는 것으로는 어떤 효과도 거둘 수 없든 간에, 동작이라는 상징적인 언어에 대해 편안하게 느끼는 것처럼 보인다. 상징적인 동작은 환자들이 욕구나 감정 그리고 갈망을 더욱 쉽게 표현할 수 있도록 만들어 준다."(Chaiklin & Schmais, 1979).

따라서 감정을 신체적으로 표현하게 해 주는 개인적인 의사소통의 한 형태인 무용은 그 핵심이 바로 상징이라고 할 수 있다. 체이스는 설사 어떤 환자가 수업에서 행해졌던 상징적인 무용 행위에 상징적 언어들을 첨가하여 말로 표현할 수 없었다 할지라도, 그 환자의 문제점들은 혼자서 하는 동작 수준에서도 여전히 나타날 수 있는 현상으로 믿었다. 이것은 치료사가 환자의 동작을 그대로 따라 하기 때문인데, 그것은 환자로 하여금 자신이 이해받고 있다는 느낌을 가지게 해 준다. 따라서 환자는 상징적인 말들을 동작으로써 계속 표현하게 되는데, 나중에는 동작에 말도 곁들일 수 있게 될지도 모른다. 체이스는 환자의 상상이 자발적인 것이 아니라면 그 상상을 환자의 동작과 병행시키라고 종종 제안했다. 상징들을 이해하고 그 의미를 의식에 다시 통합시키는 것은 치료적 변화에 다가설 수 있는 강력한 도움이 되고 있다.

2) 마리안 체이스의 방법론

마리안 체이스의 방법론은 다음과 같다.

- 원시주의 공동체 의식(rhythmic group activity)
- 감정표현의 근육 움직임을 통한 행동화 경험(body action)
- 치료자와 내담자의 미러링을 통한 상호작용(therapeutic movement relationship)
- 상징적 신체 언어(symbolism)

체이스의 작업은 표현적이고, 상징적이며, 통합적인 동시에 상호반응을 불러일으키는 치료의 독특한 형태로 이끌어졌다. 그녀의 작업은 정신의학에서의 무용·동작 심리치료에 관한 거의 모든 후속 작업에 없어서는 안 될 필수적인 토대를 제공해 주고 있다. 체이스의 사상들과 방법론들은 슈마이스에게 중요한 영향을 주었을 뿐만 아니라, 무용 · 동작 심리치료에서 행해졌던 체이스의 테크닉들과 체계화된 응용을 보다 형식적인 심리치료이론으로 통합해 왔던 다른 많은 무용 · 동작 심리치료사들에게도 커다란 자극을 주었다(Brown & Avstreih, 1980; Fletcher, 1979; Sandel & Johnson, 1983).

2. 마리 화이트하우스

심층 동작

마리 화이트하우스(Mary Whitehouse, 1911~1975)는 1950년대 초반에 미국의 서해안에서 일했던 모던댄스 교사였다. 그녀는 독일에서 마리 뷔그만과 함께 공부를 했으며, 융의 분석심리에 대한 그녀 자신의 경험에 의해 강한 영향을 받았다. 그녀는 무의식의 현상들과 관계있는 철학의 한 분야를 지칭했던, 융과 브로에르의 전문용어인 심층 철학을 연상시키면서, 자신의 접근법을 심층 동작으로 일컬었다. 그녀의 작업은 정신질환자들과 함께 개인 병동에서 일하고 있는 오늘날의 분석심리 무용 · 동작 심리치료사들에게 중요한 영향을 미치고 있다. 그녀의 저서는 융의 사상이 어떻게 동작과 연결될 수 있는지를 설명해 주고 있다. 그녀의 이론들은 무의식 과정에 대한 반영으로써의 자발적인 동작 표현에 대한 사용을 뒷받침해 주고 있는데, 그것은 정신의학에서의 무용 · 동작 심리치료를 구성하는 중요한 요소가 되고 있다.

심리적 동작,
자아의 표출

화이트하우스는 그녀의 작업을 '자기 표출'로써 심리적 동작으로 묘사하고 있다(Bernstein, 1979). 여기서 '자기'란 인간의 가장 완전한 잠재력에 대한 원형적 이미지이며 전체로서의 인격을 통합시키는 존재를 의미한다(Samuels et al., 1986). 화이트하우스의 경우, 분명한 동작은 전체성이나 개인성에 도달하기 위한 하나의 수단이었는데, 그 안에서 개인은 자기 자신과 타인들, 그리고 인류의 총체적인 역사에 대한 자기 자신과의 진정한 관계를 인식하게 된다.

융의 분석심리학에서 말하는 자기(self)의 개성화 과정을 목표로 무의식에 접근하기 위해 신체 움직임이 이용될 수 있고, 그것이 심리의 변화 가능한 요소들인 원형들을 포함하고 있다고 설명하였으며, 무용을 치료적으로 사용한다는 것은 성격의 더 깊은 층과 신체 움직임의 근원인 무의식적으로 깊이 파고들어 가는 과정으로 보았다.

- 신체적 자각, 근 감각적 자각(kinesthetic awareness)
- 양극성(polarity)
- 적극적 상상(active imagination)
- 진정한 움직임(authentic movement)

그녀의 1963년 논문인 「신체 움직임과 성격」에서는 "내가 하고 있는 것(What I am doing: 나는 움직인다.)"과 "나에게 일어나고 있는 것(What is happening to me: 나는 움직여졌다.)"에 대한 움직임의 자연스러운 통합을 강조하면서 동시에 인식되는 종합적이고 통일된 움직임의 경험을 찾고자 하였다.

화이트하우스의 가장 중요한 공헌도는 동작 경험이 무의식에 접근하기 위해 이용될 수도 있고 그것이 심리의 변화 가능한 요소들인 원형들을 포함하고 있다고 단언한 데에 있다. 자발적인 동작을 사용할 때에는 치료적 목적들에 영향을 미치기 위해 사용될 수 있는 하나의 창의적인 과정이 생겨나게 된다. 그녀는 이러한 과정을 묘사하기 위해서 융의 '활동적인 상상력'이라는 용어를 이용했다. 융은 활동적인 상상력을 눈을 뜬 채로 꿈을 꾸는 것으로 정의했다. 처음에 개인은 특정한 지점, 분위기, 풍경이나 사건에 집중을 하게 되지만, 나중에는 일련의 연관성이 있는 환상들을 발전시키도록 허용하게 되고, 점차적으로 어떤 극적인 성격을 취하게 된다(Samuels et al., 1986). 화이트하우스는 의식과 무의식의 요소들이 조화를 이루는 이러한 유형의 창의적인 경험들에다가 동작을 첨가시켰다. 그녀는 다음과 같이 말하고 있다.

내적 감각은 시각적 이미지가 충동으로 하여금 신체 행위의 한 형태를 취하게 하면서 환상에 있어서 활동적인 상상력을 수반하는 것과 마찬가지로, 동작에서 나타나는 활동적인 상상력이라고 할 수 있다. 가장 극적인 심리 · 신체의 연관성들의 의식에 이용될 수 있게 해주는 것이 바로 이곳이다(Levy, 1988).

3. 트루디 스쿠프

트루디 스쿠프(Trudi Schoop)는 1940년대 초반에 적개심을 지니고 있는 조현병 환자들과 함께 일할 때에 창의적인 동작을 사용했다. 그녀는 『Won't you Join the Dance?』(류분순 역, 춤 동작을 통한 마음치료)라는 제목을 지닌 장편의 저서 한 권을 저술했다. 이것은 무용・동작치료에 대해 스쿠프의 경험을 서술 형식으로 쓴 것이다.

그녀는 약물치료를 받지 않은 조현병 환자들과 함께 일했는데, 오늘날에는 급성 병동에 수감되는 초기의 단계들을 제외하고는 그런 환자들을 보기가 어렵지만, 많은 환자가 조직화되지 않은 정신상태를 갖고 있었기 때문에, 스쿠프는 자신이 이미 나와 있던 소재를 가지고서 안무했던 시간에서는 자유 동작을 그 첫 번째 단계로 취했다. 환자의 동작과 그 감정상태를 조직화하고 이해하기 위해서 구두 설명을 사용했던 체이스와는 달리, 스쿠프는 이러한 재통합을 이루기 위해서 동작에서 나타나는 안무적 통합에 의존했으며 다른 무용・동작치료사와는 달리 매우 유머있게 환자에게 접근하였다. 트루디 스쿠프의 원리와 접근에서는 정신과 신체는 서로 상호작용한다고 보고, 두 존재의 자유로운 조화에 중점을 두었다.

- 자신의 정체성은 몸에 반영되고 나타난다(신체 자세와 신체적 정렬은 그 사람의 정신 상태를 반영한다).
- 표현적인 움직임을 통해 환자의 억압된 부분을 의식의 세계로 끌어내려고 했다.
- 치료적 접근으로 무용을 삶에 대한 유한하고(근육의 수준), 무한한(에너지의 수준) 연속성을 이끌어내는 하나의 방법으로서 이해했다.
- 유머의 치료적인 측면에 대한 강한 믿음을 가지며 정상적이고 건강한 신체는 분명하게 그의 감정을 나타낸다.

움직임 즉흥과 계획된 움직임 형식의 통합은 스쿠프 무용・동작치료접근에서 독특한 부분이다. 스쿠프는 즉흥을 '자연스럽게 무방비 상태로 움직이도록 하는 비언어적 자유연상의 과정'이라고 하였다. 그녀는 즉흥을 만드는 동안에 나타나는 주관적인 경험들을 자아의 자기 관찰기능과 움직임의 생산 그리고 자기반영에서의 필요성 강조한다. 트루디는 이것을 환자가 자신의 의미 있는 즉흥적 움직임을 계획되고 반복 가능한 창의적 동작으로 전환시킴으로써 가능하게 하였다. 이리하여 자연 발생적인 즉흥 작업 동안에 나타나는 무의식 자극들의 흐름을 신체적으로 조직하고 조절할 수 있도록 도움을 받고, 이러한 과정은 전에는 억압되고 무의식적인 본능의 힘을 관찰하는 자아의 조정하에 가져오는 것이다. 그리하여 개인은 본능에 대한 자아의 조정능력을 얻게 된다.

그녀의 저서는 그것이 정신질환자들과 함께 작업하려고 했던 초기의 시도라는 점에서는 중요하다. 그녀는 환자들에게 새로운 동작 경험들을 제시해 줌으로써 그들이 자신들의 감정을 표현할 수 있도록 도왔는데, 그러한 방식들은 동작이 정신질환자들을 재교육시키는 데에 사용될 수 있다는 것을 증명해 주었다. 심리치료적 시스템에 관한 아이디어들을 언급하지 않은 채 시작되었던 이러한 임상적 통찰력들은 무용 그 자체가 정신질환자들에게 있어서 본질적으로 특정한 치료적 가치를 가지고 있다는 것을 강조해 주고 있으며, 정신질환자들이 가진 환상을 그대로 갖게 해주면서 현실로 끌어내려고 하였다.

4. 릴리안 에스페냑

에스페냑의 무용 · 동작치료는 신체 중심적 관점의 정신운동치료에서 아들러 심리학과 알렉산더 로웬, 라이히 이론을 유용하게 했다. 라이히의 심리 생리학 중심의 접근법과 아들러의 주변 세계에 내재된 몸과 감정 그리고 마음 개념을 총괄하는 하나의 완성된 개념 때문이었다.

아들러의 심리학은 인간에 대한 관심 분야가 방대한 내용을 포함하면서 **공격 충동**, **사회적 정서**, **열등감**(및 기관 열등감), **생활방식**(초기 회상, 최초 기억)을 말하고 있다.

에스페냑은 마음과 감정을 긴밀하게 연결시킨 것과 상호의존성을 무

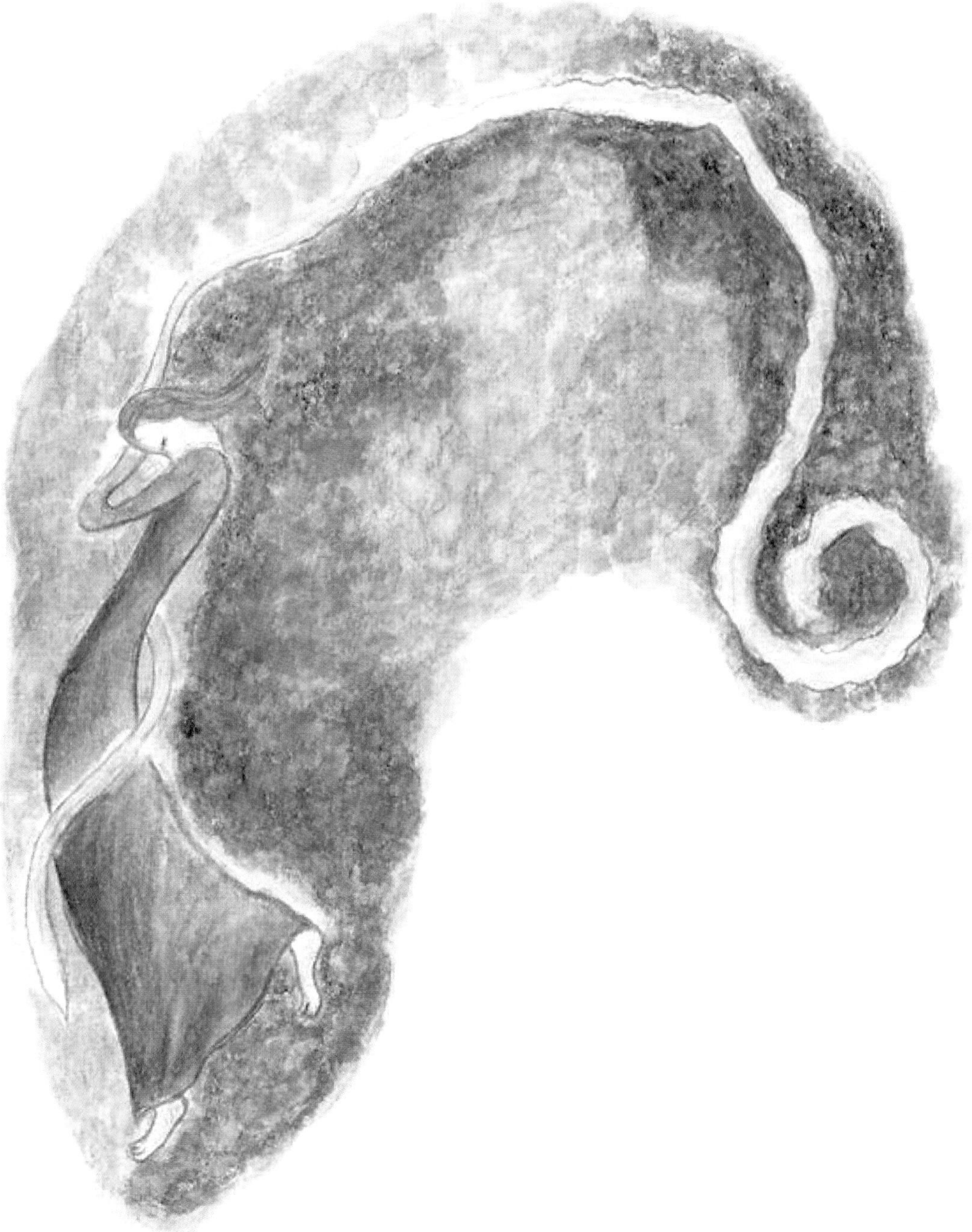

용 · 동작치료에 적용하는 신체접근법을 이용하였다.

가령 생리학적 측면에서 신체기능의 신장에 이상이 생기면 다른 기관들이 영향을 받아 활동을 보상하려 한다는 사실이다. 아들러의 큰 업적은 이러한 보상이 심리적 체계에서 발생하고 신경을 생성하는 과정에 참여하며 심지어 특정 신경계를 특정 기관과 연관시킨다는 사실이 학계에서 인정받았다는 것이다. 따라서 아들러의 이론은 그 자체로 심리 사고와 신체 기능, 특히 무용 · 동작치료와 같은 심리표현 움직임을 비교하는 데 유용하였다.

우리 몸의 요소에 초점을 맞춰 정서적 · 심리적 문제를 치료하는 것이 어떤 의미가 있을까? 예술과 종교, 감정과 영감에 연결된 신체 운동은 인간의 삼위 일체적 존재를 다루는 아들러의 개념을 완벽하게 보여 준다.

1) 공격 충동

움직이는 몸에 관한 연구는 원초적인 삶의 에너지와 동물적인 공격 충동이 원초적인 생명력이라는 사실을 지속적으로 보여 준다. 만일 생명력이 없으면 인간은 수동적이 되고 무기력해지며 삶에 흥미를 잃게 된다. 아들러는 이러한 공격 충동을 변화나 내적 성장을 갈구하는 대부분의 환자에게 나타나는 공감할 수 없는 갈등이라고 하였다. 공격 충동을 원초적인 삶의 동력과 에너지 그리고 살고자 하는 무의식적 욕망으로 볼 때 화를 통해 억압된 공격 충동을 다스리는 것은 심리치료의 중요한 목표다.

화를 억제하면 우리 몸에 내재된 동력도 억제되며 모든 의도와 목적은 '사슬에 결박된다.' 이러한 화의 인지를 통해 화를 조절하고 긍정적인 용도로 사용할 수 있다.

생물학적 공격 충동과 쾌락 원칙이 없으면 열등감은 우월감을 목적으로 하지 못하고, 정신적으로 퇴화한 것으로 보이는 어떤 변화 없이 수용된다. 이후에 열등감은 주변에 대한 인식을 발전시키고 상호작용을 수용함으로써 하나가 된다.

개인은 몸과 마음이다. 인간은 처음에 아기(공격 충동)에서 아이가 되고(열등감 극복) 성인이 된다(사회적 감정 발달). 인간은 자신과 인접한 환경에 거주하며 환경에 반응한다. 그러면서도 보다 큰 사회적 구조, 가족, 이웃,

학교와 공동체 등지에도 거주한다. 총체적 요소들로 인해 인간은 독자적인 존재가 되며, 독자성은 존재, 즉 전체성으로 다뤄져야 한다. 이것이 '개인 심리학'에 대한 강조 시 종종 사용되는 '전체적 접근법'이다.

2) 사회적 정서

우리는 유아기부터 우리 주변의 사회와 교감하게 된다. 부모와 교류하기 시작하여 가족, 이웃, 공동체 사회로 교류할 수밖에 없다. 만일 교류하지 못하고 의사소통을 하지 못한다면 세상에 속한 일원으로서의 안정감이 형성되지 못하여 불안하고 적대감과 공포 그리고 분노가 동반된다.

아들러는 세상과의 관계를 개인의 사회적 감정이라고 했다. 그는 인간은 유년기부터 청소년기를 거쳐 성년에 이르기까지 사회에 소속된 존재이며, 그를 둘러싼 세상을 수용하고 협력하지 못하는 문제는 중요하다고 보았다. 따라서 비자발적인 수용으로는 충분하지 못하며 부적응을 예방하는데 필요한 사회적 관심이 있어야 한다고 보았다. 이러한 감정은 과도한 경쟁과 주변 환경에 의한 불합리한 제한(나중에 사회로 전이)과 개인적 충동의 억압으로 인해 생애 초기에 쉽게 나타날 수 있다. 소통을 발전시키기보다는 적대적이고 도전적인 반응을 보이며 개인은 무기력과 열등감에서 비롯된 자기중심적인 우월감 노력을 목표로 보상받으려는 태도를 갖게 된다. 그러므로 함께 춤을 추는 집단 무용 · 동작치료는 사회적 감정을 찾고 발달시키는 이상적인 형태다.

집단 무용 · 동작치료는 신체적 수준에서 모든 감정을 다룰 수 있는 균등한 기회를 제공한다. 다양하고 새로운 동작 패턴과 리듬으로 함께 새로운 감정을 경험하며 움직여 활동하는 흥미를 지속적으로 일깨워 준다.

일부 사람은 '서로 등을 맞대기, 마주 보기, 접촉 또는 리더십과 의존'과 같은 주제를 표현하는 데 두려워한다. 그때는 저항이 나타나는데 이에 대해 모두가 자유롭게 토론하게 한다. 집단의 일원으로 성공적으로 활동하고 사회 모형에 맞도록 역할을 다하면 자아를 강화하고 실제 생활에서 유사한 상황에 자신감 있게 대처할 수 있게 되며 다양한 성격과 요청사항을 수용하고 이해할 수 있게 된다. 그러므로 아들러 이론과 무용 · 동작치료를 접목시켜 정신운동치료라는 새로운 조합의 치료 방법이 탄생하였다.

아동집단에는 이야기와 상상과 환상 그리고 자유로운 놀이로 정직한 반응을 유도하며 동화와 공상 이야기로 은밀한 소망이나 좌절에서 딛고 일어날 가능성이 커진다.

3) 열등감

열등감은 무용 · 동작 심리치료에서 쉽게 반응한다. 아들러는 열등감에 대해 '엄격한 부모와 칭찬하는 부모, 무관심한 부모와 예측할 수 없는 부모에게 의존하는 과정은 제각각 다른 반응을 형성한다. 모든 아이는 의존성을 극복하기 위한 다양한 방법으로 우월성 충동을 발달시킨다.'고 하였다.

일반적으로 열등감의 문제는 무용 · 동작치료를 이용하여 좋아질 가능성이 있다. 다른 사람들과 춤을 추며 화와 충동을 표현하거나 내적인 힘을 분출하여 살아 있다는 벅찬 감정을 느끼게 된다.

반대로 스스로 엄격한 잣대를 적용하여 다른 사람들과 생동감과 기쁨을 나누지 못하고 안정감을 얻지 못할 때, 움직일 수 없거나 바닥에 주저앉을 수 있다. 스스로를 조절하는 작업이 자연스럽게 시작되면 감정적 방해물이 제거되어 기능하게 되는 중요한 순간이 일어난다. 이 단계부터 심리적 통찰이 쉬워지고 우월성을 추구하려는 인식은 그제야 분노를 표출하고 억압했으며 환경으로 인해 발생한 일련의 모든 부정적인 감성으로 표출되었다.

4) 생활방식

'생활방식'은 개인의 목적에서 유래한 무의식적인 성격 형성인 반면, 치료사의 역할은 환자의 생활 외형을 변화시키도록 도와주고 진정한 잠재성을 찾도록 하며 더 성공적인 생활을 할 수 있도록 도우는 것이다.

무용 · 동작 심리치료사는 생활방식(즉, 심신-감정)과 몸의 '말'을 자신의 '언어'로 동시에 이해하는 방식의 두 접근법을 갖고 있다.

신체 접근법은 자아가 가시적으로 드러난다. 고개를 숙이거나 상체가 처지거나 팔이 붙어 있거나 과잉으로 가슴과 갈비뼈가 앞으로 젖혀 있거나 턱이 앞으로 나오고 치아를 꽉 문 상태 등을 볼 수 있다. 아들러는 '표현 움직임과 태도'에서 신체 움직임, 서 있는 자세와 걷기 그리고 보행 방식을 통해 사람을 볼 수 있으며, 특히 과장된 자세를 눈여겨봐야 한다고 하였다.

5) 릴리안 에스페냑의 일곱 가지 진단

개인의 자율에 기반한 움직임

- Degree of Dynamic Drive: 역동성의 정도, 중심의 안정감
- Control of Dynamic Drive: 시간성의 개념, 리듬 등의 에너지 조절
- Emotional state: 즉흥적 표현, 음악적 자극의 반응
- Coordination: 협응, 조화, 매칭
- Physical courage: 용기, 저항, 자신감, 나선으로 돌기, 뒤로 구르기
- Endurance: 인내심, 인성, 움직임 반복, 집중도
- Ego Image: 자신을 열기(뒤꿈치를 들고, 얼굴 들고 두팔 위로 벌리기)

6) 무용 · 동작치료사의 역할

무용 · 동작치료사는 내담자와의 상호작용에서 조력사로서 최선을 다하여 내담자의 자아실현을 돕는 것이 중요하다.

치료사는 전문지식을 갖추고 환자의 사회적 감정과 주변 사람들과의 경험적 관계에 대해 알고 있어야 한다. 경험이 풍부할수록 방해가 되는 주관성을 잠재우는 일이 훨씬 수월해진다.

5. 블랑쉬 에반

1) 존재로서의 인간

블랑쉬 에반은 그녀 삶의 스타일과 예술가로서의 삶에서 볼 때 매우 개인주의적이었다. 이것은 그녀가 치료에서 개인을 바라보는 방법에 영향을 주게 되었다. 개인의 유일무이성은 항상 에반의 연구에서 주된 관심사였다.

그녀는 출생 시 인간존재의 기본적인 완전성과 변화의 가능성을 믿고 있었다. 그녀는 개인이 그 자신, 가족 및 사회의 전부로서 발달하도록 구성된 신체 구조를 사용하고, 사용하지 않는 것이 반영되는 존재로 보았다.

치료의 목적이자 그녀의 사고의 기초는 개인의 자율에 기반한 움직임이라는 것이었다. 그녀는 개인은 극단적으로 고독하며 무용 · 동작치료를 통하여 자신의 두 발로 홀로 설 수 있는 존재이고, 신체라는 이러한 용기 속에 있는 자신에 의지할 수 있는 존재로 믿었다. 무용 · 동작치료의 주 임무는 환자들로부터 자주 듣게 되는 "나는 누구인가?"라는 질문에 답을 하는 것이다. 에반은 환자들이 처음 질문을 할 때, 의지의 작용을 통하여 그들이 실제로 원하는 것이 무엇인지 정의하는 것과 그들의 가치가 무엇이어서 다른 것보다 그들의 시각에 의해 선택할 수 있는 능력이 있는지를 알 수 있게 되기를 원한다. 의식적으로 의지라는 것을 통해 신체라는 실체에 대한 지도와 한계를 받아들이고 그들이 이미 강하게 존재하고 있는 그곳에 그들이 살아 남는지 아니면 묻혀 버리는 동안에 신경증이라는 것 또는 지키고 싶지 않은 것을 변화시킬 수 있게 된다.

2) 무용 · 동작치료의 주요 기법

에반에게 치료란 관찰 그 자체가 아니라, 행동에 대한 관찰을 수반한다. 인간의 삶이란 항상 치료된 것과 그 내부의 독성이 동시에 반영되는 것이다. 환자들에게 무용 · 동작치료란 더 나은 삶을 위한 것이다. 기본적인 목적은 환자들을 자신에 대한 더 강한 감정을 가지는 방향으로 가게끔 하고, 그들이 되고자 하는 것이 되게끔 독려해 주는 것이다. 신경증 환자의 치료법은 선택이며, 그들의 성격과 개성에 알맞은 만족감을 성취하게 하는 것이다.

블랑쉬 에반은 죽기 한 해 전 그녀의 연구 결과를 『무용치료의 기초』라는 책으로 발간하였고 환자들의 전체성에 관심을 가졌다. 그리고 1981년 10월 『블랑쉬 에반의 전체 인간을 위한 무용치료에 있어서 창조적 무용, 기능적 테크닉 그리고 언어의 방법론』이라는 책을 발간한다. 그리고 그곳에 "너무나 길지만, 이것은 하나의 사고다."라고 덧붙인다. 이전에 그녀는 무용 · 동작치료란 단지 감정을 북돋거나 환기시키는 것만은 아니고 표현을 통한 감정을 다루는 것이며, 가장 처음에 시도할 일은 환자의 입장에서 보고 느끼는 것이다. 무용 · 동작치료의 목적은 태어나면서 지니게 된 태초의 삶의 활력을 다시 찾게 하는 것이며, 그리고 관망자로서가 아닌 변화의 참여자로서 창조적 무용 · 동작치료를 시도하는 것이다. 무용 · 동작치료는 상호교환적이어야 한다. 무용 · 동작치료사는 환자에게 도움을 주고 환자를 안내하며, 그들의 말을 듣는 것이며, 환자는 창조적인 변화를 위해 그곳에 있게 되는 것이다. 이것이 바로 '활동적인 무용 · 동작치료'라고 하였다. 무용 · 동작치료에서는 신체는 무용 · 동작치료의 수단으로, 인간이란 자신의 신체가 무엇을 표현한다는 것과 그리고 그것을 자제한다는 것을 알아야 하고, 감정이라는 것을 다시 느끼기 위한 것이 목적이어야 한다.

에반의 이론

에반의 연구에서 개인의 감정변화는 가장 중요한 것이다. 신체의 이미지란 말로 표현되는 것이 아니라 움직임으로써 표현되어야 한다는 그녀의 믿음은 주된 감정과 행동, 그리고 신체의 움직임에 대한 실제적인 교육에 있어서 대화가 필요하다는 것을 의미한다. 그녀는 '당신의 팔이 아픈 것인가 아니면 당신이 팔이 아프다고 느끼는 것인가'라고 물을 수 있다.

에반은 그녀의 연구에 있어서 기능하는 신체와 자연이 만든 것으로서 신체의 이미지를 생각하였다. 개인의 표현, 억제, 억압본능, 불일치 등은 환자의 경험에 관계된 것이라 보았다. 이러한 방법은 행동하는 개인의 전체성을 보는 방법이며, 표현하는 감정이나 움직임의 능력, 언어상의 특징, 특정한 표현 그리고 창조성의 깊이 등을 찾는 것이다. 이러한 불일치는 환자들이 표현하고자 하는 것과 그들의 정신-신체상의 부적절성에 의해 명백해진다.

이러한 부적절성이란 신체를 이용한 행위나 자세의 왜곡이나 억제에서 명백히 드러난다. 그녀의 주된 관심은 환자가 신경증이나 망각 등에 의해 자연이 만들어준 신체라는 부분을 왜곡할 때, 이러한 것을 알게 하는 것이었다. 자연이 의도한 부분으로부터 벗어난 것처럼 신체가 움직이고 존재할 때는 어떠한 특별한 진단법이 있는 것이 아니라(무용 · 동작치료의 단계에서), 환자의 신경증에 대한 정도가 점점 커지거나 변화의 의지가 커지고 있는 것이다.

3) 치료과정

신경증에서 건강함으로 돌아가는 것을 에반은 환자의 신체를 그들 자신의 것으로 돌리는 것으로 보았다.

치료의 과정은 진실, 집중, 그리고 연구인 것이다. 그녀의 연구는 치료의 재료나 방법을 찾아내고 환자로 하여금 행동하고 느껴서 그들 자신의 문제를 찾게끔 하는 것이며, 그들의 무의식적인 행동을 알게 하여 새로운 삶을 찾게 하는 것을 자극시키는 행태적 경험을 위한 언어적인 길을 제시한다. 에반은 신체와 정신 그리고 마음의 재통합 혹은 재개인화로서 이를 묘사하였다.

무용 · 동작치료에 있어서 치료의 절차에 대한 기초는 환자의 신체가 끊임없이 신체활동을 할 수 있다는 믿음이다. 신체적인 실제, 목적의 실제 등을 아는 것이 바로 첫 번째인 것이다. 환자들은 자기 중심적에서 변하기 시작할 것이며, 세상을 아우르는 그리고 다른 사람과의 외부세상으로 움직이게 되는 것이다.

치료절차는 역동적이다. 에반은 의지가 없는 상태에서 의지가 있는 상태로 변하는 것과 긴장에서 그렇지 않은 것으로 변하는 것에 대해 언급하였다. 그녀는 기억의 요소를 사용하고 의식적인 행동이나 무의식적인 행동만큼이나 신체의 요소를 사용하라고 하였다. 가장 첫 단계는 환자로 하여금 느끼게 하는 것이며, 표현하는 감정을 갖는 것이다. 그리고 그 후에 '나가게' 하는 것이다. 이것은 '당신을 꾸짖고 있다.'라는 것에서 '그렇게 되게 놔두었다.'라는 것으로 변하는 것이다. 말하자면 한 사람의 역할을 요구하는 것이며, '그것을 선택했기에 그것이 일어나게 한 것'이라는 말이다.

따라서 치료의 절차는 환자로 하여금 그들의 신체를 전체로서 받아들이게 하는 것이며, 삶의 변화를 유도하는 행동의 능력을 갖게 하는 것이다.

4) 무용 · 동작치료사의 역할

치료사는 환자들의 변화능력을 믿어야 한다. 그러나 치료사가 변하지 않는 이상 환자들도 변하지는 않는다. 그녀는 환자에게 어떠한 건설적인 것도 요구하지 않고, 무엇도 요구하지 않으며, 어떠한 판단도 요구하지 않고, 위협하지 않으며, 그들에게 변화에 관심을 갖게 하지 않고서 그를 혼자로서 놓아두는 것이 필수적이라고 믿었고 그렇게 가르쳤다. 이것은 고친다기보다는 반영한다는 것이다. 마음을 열고 가슴 깊이 묻힌 것을 찾아내는 것이다.

치료의 가장 중요한 요소 중의 하나는 무엇도 판단하지 않고 받아들이는 것이다. 치료사는 환자들처럼 모험을 해야 한다. 그녀는 환자가 '인지'할 준비가 되어 있다고 생각하지는 않았다. 그녀는 무용 · 동작치료를 통해 환자에 가까이 갈 수 있다고 생각했고 그들 내부로 가는 것을 용이하게 하는 질문을 통해 그들에 가까이 갈 수 있다고 생각했다. 기본적인 줄거리는 다시 처음으로 돌아간다. 어린이들이 그들을 보호하기 위해 무엇을 하는가? 우리는 현재와의 연계성을 찾기 위해 과거로 되돌아가야 한다.

환자는 그것의 실마리를 잃어버린 사람이다. 치료자는 그 실마리를 잃으면 안 된다. 치료사의 가장 중요한 일은 실마리를 푸는 것이다. 그리고 환자는 치료사가 이것을 도와주기를 원한다. 목적은 당신이 변하는 것이 아니라 환자가 변하는 것이다. 환자가 변화를 위한 지침을 갖는 것이며 어떻게 변하는가를 알게 하는 것이다. 환자에게 억지로 하게 하는 것은 환자가 더욱 큰 성취를 할 수 있는 것을 막는 것이다. 이것은 환자와 치료사에게 더 많은 위험 부담과 정직을 필요로 하는 것이다.

이상의 초기 무용 · 동작치료사들, 즉 마리안 체이스, 마리 화이트하우스, 트루디 스쿠프, 릴리안 에스페냑, 블랑쉬 에반 등에 대한 짧은 고찰은 무용 · 동작치료이론의 중요한 이슈들에 대해서 잘 설명해 주고 있다.

제5장

집단 무용 · 동작 심리치료의 이해

1. 집단정신치료의 개념

집단정신치료란, 집단을 통해 감정적 장애가 있는 사람들을 치료하는 방법이며, 각 구성원들의 부적응적인 행동을 변화시키기 위해 구성원들 사이의 상호작용을 이용하는 치료방법이다. 치료자는 다양한 이론적 구상과 기술적 방법을 통하여 구성원들의 행동과 태도의 변화를 위해 집단의 상호작용을 이용하게 된다.

얄롬(1985)은 대인관계의 관점에서 집단정신치료를 연구하였고 여러 이론을 통합하여 사용한 대표적인 인물이다. 얄롬의 집단정신치료는 다음의 세 가지 기초가 되는 개념에서 출발하였다. 첫째, 대인관계가 역동정신치료의 치료과정에서 중요시되어 왔다는 것이다. 신프로이트 학파들은 개인발달이론과 대인관계에 입각한 정신치료를 만들어 냈다.

〈표 5-1〉 집단정신치료의 이론적 모델

이론적 모델
교류 ↕ 내적개인 ↔ 대인관계 ↔ 집단전체성, 온전성 ↕ 교정적 감정 경험 그때 거기 ↔ 지금 여기 집단과 함께 하는 개인 ↔ 집단과정

설리번은 "정신건강이란 사람이 대인관계를 인식하는 정도에 달려 있다."고 하였으며, 그래서 정신치료의 목표는 대인관계에 대한 개인의 인식을 증진시키는 것이라고 하였다. 둘째, '지금-여기(here and now)'에서의 '교정적 감정 경험'을 중요시하였다. 정신치료에서는 통찰만으로 부족하고 감정적 요소와 이에 따른 현실검증능력이 중요하다는 것을 강조하는 것이다. 셋째, 사회적 소우주로서의 집단을 강조하였다. 환자들은 치료 상황에서 자신의 일상생활과 비슷한 방식으로 다른 사람들과 상호작용한다. 치료자의 역할은 위 세 가지 원칙에 따라 환자들이 더욱 만족스럽고 왜곡이 없는 대인관계의 방법을 배우도록 하는 데 있다(Yalom, 1986).

2. 치료요인

치료요인에 대한 연구에도 얄롬이 중요한 공헌을 하였다. 그는 이전 문헌에 대한 연구와 자신의 연구를 통해 치료요인을 최종적으로 11개 범주로 분류하였다. 11개 범주는 희망의 고취(instillation of hope), 보편성(universality), 정보전달(imparting of information), 이타심(altruism), 일차가족집단의 교정적 반복발달(the corrective recapitulation of the primary family group), 사회화 기술의 발달(development of socializing techniques), 동일시(imitative behavior), 대인관계학습(interpersonal learning), 집단응집력(group cohesiveness), 정화(catharsis), 실존적 인자들(existential factors)이다.

치료요인에 대한 연구는 집단치료 기술과 목적을 수정하는 데 적용된다(Yalom, 1986). 그리고 치료요인을 치료자가 얼마나 잘 이해하고 기술적으로 잘 수행할 수 있느냐에 따라 환자에게 주는 영향의 정도를 좌우할 수 있다. 그러므로 집단정신치료에서 어떠한 요인들이 치료적으로 작용하는지를 아는 것은 매우 중요하다.

그 외에 집단정신치료에 영향을 미치는 변인으로는 환경 변인, 구조적 변인(준비, 환자의 선택, 조직 등), 과정 변인, 치료적 기술 변인을 들 수 있다. 특히 구조적 변인에는 집단의 크기, 집단치료의 빈도, 한 번의 치료를 위해 배정되는 시간, 집단의 동질성 여부, 참여할 환자의 진단, 행동, 성격, 성별 분포, 나이 분포 등의 여러 사항을 고려해야 한다.

3. 집단정신치료로서의 무용 · 동작 심리치료

집단정신치료로서 무용 · 동작 심리치료는 치료자와 구성원과의 상호작용뿐 아니라 구성원들 사이의 상호작용 또한 큰 비중을 두며, 구성원들의 피드백도 치료자의 개입만큼 중요하고 치료적 힘이 있다. 집단정신치료로서의 무용 · 동작 심리치료는 창조성과 자발성을 기본이론으로 하여 자발성의 양성을 통해 그 속에서 자기의 활동을 회복하고 행동하는 힘을 키울 수 있으며, 창조적 움직임은 자기 존재를 확인하고 자신으로 살아가게 하는데 영향을 준다. 나아가 로저스(1957)는 치료자의 공감적 이해(accurate empathic understanding), 긍정적 존중(unconditional positive regard), 그리고 성실성(genuineness)이 환자의 자기 성장을 촉진시킨다고 하였고 융 학파의 정신치료에서도 치료방법이나 기술보다 치료자의 자세를 중요시하며 치료방법은 치료 상황에서 저절로 우러나오는 것이라 하였다. 무용 · 동작치료와 얄롬의 집단정신치료는 둘 다 이성적 사고보다는 감정적 경험에 초점을 맞추고 있다. 그러나 이러한 감정적 경험에 이르는 수단은 서로 다르다. 무용 · 동작 심리치료는 움직임을 주로 사용하며 언어는 부수적인 것이 되는 반면 집단정신치료는 언어를 주로 사용하며 행위는 부수적인 것이 된다. 움직임 표현은 언어를 넘어서 한 인간의 생리적, 감정적, 심리적인 모든 요소를 포함하기 때문에 무용 · 동작 심리치료는 총체적으로 자신을 표현할 수 있으며, 내적 갈등을 말로 표현할 때보다 매우 강렬한 감정적 경험을 체험할 수 있는 것이다.

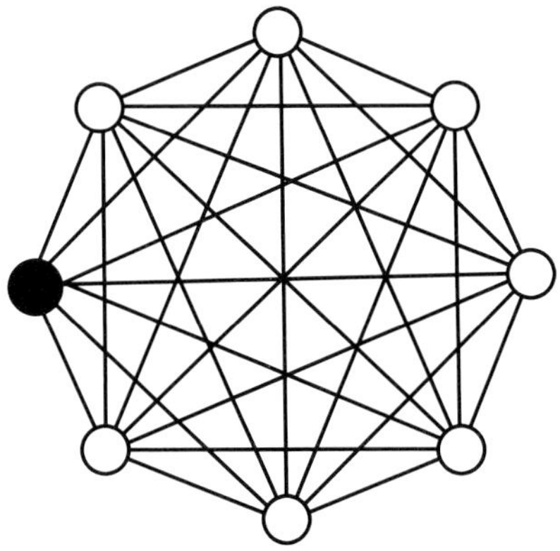

[그림 5-1] 치료자와 환자 간의 상호작용(Therapist-patient Interaction)

4. 집단 무용 · 동작 심리치료 안의 심리역동

샌들(Sandel)과 존슨(Johnson)의 최근의 작업에 대한 토의를 하기 전에, 그들의 작업이 기초하고 있는 비언(Bion)의 심리 분석적 그룹 이론에 대해 요약을 하는 것이 필요할 것이다. 비언은 그룹 행위에 영향을 미치는 무의식적인 요인들에 대해 정의를 내렸다. 비언에 따르면, 세 가지 '기본적인 감정들'에서 도출된 그룹들의 세 가지 뚜렷한 감정적 상태들이 있다: 의존성, 투쟁-도주, 짝짓기(Grinberg, 1975: 16). 이러한 가정들은 그룹 멤버들이 두려움(Bion과 영국의 대상관계학파들이 가정한 것으로, 이것은 인격의 원시적이거나 유아적인 요소들에 뿌리를 두고 있다)을 방어하기 위해 쓰이는 방식들을 보여 주고 있다. 이러한 가정들은 유아심리 분석가이자 대상관계 이론가인 멜라니 클라인(Melanie Klein)에 의해서 처음으로 형성되었다(Klein 1959). 그러므로 기본적인 가정현상은 '그룹에서 개인이 가지게 되는 궁지와 이런 궁지가 만들어내는 억압에 따른 행위들'에 대한 그룹의 반응인 것이다(Grinberg, 1975: 15). 이러한 기초적 가정들은 '학습이 노력, 고통, 그리고 현실과의 접촉을 암시할 때, 경험으로부터 배우게 되는 좌절을 피하려는 무의식적 감정상태들'이다(Grinberg, 1975).

1) 그룹 역할에 대한 비언(Bion)의 모델

(1) 의존성 그룹

의존성 그룹

정신질환자들, 특히 만성 조현병 환자의 그룹들 중에서 가장 보편적으로 볼 수 있는 것이 의존성 그룹이다. 이러한 그룹은 최소한 환상 속에서라도 안정감을 얻으려고 추구하며, 그 멤버들은 한 명의 개인(보통 리더임)으로부터 보호를 받으려고 한다. 그룹의 행위는 그것이 먼저 시작되는 법이 거의 없으며, 그 대신에 치료사의 지시를 기다린다. 리더는 보통 자신의 아이를 보호해 줄 일종의 초인간적인 부모로서 이상화된다. 그룹 리더나 치료사는 이러한 역할을 스스로 만들게 되는 유혹에 빠질지도 모르며, 무기력한 그룹을 그들의 고립된 상태로부터 구제해 주기 위해 초인적인 힘을 길러야 한다고 느끼게 될 수도 있다.

그러나 어떠한 사람도 이러한 환상들을 완수해 줄 수 없기 때문에, 리더는 필연적으로 실망감과 적의를 유발시키게 된다. 그룹은 상태가 심하고 리더의 특별한 주의를 요구하는 한 명의 멤버를 앞에다 내세울 수 있는데, 그 한 명은 아픈 역할을 억지로 떠맡게 되고, 그 상태에서는 감정적인 연약함이 더욱 부각된다. 실제로 이 사람은 그 두드러지는 상태에 대한 어떤 것을 전체 그룹을 대신해서 나타내고 있는 셈인 것이다. 의존성 그룹에서, 멤버들은 때때로 부모·치료사의 주의와 관심을 탐욕스럽게 요구하는 그룹들을 나타낸다고 말할 수도 있다(Bion, 1961). 의존적인 성향을 보이는 멤버들과 독립적이고 자발적인 성인으로서 행동하기 원하는 각각의 멤버들 간에 종종 갈등이 생길 수도 있다. 그 안에서 계속 있기를 원할 뿐만 아니라, 의존적으로 남아 있는 것을 후회하는 감정이 보편적으로 생겨나게 된다.

(2) 투쟁적 그룹

투쟁적 그룹

이와는 대조적으로, 투쟁-도주나 반 의존성 그룹에 대한 기본적인 가정은 그룹이 그 자체를 보존해야 한다는 것인데, 그것은 누군가 어떤 것으로부터 도주하거나 그것과 투쟁해야지만 이루어질 수 있는 경우도 있다. 그것이 싸움이든 도주든 간에 행위는 필수적인 요소인데, 이것은 이러한 그룹들에게 활동적인 특성을 부여해 준다. 그룹이 생존하기 위해서는 파괴해야만 하는 어떤 외부의 적에 대한 감정도 종종 생겨날 수 있다. 싸움이나 도주에 있어서, 개인은 그룹의 생존을 위해서는 희생될지도 모른다. 적자생존의 개념과 개인보다 그룹의 이익을 우선하는 것이 이 그룹에서 만연하고 있는 특징들이다. 이 그룹에서는 의존적인 멤버들에 대한 참을성을 전혀 찾아볼 수 없으며, 그룹은 자기반성이라는 생각에 적의를 가지고 있다. 그룹은 이런 것들보다는 오히려 끊임없는 방어적 활동에 대해 기뻐하며, 일반적으로 두려움이나 고통으로부터 피해야 한다고 생각한다(Bion, 1961). 비언은 군대가 이러한 가정하에서 역할을 수행하는 그룹의 특징을 가장 잘 나타내고 있다고 생각했다(Grinberg, 1975). 정신질환자들과 함께 하는 외래환자작업에서, 의존성 그룹과 투쟁-도주·반 의존성 그룹의 역할수행 간에는 어떤 변화가 있을지도 모른다. 때때로 그룹의 적은 '체제'로써 이상화될 수도 있는데, 그것은 고용, 지위 그리고 정상적인 상태를 얻는 것을 막는 하나의 장벽으로 보일 수도 있다. 혹은 달아나고자 하는 '적'이 병원이나 단체 그 자체일 수도 있는데, 그것은 정신병동에다가 환자를 억지로 의존하도록 밀어 넣는 것으로 보이게 된다. 이러한 역할수행 양식의 가장 극단적인 예는 사춘기 그룹인데, 그곳에서는 성인이나 부모와 같은 권위적인 인물들에 대한 욕구와 저항이 최대 관심사다. 그룹의 모든 부정적인 감정들이 한 명의 멤버에게 투영되는 '희생양' 전략 또한 그러한 그룹들에 의해서 사용되는 투쟁-도주의 중요한 방법이다(Holmes & Karp, 1991).

(3) 짝짓기 그룹

짝짓기 그룹

마지막 기본적인 가정은 짝짓기이다. 여기서의 무의식적인 가정은 그룹이 짝짓기를 통해서 어떤 새로운 인물이나 새로운 아이디어, 즉 오래된 모든 문제점을 해결해 주고 유토피아를 가져다줄 희망 속에서 살 수 있다는 것이다. 이 그룹에서는 지속적인 희망의 분위기가 만연하고 있다. 이러한 그룹과 연관되는 감정들은 부드럽고 호의적이다. 이 그룹의 새로운 리더가 조만간에 미움, 절망 그리고 파괴로부터 그룹을 구원해 줄 것이기 때문이다. 위의 기본적인 가정들은 외적 현실이 아닌 내적 환상을 향해 이끌어진 것이므로, 충동적이고도 무비판적으로 수행되어야 한다. 그룹의 정신태도와 그에 따른 행동은 그룹이 생활하는 동안에 이러한 가정들(의존성 그룹과 투쟁-도피 그룹이 가장 보편적임) 사이를 오갈 수 있다. 의존성 그룹과 투쟁-도피 그룹의 행동 양식들은 정신질환자 그룹을 전체 행위로써 간주해 주는 유용한 양식들이다. 그룹을 전체로서 간주하는 것은 무용 · 동작 심리치료 과정에서 볼 때 어렵지만 중요한 것이라 할 수 있다. 넓은 범위의 그룹 경험들은 그룹을 전체적인 행위로써 이해하는 데 도움이 될 것이다.

5. 집단 무용 · 동작 심리치료의 치료적 요인

인간적인 집단심리치료법은 1960년대 중반에 칼 로저스(Carl Rogers)가 경험적 그룹들을 위해 만들어낸 용어로부터 진화한 것이다. 얄롬의 작업은 감각지각 그룹들, 교류분석 그룹들, 인간관계 그룹들의 전통적인 훈련, 심리분석에 근거한 그룹 심리치료법 등을 포함하는 여러 가지 다른 종류의 초기 그룹 치료법들로부터 종합, 발전되어 왔음을 보여준다. 그것들은 프로이트에서 도출된 정신 역학적 사상들을 포함하고 있기 때문에, 그러한 그룹은 때때로 정신 역학적 치료 그룹, 혹은 단순하게 역학적 치료 그룹이라고 불린다.

이러한 심리치료 그룹들은 6명에서 8명의 환자와 치료사, 그리고 공동리더로 구성되는데, 그들은 일정한 합의 기간(6개월에서부터 오랜 기간에 이르기까지 지속함) 동안 매주 한 번 혹은 그 이상 만나게 된다. 그러한 그룹들은 역할수행 능력이 높은 외래 환자들이나 정상적인 신경계 고객들을 치료하는 데 있어서 아주 보편적으로 볼 수 있는 형태이다.

1) 집단 치료적 요인들의 이해

얄롬은 그룹 치료사들이 방법과 기술을 두고 있을 어떤 기초를 형성하고 있는 심리적 변화의 과정에 대한 결정적인 측면들을 제시했다. 그는 치료적 변화가 다양하게 주도된 인간 경험들이 복잡한 상호작용을 통해서 일어나는 아주 복합적인 과정이라고 말했다. 얄롬(Yalom)이 정의내린 11가지 치료적 요인들 중에는 집단 무용 · 동작 심리치료에 적절한 것들도 포함되어 있다. 이것들은 사회성 기술들의 향상, 모방을 통한 학습, 가족 그룹에 대한 적절한 인식, 그룹 결속력, 카타르시스, 그리고 여러 가지 감정상의 경험들에 대한 보편적인 특성들의 인식 등을 포함한다.

사회성

첫 번째 치료적 요인인 사회성 기술들의 향상은 종종 퇴원을 준비하는 치료 그룹들과 사춘기 환자 그룹들을 위한 분명한 목표가 될 수도 있다. 개방적인 반응을 장려하는 기본 역할들을 가지고 있는 역학적 그룹 치료에서는 환자들이 부적합한 사회 행동에 대해서 상당한 정보를 얻게 될지도 모른다(Yalom, 1983). 치료과정에서, 환자들은 다른 사람들에게 도움을 주는 반응을 하는 법을 배우게 되며, 비판성이 줄고, 정확한 감정을 보다 잘 경험하고 표현할 수 있게 되는데, 이러한 모든 것은 환자가 미래에 행하게 될 사회적 상호작용들에 도움이 될 수 있다. 그룹 치료는 환자들에게 그들이 다른 사람들에게 발휘할 수 있는 어떤 종류의 영향력을 가르쳐 주며, 사람들과 함께 지낼 수 있는 기술들을 향상시켜 준다. 집단 무용 · 동작 심리치료에서는, 명확한 사회의사소통의 비언어적 요소들이 강조되고 있다. 환자들은 그룹의 과정을 좇아가기 위해서 눈을 서로 많이 마주쳐야 하고, 그룹에 의해서 다시 비추어 지는 자신의 동작들을 봄으로써, 자신들의 비언어적인 자기 표현에 대한 가치 있는 피드백을 얻을 수 있다. 무용 · 동작 심리치료사는 환자들이 그룹의 다른 멤버들의 행동에 대한 코멘트를 할 수 있고 또 자신들에 대한 다른 사람들의 말들로부터 배우게 되는 개방적인 환경을 만들 수 있도록 노력해야 한다.

동일시

두 번째 치료적 요인은 환자들이 동일시를 통해서 학습할 수 있다는 것이다. 그룹 치료에서는 환자들이 그들 자신의 문제점들과 유사한 타인들의 행동을 관찰하는 것이 유익하다. 설사 특정한 동일시가 오래 지속되지 않는다 할지라도, 그것은 환자들이 새로운 행동을 가지고서 실험할 수 있도록 만들어 줌으로써 자유로워지도록 도와줄 수 있다. 그것은 아주 보편적인 현상이다. 환자들이 각각의 다른 사람들의 동작들을 되비춰 줄 것을 요구받는 무용 · 동작 심리치료에서는 이러한 유형의 동일시 학습이 커다란 잠재력을 지니고 있다.

가족관계 이해

세 번째 치료적 요인은 그룹이 주요한 가족 그룹에 대한 올바른 이해를 제공해 줄 수 있다는 사실이다. 그룹은 여러 가지 측면에서 가족과 유사한데, 종종 그룹들은 가족의 역할을 모방하기 위한 시도로써 한 명의 남자 치료사와 한 명의 여자 치료사와 함께 운영된다. 환자들은 부모들, 형제들과 함께 사용했던 상호작용의 패턴들을 치료사들이나 다른 그룹 멤버들과 함께 반복하게 될 것이다. 그러한 유형들은 다음을 포함할 수 있다. 치료사 · 부모에 대한 무력한 의존성이나 그들에 대한 맹목적인 저항(어머니나 아버지 치료사들을 이간질하려는 시도들, 리더들의 주목을 끌기 위해서 다른 멤버들과 벌이는 과도한 경합), 치료사 · 부모의 역할을 깨뜨리려는 시도로써 다른 환자들 사이에 동맹자들을 찾으면서 또 다른 그룹을 형성하는 것 등의 형태가 반복될 수 있는 것이다. 그러한 패턴들이 지적되는 치료 그룹에 있는 것은 환자들로 하여금 과거의 관계들을 이해할 수 있도록 도와줄 수 있다. 흥미롭게도 그룹들에서 나타나는 이슈들과 그룹의 역학은 가족들과 함께 하는 무용 · 동작 심리치료에서 발생하는 것들과 아주 유사하다.

보편성

네 번째 치료적 요인은 보편적인 인간 감정에 대한 발견이다. 많은 환자는 그들만이 어떤 위협이나 받아들여질 수 없는 문제점, 생각, 충동 혹은 환상을 가지고 있다고 믿으면서 치료에 참가하게 된다(Yalom, 1983). 환자의 독특한 감정은 종종 사회적인 고립감에 의해서 커져 가게 되는데, 그들의 개인적 어려움들 때문에 솔직하고 거리낌 없는 상담을 할 수 있는 기호들이 이용되지 않고 있는 실정이다. 환자들은 다른 사람들과의 유사점을 인식하고 그들의 깊은 관심사들을 나눌 수 있기 때문에 다른 그룹 멤버들에 의한 수용과 그에 따른 카타르시스로부터 보다 더 많은 혜택을 얻을 수 있다. 얄롬은 다른 사람들이 받아들이기에 어려울지도 모른다고 환자들이 생각하는 보편적 테마나 비밀은 근원적으로 부정적인 생각에 대한 깊은 확신을 포함하고 있다고 말한다. 예를 들어, 환자들은 만약 다른 사람들이 실제로 자신을 알게 되면 그들이 자신의 부적절성을 발견하게 되고, 자신의 허세를 알아차리게 될지도 모른다고 느끼고 있다. 두 번째 테마는 깊은 자기 소외감이다. 개인들은 자신들이 다른 사람을 실제로 좋아하거나 사랑할 수가 없다고 보고하고 있다. 마지막 테마는 성적 비밀의 다양성인데, 그것은 종종 끔찍한 동성애적 경향들을 띠고 있다(Yalom, 1983). 집단 무용 · 동작 심리치료에서, 멤버들은 다른 사람들의 동작 표현을 함께 나누고, 동작을 설명해 주는 언어적 상징들의 형성에 참여하게 된다. 여기서, 개인의 표현을 함께 나누는 기회란 놀라운 것이다. 환자들은 종종 서로 눈을 많이 마주치게 되고, 자신들이 알아차릴 수 있는 경험을 가지고 있는 다른 사람의 동작 표현을 반복하게 될 때 더 큰 무언의 일체감을 보여 준다.

그룹 결속력

다섯 번째 치료적 요인은 그룹의 결속력에 관한 것이다. 이것은 그룹에 실제로 속해 있고, 받아들여지며, 승인되고 있다는 특별한 감각으로 정의된다. 유아기에는 또래집단에 속하며, 사춘기에는 파벌에 참가하고, 성인기에 자기 자신의 가족이나 사회 그룹에 포함되는 것의 중요성은 말할 수 없이 크다. 다른 사람들에게 받아들여진다는 것은 배척당하고 있거나 사랑받지 못한다고 믿고 있는 환자나 내담자의 근원적인 믿음에 어떤 의문을 가져다준다(Yalom, 1983). 그러므로 환자들은 자신들이 혼자가 아니며, 자신들을 이해하고 받아들이는 사람들의 그룹에 속해 있다는 느낌을 가지게 된다. 슈마이스는 무용 · 동작 심리치료 그룹이, 사람들이 그룹에 의해 가치를 인정받고 수용되는 억압되고 혼란스러운 감정들을 재경험할 수 있다는 점에서, 통제된 억압을 허용해 주고 있다고 덧붙인다(Schmais, 1985). 무용 · 동작 심리치료 그룹들에서 점점 생겨나는 결속의 감정은 그룹 동작행위의 일치와 모방에서 분명히 느껴지고 설명된다. 그룹들이 성장하게 됨에 따라 동작을 되비춰 주는 행위가 보다 정확해지며, 그 멤버들은 보다 율동적으로 일치감을 지속시킬 수 있게 된다. 집단 무용 · 동작 심리치료에서 집단의 결속력을 고양시키는 과정은 일정한 시간을 요하는 과제이긴 하지만, 그 가치는 외래환경에 있는 환자들이 마치 그룹의 결단력을 아주 중요한 것으로 여기고 있다는 듯이 행동하고 있다는 사실에 의해서 잘 설명될 수 있을 것이다. 종종 치료가 끝난 후에, 환자들은 계획된 모임이 끝날 때까지 무용 · 동작 심리치료 그룹에 계속 참가할 수 있게 해 달라고 요구한다.

정화작용

마지막 여섯 번째 치료적 요인은 카타르시스다. 그것은 자신들의 내부에 감정을 숨겨 놓는 것이 아니라 그것들을 밖으로 표현할 수 있는 능력을 말한다. 이것은 리더들과 다른 그룹 멤버들을 향한 긍정적 · 부정적 감정들을 표현하는 것도 포함한다. 카타르시스는 그 자체만으로는 충분하지 않다. 강렬한 감정들을 분출시키는 것이 자유로움을 느끼게 해 줄지는 모르지만, 분출된 감정들에 대한 책임과 이해가 동반되어야만 한다. 무용 · 동작 심리치료에서는 환자들이 감정들에 대한 신체적인 배출구를 제공하는 기회로써 동작을 이용할 수도 있다는 위험성이 있다. 무용 · 동작 심리치료사는 동작 경험이 아무 생각 없는 하나의 분출이 되도록 허용해서는 안 되며, 신체적인 분출이 그 자체로 끝나는 것이 아니라 멤버들과 치료사들 간에 발전되는 관계들의 맥락에서 이해되어야 한다는 것을 확실히 해 주어야 한다.

무용 · 동작 심리치료를 공부하는 사람들은 그들의 환자들과 내담자들을 이해하기 위해서 집단상담치료에 대한 이론과 실습 모두에 익숙해지는 것이 중요하다.

6. 집단 무용 · 동작 심리치료의 과정

슈마이스는 그룹 안에서 일어나는 연속적인 발달의 단계를 연구하여 그룹 무용 · 동작 심리치료에서의 몇 가지 치료적 과정들에 대해 설명해 왔는데, 그것들 중 어떤 것은 얄롬의 작업과 직접적으로 연관이 있다. 이것들은 일치, 표현, 리드, 활력, 통합, 결속력 그리고 상징을 포함하고 있다(Schmais, 1985). 그것들은 연구되고 있는 임상적 경험에 대한 유용한 틀을 제공해 줄 수 있기 때문이다.

일치

첫 번째 치료적 요인인 일치에는 리듬적, 공간적 그리고 에포트의 일치라는 세 가지 유형이 있다. 율동적 일치는 서로 제때 움직이고 있는 사람들을 단순히 묘사하고 있다. 공간적 일치는 신체 일부분들을 가지고서 똑같은 공간적 디자인을 만들고 있는 다른 사람들과 제때 움직이고 있는 사람들을 일컫는다. 에포트의 일치는 비록 이것이 다른 신체 요소들을 가지고서 일어날지는 모르지만, 똑같은 동작 특성을 이용하고 있는 사람들을 말하고 있는 것이다. 즉, 어떤 사람은 발을 가지고서 아래로 압력을 가하는 반면에 다른 사람은 똑같은 리듬에 맞춰 손을 앞쪽으로 내밀 수도 있다는 것이다.

일치는 초기의 성장 과정에 대한 재연으로 간주할 수도 있다. 어머니와 유아 간의 일치는 그들이 공통된 경험을 나눌 수 있도록 허용해 준다. 비언어 의사소통 연구가인 알버트 쉐프린은 일치되는 인간의 행동을 사회적인 단결이나 개인적인 동맹에 대한 증거로써 간주했다(Scheflen & Scheflen, 1972). 슈마이스는 무용 · 동작 심리치료가 사람들로 하여금 시간과 공간 안에서 함께 움직일 수 있도록 만들어 주는 행위로 구성되어 있기 때문에 사회 그룹과 함께 정체성을 고양시킬 수 있다고 말했다. 이것은 사회적으로 고립된 정신질환자들에게 잠재적으로 중요한 경험이 될 수도 있다. 그녀는 일치된 행위의 발전이 그룹 결속력을 신장시킨다고 결론지었다. 훈련받은 안목을 지니고 있는 무용 · 동작 심리치료사는 서로 쉽게 일치시킬 수 있는 그룹의 멤버들이나 혹은 일치를 시키는 데 있어서 지속적인 어려움을 지니고 있는 사람들을 구별할 수가 있는데, 후자의 사람들은 그룹의 일치에 의해 압도되어 자아를 상실할까 봐 두려워하는 모습을 보여 줄지도 모른다(Schmais, 1985).

표현

두 번째 치료적 요소인 표현은 동작을 사용함으로써 내적 상태들이 외적 표현을 통해서 의식화되는 과정을 설명해 주고 있다. 슈마이스는 일상적인 행위들과 감정적 표현이 똑같은 신경 근육계의 경로들을 지나가기 때문에, 단순한 것처럼 보였던 작업이나 연기의 테마들이 동작에 있어서 강력한 감정적 표현들로 종종 변해갈 수 있다고 말했다. 예를 들어, 공을 던지는 행위는 심장에 비수를 던지는 것으로 표현될 수 있고, 식탁보를 부드럽게 펴는 것과 같은 단순한 행위는 부드러운 애무의 제스처나 관을 덮는 행위로 생각될 수 있다.

리듬

세 번째 치료적 요소는 리듬이다. 초기의 성장 과정들을 연상시키는 리듬들은 유아적인 욕구들을 상징적으로 충족시키기 위한 어떤 기초를 만들어 낼지도 모른다. 예를 들어, 의존성 그룹들이 성장단계에 기초한 신체 리듬들을 사용하고 있는지를 연구해 보는 것도 흥미로울 것이다. 율동의 반복은 감정의 표현을 내포할 뿐만 아니라 그것을 보다 명확하게 해 준다(Schmais, 1985).

활력

네 번째 치료적 요소는 활력이다. 마리안 체이스는 다음과 같이 서술한다. 생동감의 긍정적인 특징은 어떤 행위에도 몰두하지 않은 채 말없이 앉아 있는 환자들과 강한 대조를 보여주는 무용수들의 그룹에서 잘 나타나고 있다. 수동적으로 조용히 있던 사람들 중 한 사람이 마치 자석에 이끌린 것처럼 생동감 넘치는 그룹을 향해 움직이게 되는 것을 바라보는 것은 아주 흥미롭다(Chaiklin, 1975). 움직이는 행위는 환자가 걱정으로부터 해방될 수 있도록 만들어 주며, 신체적인 긴장을 완화시키고, 감정적 · 신체적인 충동을 자유롭게 표현할 수 있게 해 줄 뿐만 아니라, 그렇게 할 수 있는 에너지도 제공해 준다. 슈마이스는 무용 · 동작 심리치료 그룹 수업들 중 가장 눈에 띄는 측면들 중의 하나가 화난 감정을 자유롭게 표현할 수 있도록 해 주는 에너지를 지켜보는 것이라고 말한다. 어떤 그룹 안에서 리듬에 맞춰 움직이는 것은 개인과 그룹에게 활력을 제공해 주며, 표현력, 의사소통능력 그리고 경쟁력을 신장시켜 주는 신체적 · 심리적 힘을 길러 주게 된다(Schmais, 1985).

통합

무용 · 동작 심리치료에서의 다섯 번째 치료적 요소는 통합인데, 그것은 개인 안에 있는 단결심과 내적 · 외적 현실 간의 공동체 의식을 고양시키는 것을 의미한다. 무용 · 동작 심리치료사는 그룹이 신체 행위들, 표정, 언어능력, 생각과 표현, 감정들과 말, 호흡과 행위, 과거와 현재, 자아상과 자기표현 등을 통합시킬 수 있도록 도와주어야만 한다. 그녀는 통합이 느껴지고 상징적으로 표현되는 경험들을 요구하고 있다고 말한다. 동작은 어떤 경험으로써 사용되어야 하는데, 그것은 그 후에 생각되거나 반영된다. 은유적인 무용 상징은 내적 상태를 표출시켜 줄 수 있다. 언어적 상징들을 가지고서 이러한 내적 상태를 표현하고 명확히 해 주며, 반영해 줄 수도 있는 것이다.

동작과 언어 간의 관계는 무용 · 동작 심리치료사가 이론과 그 실행 모두에 관해서 고찰해야만 하는 복합적인 요소다.

말은 동작을 바꾸어 주는 연상들과 이미지들로 이끌 수 있으며, 동작에서 일어나는 각각의 변화는 새로운 언어적 연상들과 아이디어들을 촉구할지도 모른다. 말과 동작의 이러한 상호작용은 영향력을 가속화시키며, 통합적인 무용 상징들이 유발할 수 있는 연상의 기반을 제공해 준다(Schmais, 1985).

무용 · 동작 심리치료를 정신의학에 있어서의 독특한 접근법으로 만드는 것 중의 하나는 치료사가 환자들 사이에서 부각되는 감정을 말로써 표현하고 환자들의 동작을 그대로 비추어 줌으로써, 그룹의 경험 안에서 감정들, 생각들 그리고 행위들을 통합하도록 도와줄 수 있는 하나의 경험을 환자들에게 제공해 준다는 점이다.

그룹 결속력

여섯 번째 치료적 요소인 그룹 결속력은 슈마이스가 얄롬의 작업으로부터 도출해 온 것이다. 그녀는 단순한 치료진들과 리듬들을 함께 나누고 반복함으로써 무용과 하나가 되는 것이 공동체 의식을 형성시켜 줄 수도 있지만, 그것은 그룹의 결속력이 뿌리를 두고 있는 다른 상징적인 발언들에 환자들이 활발하게 참여할 때라야 가능해진다고 저술했다(Schmais, 1985).

상징

마지막 치료적 요인은 상징의 사용에서 발견된다. 슈마이스는 무용의 상징이 창조, 그것이 제공해 주는 환상, 그리고 총체적인 작품 안에서의 실제적인 참여 등이 세 겹으로 이루어져 있다고 가정한다. 예를 들어, 환자들의 한 그룹에서 걷는 동작은 무거운 율동의 발동작으로 이루어질 수도 있는데, 그것은 좌절감을 내리누르거나 어떤 것을 카펫 아래에서 닦는 것 등과 같은 언어적인 연상을 만들어 낼지도 모른다. 그룹은 비록 그러한 동작의 상징을 만들어내는 데에 있어서 각각 다른 감정적 경로들을 가지고 있을지는 모르지만, 자신들이 이러한 경험을 함께 나눔으로써 다른 사람들과 연대감을 가질 수 있다는 것을 분명히 인식하고 깨달을 수 있다. 의심할 여지없이 상징의 가장 중요한 특징은 다음과 같다.

상징은 개인적인 선입관들로부터 심리적인 거리를 둘 수 있게 만들어 준다. 일단 그것이 구조적으로 표현된다면, 어떠한 아이디어나 감정은 이해되고 분석되거나 다른 상징적 소재와 연관될 수도 있다. 상징은 오랜 문제들에 불을 비춰 주며, 현재의 관심사들을 표현해 주고, 미래를 예상할 수 있게 해 준다(Schmais, 1985).

무용 · 동작 심리치료 그룹들이 집단상담치료와 유사한 목적들을 가지고 있다는 것을 알 수 있을 것이다. 감정들을 탐구함으로써 무의식적인 소재를 재통합하고 사회적인 역할수행 능력을 높이는 것과 같은 목적들 외에도, 그룹 무용 · 동작 심리치료는 통합, 분출, 그리고 활력이라는 동작 목적들도 가지고 있다. 하나의 단체로써 그 역할을 수행하는 무용 · 동작 심리치료 그룹에 대한 감각을 성취하는 것도 중요한 것이다. 그룹을 감독하거나 거기에 참여하는 것, 그리고 비디오테이프로 정신질환자들과의 작업을 재검토해 보는 것 등은 그룹 과정의 이해를 보다 용이하게 만들어 줄 것이다. 특히 장기 환자들과 같은 정신질환자들과 함께 어떤 그룹을 형성해 나가는 것은 상당한 에너지를 소모시킬 수도 있지만, 그 보상은 아주 크다. 환자들이 빠르게 사회적인 역할수행 능력을 향상시켜 나가는 것도 쉽게 볼 수 있다.

의사소통의 비언어적인 채널을 만들어 나가는 것은 오랫동안 고립되어 있던 환자들에게 있어서는 커다란 투쟁이 될 수도 있지만, 그것은 그들이 사회적 · 언어적으로 의사소통을 할 수 있도록 고무해 주고 있는 것처럼 보인다. 감정적인 의미를 내포하고 있는 어떤 상징을 창출해 내고, 탐구하며, 분석하는 언어치료 경험에다가 상징적인 동작을 첨가시키는 것은 환자들과 치료사들 모두에게 있어서 아주 좋은 경험이 될 수 있을 것이다.

7. 집단 무용 · 동작 심리치료의 구조적 분석

동작 수업들에 관한 구조적 분석의 토대는 구조적 개념에 근거를 두고 있는데, 그것은 조직의 패턴이나 규칙들에 공공연히 동의하는 것으로써 정의되며, 그룹이 무엇을 하고 있는지를 설명해 준다.

예를 들어, 동작 수업들에 관한 구조적 분석은 치료사가 환자들에게 원을 형성하라고 제안하는 것에 관해서는 설명을 해 주지만, 리더십을 발휘하는 동안에 환자들에게서 볼 수 있는 세부적인 동작 특성들은 묘사해 주지 않는다. 지속적이고 예측 가능한 그룹의 구조를 용이하게 해 주는 것은 무용 · 동작치료사나 드라마 치료사가 가져야 할 가장 중요한 역할들 중에 하나이다(Johnson & Sandel, 1977). 그들의 관점에서 보면, 원 안에서 리더를 좇아 조화롭게 동작을 모방하는 환자는 동작 수업에서 나타나는 사회적 현실에 어떤 결정적인 구조를 형성하고 있는 셈인 것이다. 따라서 그룹의 구조에 적응하지 못하는 것은 불안감을 견뎌낼 수 있는 개인의 능력에 더 커다란 짐을 떠맡기는 것이라고 할 수 있다(Johnson & Sandal, 1977).

구조의 세 가지 측면

존슨과 샌들은 구조의 세 가지 측면들을 정의내리고 있다. 그 첫 번째 구조인 행위구조는 그룹이 행하고 있는 관찰 가능한 행위를 가리키고 있으며, 공간적 구조는 원이나 줄 혹은 보다 불규칙적인 형태들을 이루는 공간에서 그룹 멤버들이 서로를 향해 가지게 되는 신체적인 관계를 묘사해 준다. 마지막으로 역할구조는 개인이 차례로 리더십을 맡을 때에 볼 수 있는 것처럼, 그 행위들을 하는 데 있어서 그룹이 맡게 되는 공식적인 역할들의 특정한 패턴을 일컫는다. 이러한 구조들은 수업 중에 정확성과 부정확성으로 평가된다.

존슨과 샌들은 20대 초반 정신질환자들의 그룹 비디오테이프를 통해 보여 주는 실례에 대해 토의를 했다. 그 예에서는 그룹이 서로 리더십을 양도할 때에 때때로 구조적인 명확성을 유지시키는 데 어려움을 겪고 있음이 드러났다. 이것은 그룹이 치료사와 그리고 그 결속력을 유지시키는 역할구조에 아주 의존적임을 시사하고 있다. 더욱이 그룹은 음악에 어떠한 방해가 있을 때는 구조를 유지시키는 것을 무척 힘들어했다. 외적 조정자로서의 음악에 대한 의존성은 역할수행을 더 잘하는 환자들의 그룹들과 비교될 때에 더 낮은 수준을 보여 주었다. 그들의 작업은 그룹에서 장애를 일으키는 환자들이 더 많이 생기면 생길수록 구조에 대한 욕구를 더 많이 가지게 되는 무용 · 동작 심리치료사들이 종종 인용하는 관찰에 대한 실험적 증거를 제시해 주고 있다. 각각의 환자가 그룹을 이끌어야 할 차례가 되었을 때 제공할지도 모르는 것에 대해서 말하자면, 그것은 확장된 워밍업이나 율동적인 음악이 형태를 취하거나 치료사나 다른 환자들의 제안이라는 형태를 가지게 될지도 모른다.

결속력과 그룹과정 간의 관계

정신질환자들과의 무용 · 동작 심리치료 수업이 가지는 구조적 결속력과 그룹과정 간의 관계는 브르노가 동작 수업들에 관한 구조적 분석을 이용하여 연구해 온 것이다(Bruno, 1981). 그녀는 공격적인 이미지들이 나오거나 공간적 배치가 문제를 일으킬 때, 예를 들어 한 명의 멤버가 예기치 못하게 원을 벗어난다든지 혹은 너무 어려워서 환자들이 따라 하기 힘든 동작과제가 소개되었다든지 하는 경우에는 구조가 덜 분명해지게 된다는 것에 주목했다. 그것은 또한 '단순하고 분명한 공간적 구조가 정신질환자 그룹의 전체적인 역할수행에 있어서 결정적인 역할을 하는 것처럼 보인다'는 것을 확인시켜 줌으로써, 정신의학에 있어서 무용 · 동작 심리치료에 체이스의 포맷을 사용할 수 있는 이론적 근거를 제시해 준다.

그녀의 연구는 또한 음악이나 다른 부수적인 소재들을 사용하는 것이 정신질환자 그룹에게는 구조의 명확성을 증가시켜 주지만, 성격장애를 보이는 사춘기의 통제 그룹이나 정상적인 사람들에게는 이러한 효과를 거두지 못한다는 사실을 보여 주고 있다. 그녀는 예술치료사들이 지니고 있는 독특한 특성은 내용이나 과정을 가장 잘 드러나게 해 줄 수 있는 그룹 구조를 끊임없이 창조하고, 수정하고 모니터하는 능력이라고 말했다. 이 때문에 참석자들은 실생활보다 덜 엄격한 환경에서 새로운 역할들과 행동들을 시험해 볼 수 있는 것이다(Bruno, 1981).

무용 · 동작 심리치료사에 의해 사용된 심리적 구조가 시행되고 있는 무용 · 동작 심리치료의 특성과 본질에 커다란 영향을 주고 있음은 명백한 사실이다. 예를 들어, 환자의 동작 행위는 구강기, 항문기 혹은 생식기에서의 심리적 고착상태나 정신적인 성장의 증거로서 이해될 수 있다. 이러한 모든 해석은 동시에 존재할 수도 있다. 특정한 이론적 구조의 배경에서 동작이 어떻게 이해되는지를 결정해 주는 것은 집단 무용 · 동작 심리치료의 목적이자 환자들의 직접적인 욕구이다.

제6장

한국 춤의 굿 신화와 '굿'을 통한 치유

인간에 대한 근원적인 탐구는 가장 민족적이고 정신적인 뿌리를 밝히는 일이며 그것은 근원적인 나를 보는 것이다.

우리의 신화, 관습, 민속의 뿌리를 안다는 것은 우리의 근본적인 생명력과 한국인의 정신세계를 이해하는 데 중요한 일이며, 치료자로서는 더욱 중요한 일이다.

인간에 대한 근원적 탐구

『혼불』의 작가 최명희는 우리의 어둠과 죽음의 시간을 삶의 생명소로 보고, 현재의 어둠이나 죽음은 빛을 잉태하여 새로움과 희망으로 간다고 하였다.

그녀는 자신이 가지고 있는 나무화병을 예로 들며 그 나무화병이 만들어지기까지 나무토막이 견뎌야 하는 인고의 세월을 통해서 자신의 인생에서 겪어야 했던 온갖 수모, 절망, 슬픔, 아픔, 상실 등이 나무화병처럼 아름답고 거룩해지기를 염원한다.

정신적인 힘

이것은 우리의 단군신화에서 곰이 마늘과 쑥만 먹고 빛도 없는 토굴에서 100일 동안 견뎌야 했던 인고의 세월과 사람이 되기 위하여 어둠과 고통과 외로움을 견딘 그 정신적인 힘을 말하고 있다. 또 한 가지 우리의 신화 '바리데기' 역시, 일곱째 공주로 태어났으나 버려졌고 자신을 버린 아버지의 생명을 구하기 위해 이승 너머에 있는 서천의 약수를 구하는 세월에서 상상할 수 없는 수많은 고통과 두려움, 절망을 이기고 결국은 진정한 자신을 찾는 바리데기를 통해 자기를 잃지 않고 힘들고 어려운 인고의 세월을 견디면 아름답고 숭고한 시간은 반드시 온다는 것을 말하고 있다. 삶은 쉽지 않다. 고통은 회피할 수 있는 것이 아니라 의미 있는 것으로 수용해야 한다.

즉, 우리의 정신세계에서 인간에게 가장 아름다운 것은 바닥 같은 삶일지라도 고통을 인내하고 이겨내면 거기에는 빛을 발하는 고결함이 향기를 낸다는 것이다.

1. 신맞이 굿 신화

신화의 실존적인 의미는 상징성이 가지는 생명성, 근원성이다. 신화는 몸짓과 말의 총체적인 음송으로, 제의와 더불어 삶을 규정하는 가장 근원적인 이야기다. 『삼국유사』에 실려 있는 '가락국기'는 한국 춤의 성전(聖典)이다. 김열규(1994)는 춤추는 신화인 가락신화를 한국인의 가장 오래된 원초적인 신춤이라고 말하고 있다. '가락국기'의 전반부는 신맞이 굿 신화로서, 한국인이 어떤 동기로 어떤 절차를 밟아서 그들의 첫 왕이자 천신의 후예를 맞이했는가에 대해 말해 주고 있다.

가락인들이 춘 첫 춤은 이 신맞이 굿 신화를 모태로 삼아서 생겨났으며, 한국신화의 기본 골격의 하나가 바로 신맞이 굿 신화이다.

가락국기 신화는 신의 분부대로 인간들이 행동을 취하고 있는 굿의 절차가 있다. 신이 스스로 인간에게 노래하고 춤추라고 말하되 그 춤새에 관해서도 지시를 주었다.

신은 인간에게 춤으로 일러주고 인간은 신이 시킨 춤을 통해서 신을 섬겼다.

이 대목을 『삼국유사』에는 "모습을 감추고 사람 목소리 같은 수상한 성기가 말하기를, 나는 하늘의 명을 받들어서 이곳을 다스려 나라를 새로이 세우고자 하니, 또 왕이 되고자 이곳에 내림하고자 하니, 너희는 모름지기

산봉우리를 파고 흙을 집으면서 노래하되, '거북아, 거북아 목을 내어라 만약에 아니 내면 구워서 먹으리라.'라고 하면서 그로써 뛰고 춤추라."라고 하였다. 즉, 신의 출현을 예비하는 춤으로 경배하는 것이다.

그리고 춤사위는 두 가지로 보이는데, 하나는 산봉우리를 파며 흙을 집는 동작이고, 다른 하나는 위의 거북이 노래를 부르며 행하는 춤동작이다. 산봉우리를 파며 흙을 집는 동작을 신맞이의 행위로 볼 때, 신에게는 하늘, 내림, 통치의 의미가 있고, 사람에게는 땅, 맞이함, 받듦의 의미가 있다고 한다면 그것은 하늘과 땅의 내림과 맞이함, 통치와 받듦의 의미라고 할 수 있다(김열규, 1994).

산봉우리는 가락국의 공동체 세계산이고 신성한 성봉(聖峰)으로 볼 수 있으며, 산봉우리는 하늘과 지상 세계가 맞닿는 유일한 공간인 것이다. 그러므로 봉우리를 파고 흙을 집는 일은 신맞이 절차를 위한 행위로서, 하늘에서의 내림을 받드는 자리에서 지상의 사람이 할 수 있는 상징적 행위인 것이다.

다른 하나는 거북이 노래를 부르며 추었을 춤인데, 신맞이의 노래치고는 너무나 공격적이고 위협적인 어투이지만, 매우 주술적으로 보인다.

신의 출현과 거북이 목의 출현, 결국 거북 머리가 나타나듯, "부디 신이여 나타나소서."라고 바라는 은유적 표현이라는 것이다(김열규, 1994).

이 춤사위는 몸을 일으켰다 굽히기를 반복하는, 신맞이 굿으로 무의식의 춤이다. 신화는 사실보다 의미가 주는 직접성이 있다. 내 운명에 대한 언급이 거기 있고 내 삶의 전형이, 지향이, 규범이 신화로부터 도출되는 것이다.

2. 무속-굿-해방놀이

1) 제의적 춤 놀이

한국의 민속신앙에서는 모든 자연물이 섬김의 대상이 되어 왔고, 이 민속 신앙의 대표적인 양식인 '굿'은 21세기인 지금도 행해지고 있다.

즉, 한국의 무속에서 '제의'를 표시하는 용어는 '굿'이며, 굿의 목적은 인간의 출생, 장수, 치병, 행운, 내세 등을 기원하는 데 있다.

한국의 무속은 크게 두 개의 유형으로, 그 하나는 개인 굿이고 또 하나는 공동 굿이다.

샤먼의 제의는 인간의 생전으로부터 사후에 이르는 모든 생사와 삶의 문제에 전체적으로 대응하는 구조와 과정을 통합하고 있다. 즉, 사람들은 근원적인 삶의 문제를 제의를 통해 체험하려 한다.

제의는 신체성, 시간성, 공간성으로 나누어 볼 수 있다.

(1) 신체성

자연과 인간의 갈등, 삶과 불가사의, 불가해한 문제 등을 주술적으로 해결하는 굿 속의 주술에서 사용되는 주요 대상으로 확연한 모습과 일정한 형상과 움직임으로 고정되고, 이 몸짓에서 주술성을 승화시키며, 제의와 관련된 움직임과 신앙적인 몸짓, 주술과 관련된 동작들은 고대성(古代性)의 표현이었으며, 그것은 의도했던 결과를 보기 위해 주술적 제의절차의 형식 안에서의 정밀한 예술 행위였다고 볼 수 있다.

(2) 시간성

제의의 시간성은 재생이다. 원시인의 시간은 끊임없이 재생되는 것이고, 해(year)와 달(moon)의 신앙에서 알 수 있다.

달의 신앙이 아득한 옛날부터 있어 왔다는 고대성에서 원시인이 경험한 시간의 재생은 실증될 수 있다. 달의 신화는 죽음과 부활, 풍요와 재생, 통과제의 등 제의적 시간의 본질이며, 시간의 시작과 끝남의 신화적 환상은 서로 동질적인 것이다.

- 무속
  - 개인 굿
    1. 집안의 평안과 번창을 비는 굿
    2. 자손의 명복과 행운을 비는 굿
    3. 억울하게 죽은 넋의 죽음의 살을 씻어 저승으로 보내는 굿
    4. 병든 사람의 치료를 위한 굿
  - 공동 굿
    1. 마을에서 뽑힌 제관이 풍작과 마을의 평안을 비는 산신제 굿
    2. 어촌에서 어부들의 풍어의 수확을 비는 풍어제 굿

(3) 공간성

제의의 공간성은 초월적인 것과 연결되는 중심적 공간이다. 이 중심은 하늘과 땅이 만나는 곳이며, '굿'에서는 이승과 저승을 연결하는 다리와도 같은 것이다. 굿의 공간은 새로운 존재 양태가 전이되어 이루어질 수 있는 통과점이며, 거룩한 곳, 창조적인 마당이 되는데, 제의에서 이 구심점은 산나무 혹은 한국무속에서 볼 수 있는 장대같이 끝이 뾰족하여 위로 향한 물건으로 상징된다. 이것들은 인간존재에 유일하게 질서를 부여해 주는 신들의 영역에 접하고 있음을 나타냄으로써 인간세계의 중심에 자리하고 있다는 느낌을 준다.

3. 참여로서의 체험

한국무속에서 샤머니즘과의 차이점은 신들림의 현장에서 두드러지는데, 한국의 무당은 신을 찾아가는 것이 아니고, 신이 내린다 하여 신이 무당에게 오는 것이다. 그리하여 무당은 춤을 추어서 신에게 정성을 다하고 노래로서 신을 즐겁게 한다.

한국무속의 특성은 가무적 요소(theatricaliam)가 발달하여 오락적인 성격을 동반한 종교현상으로, 우리의 굿은 열두거리로 구성되어

첫째, 신령을 초청하고

둘째, 무당에게 신이 내려와 공수를 주고(접신, 신탁)

셋째, 신령을 춤과 노래로 즐겁게 하고

넷째, 신령을 찬양하고, 축원하면서 신령을 돌려보내는 부분으로 되어 있다.

즉, 처음에는 무가(巫歌)를 부르며 신을 청하는 춤을 추는데, 이때 무당은 점점 빠르게 춤을 추게 되고 도약 무, 회전 무를 추다가 갑자기 춤을 멈추고 '위-' 소리를 질러 강신이 되었음을 나타내고 공수를 주기 시작한다.

격렬한 춤을 통하여 황홀 상태에 들어간 무당은 해당 신의 성격에 따라 조금씩 다른 말투, 행동으로 공수를 주고, 신을 육체화시킨 무당과 인간은 서로 흥정하기도 하고, 싸우기도 하고, 신이 인간을 나무라기도 하고, 인간이 신에게 사정도 하여 신과 합의를 본 후 신을 대접하여 즐겁게 놀고 보낸다.

또한, 굿은 무당 혼자서 하는 것이 아니라 관중의 동시적인 참여에 의해서 이루어진다. 관중들의 신앙적 의지가 무당이라는 상징적 · 기능적 존재를 낳게 하는 셈이다.

그리하여 무당은 관중들의 소망과 염원에 따라 그들을 대리해서 인간의 신앙적 기원을 신에게 비는 것이다. 무당 굿이 얼마나 치료 효과를 갖는가는 이와 같이 관중들의 적극적인 참여와 즉각적인 반응으로서 형성되는 굿판에서의 상호행위인 것이다.

4. 한국인의 굿을 통한 정신치료

우리의 굿, 오구굿판에서 무당은 영매로서 죽은 자의 상처 발생 동기에서 상처가 터질 때까지의 전 역정이 살아있는 자들에게 무당의 입을 통해 진술되어 한풀이를 시킨다.

오구굿판에서 접신한 무당과 살아남은 유족들은 서로 번갈아서 서술자가 되고 피서술자가 되는 한편, 굿청에 모인 사람들은 일종의 '서사체 청중'이 되는 서사체 연행(演行)의 상황 속에서 무당이 작성하는 죽은 자의 전기적 서사체를 매개로 해서 죽은 자의 상처와 산 자의 상처(그것은 때로 가해자 · 피해자의 관계 이외에 피해자 공동의 몫이 되는 것이지만)가 맞부딪치게 되고 그로써 거대한 그리고 질펀한 울음판이 벌어진다. 이때 청중 또한 울음판의 뜨거움을 증폭시킨다. 말하자면, 죽은 자와 산 자의 공통의 슬픔, 나아가서는 굿청에 모인 모든 사람의 공통의 울음이 맞닥뜨리는 것이다. 그리고 무당은 산 자와 죽은 자 사이의 '울음의 영매(靈媒)'이다.

울음의 행위

김열규(1997)는 이것을 '슬픔의 연행(performance)' 혹은 '울음의 연행'이라고 부르고 있다. 아울러서 이를 계기로 해서 일부 지역 민속에 여성들의 전유물인 '울음의 놀이판'이 있었음도 지적하고 있다. 죽은 자의 산 자를 향한 저주, 비난에는 역으로 산 자에 대한 참회가 따른다. 전자가 산 자에 의해 저질러져서 죽은 자에 씌워진 원한이라면 후자는 산 자에 대해서 죽은 자가 저질러서 스스로 속에 맺은 원한이 된다. 피해의 원한이 전자라면 가해의 원한이 후자다. 이같이 죽은 자의 넋두리로 해서 재현되는 원한에는 두 가지 서로 다른 국면이 있다는 데에 특별히 유념해야 할 것이다. 이에 맞서서 살아 있는 자들은 죽은 자에 대해서 그들이 저지른 가해에 대해서 용서를 빌고, 아울러서 죽은 자가 산 자에게 저질러서 남기고 간 원한을 용서한다. 이 같은 이중의 상호작용, 원한의 쌍방통행에 의해서 오구굿판은 처절한 울음의 퍼포먼스가 된다. 서로가 피해자이면서 가해자라는 자각이 진실한 울음을 빚어내고 그것이 양측의 해한(解恨)을 촉발한다.

현대사회에서 굿판과 정신치료과정 사이의 가능한 유사성을 찾고자 할 때 과학과 신비주의 사이의 큰 차이를 생각할 수 있으나 오늘날의 무용 · 동작 심리치료에서 인간의 감정과 정서를 두고 초현실적인 것에서 현실의 합당한 지식을 이끌어 내고자 할 때 정신치료는 신비주의와도 가까이 갈 수 있다는 점이다.

오늘날의 과학적인 임상 치료작업의 목적은 유기적이고도 서로 맞물려져 있는 서사체를 협동해서 잘 구성하는 일이다.

샤먼의 무당이 남들의 한을 밝혀내고 치유하는 치유자의 역할을 했다면 오늘날의 무용 · 동작 심리치료자 역시 그러하다고 본다. 한 인간의 견딜 수 없는 고통을 스스로 조절하게 혹은 이겨내게 도와주는 치료자는 고통과 불안을 극복시키고, 왜곡을 수정하고, 믿음성 있게 정화시켜야 성공의 범위로 들어가는 것이다.

제7장

한국인의 한의 정서와 민속춤의 치유성

1. 한국인의 한 문화와 정서의 신체화

우리는 인간을 말할 때 그를 문화적 경험의 총체로서 말하며, 인간의 정신행동을 알기 위해서 문화 환경적 요인을 보는 것은 중요하다. 한 공동체의 구성원들은 문화적으로 양식화된 질병을 앓게 된다는 명제도 타당성을 주고 있다.

한국인의 민족 정서의 고유한 특질로서 한국적 자연주의 · 한국적 샤먼주의 안에 민족의 기본 가치관과 사고유형으로 현실이야 어떻든 마음속으로 어떤 압력에도 오기로 맞서며 좌절해도 끝까지 포기하지 않고 한(恨)으로 응고시키는 이런 심성을 아름답고 의로운 것으로 여긴다.

한국문화의 하부구조에서는 인간관계에서 혈연적 · 지연적 그리고 학연으로 하나 되기를 은연중에 요구해 오는 모형을 갖고 있는 것 같다. 한국인이 거의 무의식적으로 쓰고 있는 '우리'라는 낱말은 이런 혈연 · 지연 · 학연적인 말을 뜻하는 듯하다. 우리는 서로 같아지려는 동일화와 그 이면인 상호배척의 이중성을 갖고 있다. 서로 같아지려는 욕망의 강렬함은 차별(discrimination)에서 생긴 한을 풀기 위해서이다. 차별의 장벽에서 억울

함의 응어리를 가슴 속에 지니고 살며(특히 여성으로, 가난으로, 못 배움으로, 아들을 못 낳아서 등), 그것이 경우에 따라 한과 화병으로 발전한다.

또한, 한국문화의 또 하나의 문화적 범주는 정(情)이다. 이는 타인의 마음과 정감적으로 하나로 융합하고자 하는 존재 양식으로 정감의 분위기가 일시에 감정의 것으로 바뀔 수가 있다. 내가 준 정(情)에 상응하는 일체감을 보여 주지 않고 등을 돌리거나 차갑게 대할 때 일시에 감정의 골로 분리되면서 야릇한 정한(情恨)을 느끼는 것이다.

이러한 한과 화병의 신체화 증상에 대한 횡문화적(橫文化的) 연구에서는 목, 가슴의 덩어리, 가슴의 답답함, 얼굴과 몸의 열기, 가슴 속의 치밀어 오름, 한숨, 구갈 등은 한국인 특유의 문화 관련 신체화 증상으로 보고하고 있다.

병징의 호소로서도 '애가 탄다.' '피가 끓는다.' '속에서 천불이 난다(노기충전).' '가슴이 탄다.' '속이 끓는다.' '등에 불이 난다.' 등 화기 내지 화증(인체 내에 불기운)과 관련되어 있다. 즉, 화증은 인간 내부 혹은 내장의 화기가 과잉인 상태에다 조절되기 어려울 정도로 양성화한 불기운이 겹쳐진 것으로 해석될 수 있으며, 한국인의 병은 인간 생리의 막힌 것, 응어리진 것, 정체된 것 등으로 인식된다. 울화라고 할 때, 그 울(鬱)은 울창한 숲처럼 꽉 차 있는 상태를 의미한다. 무엇인가 꽉 차고, 막히고, 맺힌 것이 곧 울이다.

그러니까 마음이 체한 끝에 나는 화가 곧 울화라고도 말할 수 있다. 이러한 것은 모두 인간관계에서 일어나고 그 관계 안에서 맺혀 풀리지 않은 맺힘이 한이다. 그것은 정신, 감정, 정서 등에 걸친 한국인의 체증이고 어혈이라고 볼 수 있다.

2. 한국 민속춤의 특성으로 본 치유성

1) 탈춤의 회유성

탈춤은 자기의 신체를 타인의 눈에 보이지 않게 변장하기 위해 가면을 착용하고 추는 춤으로, 가면은 춤추는 사람이 신이 되기 위하여 만드는 경우와 어떤 인물의 소리나 동작 그리고 표정을 모방하기 위하여 만드는 경우가 있으며 그 외에 연기하고자 하는 배역물(配役物)이 되기 위해 만드는 경우도 있다.

가면은 방어(防禦)의 도구인 동시에 변장의 도구다. 어떤 가면을 쓰는 것, 그것은 몸에서 가장 중요한 부분을 보호하는 데 있다. 그러나 한편으로는 다른 사람이 되고자 하는 것이기도 한다. 결국 이렇게 가면을 쓴 까닭은 자기 자신의 한계에서 도피하고자 하는 데 있다.

공격용 가면이 그 안에 담겨 있는 주력(呪力) 때문에 위력을 발휘하는 것이라 하면, 전사가 쓴 가면은 내부에 숨어 있는 초자연적인 영감 때문에 그 위력을 발휘한 것이라 할 수 있다. 따라서 가면은 영적 존재 같이 주술성이 커다란 의미를 갖는다.

인간, 자연과의 갈등을 주술적으로 해결

가면은 공격용 도구와 방어용 도구로서 이중적 효과를 가지고 있다. 능동적인 도구로서의 가면을 씀으로써 적에게 공포심을 주는 기능을 하며 수동적인 도구로서의 가면은 적으로부터의 공격을 약화시키는 기능을 한다.

인간은 가면을 씀으로써 신이 되기도 하고 영웅이 되기도 하며 또 조상이나 영혼이 되기도 한다. 이와 같이 인간은 가면으로 얼굴을 변화시켜 본성을 바꾸어 버림으로써 자기가 아닌 다른 인격적 존재가 된다. 따라서 가면은 하나의 인격체가 된 것이다. 이렇게 보았을 때 신의 가면을 쓰고 춤추는 행위가 인간과 자연과의 갈등을 주술적으로 해결하기 위한 것이라면 인간의 가면을 쓰고 춤추는 행위는 인간과 인간의 갈등을 예술적으로 표현하기 위한 것이다.

탈춤이란 탈(假面)을 쓰고 탈난 것을 탈잡아 노는 춤 놀이다. 탈을 쓴다는 것은 놀이에서 가면을 복면처럼 얼굴에 쓴다는 말이 되겠고, 탈난 것이

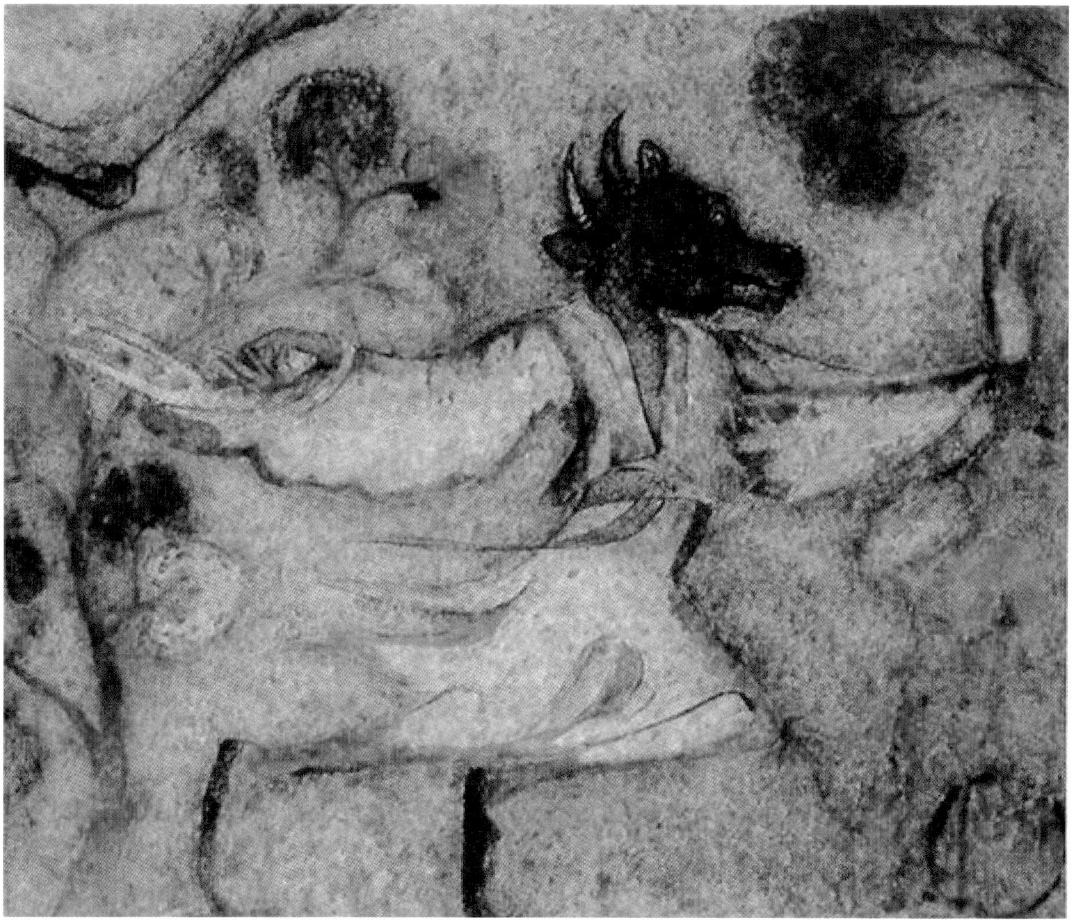

란 살아가면서 경험하는 온갖 궂은일이나 변고, 액, 재앙 등을 일컫는 말이며, 탈잡는다는 것은 안 좋은 것, 잘못된 것, 부정적인 것을 밝혀낸다든가 맺혀 있는 응어리를 풀어낸다는 뜻을 지닌다.

이러한 견지에서 보면 탈춤은 액땜 또는 부정풀이라 할 수도 있고, 또 한편으로는 자연의 재해를 물리쳐 풍요로움을 맞이하려는 주술인 동시에 인간사회의 비리나 모순을 비판 공격하여 정상을 찾고자 하는 연극놀이기도 하다. 즉, 주술적인 것과 현실적인 것, 그리고 비판적인 것이 서로 맞물려 있다.

이렇게 탈춤은 인간과 새, 인간과 짐승, 인간과 정령, 인간과 조상, 인간과 신과의 문제, 그리고 세속적인 금기로부터의 해방 등을 주술행위로 해결함으로써 인간이 무력한 존재로부터 탈피하고 또한 해방되고자 한 데그 목적이 있는지도 모른다.

가면은 이와 같이 보이지 않는 신비로운 에너지를 가지고 있다. 따라서 가면은 자기의 몸을 보호하는 단순한 수단이라기보다는 자기 자신의 자기에 대한 반사로 나타난 것이다. 이러한 반사 덕택으로 사람들은 인간의 이중성을 의식하게 된다. 가면 예술의 최대 효과는 이러한 근원적 이원성에 있음은 의심의 여지가 없다. 따라서 우리나라 탈춤의 기원은 굿에서 극으로, 주술에서 오락과 예술로 이행되는 과정에서 인간과 신의 관계를 주술로써 풀고 인간과 인간의 관계나 사회문제를 예술적으로 풀어가면서 해결하려는 데 있다고 하겠다.

2) 강강술래의 치유성

한국의 소리 춤은 대체적으로 일정한 가사 없이 즉흥적으로 불린다. 따라서 놀이의 분위기에 따라 슬픈 사설을 택하면 분위기가 슬퍼지고, 익살맞은 사설이 나오면 슬펐던 분위기도 명랑해진다.

대표적인 소리 춤인 '강강술래'는 달에 관한 노래 춤으로 주술성이 강하게 표현된다. 이러한 주술성은 장면의 형상화, 행위의 지시, 분위기 조성 등의 역할을 하는데 노래로서의 신명성과 예술성, 놀이성이 들어 있다.

예부터 달은 한국의 여성들에게 특별한 의미로 남아있다. 민간신앙으로 정화수를 떠놓고 달에게 소원을 빌었으며, 한국 여성들에게 매우 친근한 대상이었다. 이러한 달춤은 신기운을 받아서 추는 춤으로 한국 여성이 의식한 예술적 즉홍이고, 자유, 해방 그리고 절정의 성취다. 달빛은 은근하면서 나긋한 홀림이고, 우아하지만 유혹적으로 마음을 일어서게 하고, 설레고, 설치게 한다. 이 달춤은 한국의 옛 백제 이전부터 있어온 춤으로 억압된 한국 여성들이 달밤이면 모두 한데 어울려 추었던 춤이며 '강강술래'라고 부르고 있다. 보름달이 뜨면 남성을 배제한 여성의 음이 달의 음과 교합을 이루며 그 속에서 간결한 소망과 억압의 해방구를 이루었다.

달춤은 달 같은 원을 그리며 추는 원형 춤으로 원형은 하늘에서 시작해서 해, 달, 우주, 자연에 걸친 가장 기본적 · 원초적 도형으로서 원만, 풍족, 풍요, 발전, 생명력 등을 상징하고 화합과 단결을 의미한다. 자연과 우주 그리고 삶의 주기 또한 원형인 것이다.

강강술래에서 왼쪽으로 도는 의미를 보면 동양에서 좌측은 동의 방위, 해돋이, 달돋이의 방향이며, 생명의 탄생과 우주 생명의 동력 등을 상징하며, 왼쪽으로 돌아 들어가서 오른쪽으로 풀고 다시 왼쪽으로 도는 것은 생명에서 시작되어 죽음으로, 다시 생명으로 윤회하는 재생, 무한부활을 상징하는 것으로, 달춤은 달의 거듭나는 생명력으로 충만한 채 인간생의 공간을 거룩하게 정화하는 원돌이의 춤인 것이다.

달과 하늘, 바람과 물살의 기를 받아서 일구어진 우주적인 원돌이의 달춤 속에는 달의 운행을 따르는 밀물, 썰물의 움직임과 바람의 움직임이 함께 있다.

초승달에서 반달을 거쳐서 온달에 이르기까지의 달춤의 움직임은 발바닥에서 무릎, 배, 가슴, 턱, 목, 어깨를 휘몰아가는 우주적인 춤인 것이다.

우주와 자연의 주기

우주와 자연의 주기는 사철의 변화와 달의 차고 기욺에 따른다. 이러한 번갈음은 우주와 자연 그리고 달에서 경험한 한국인의 시간 그 자체로서 가서는 오고, 와서는 가고, 차고, 기울고, 기울고는 다시 차는 자연의 삶, 인간의 삶 그리고 이치가 한국인이 경험한 원초적인 시간이며 움직임인 것이다.

이 주기에 따라서 농사를 짓고, 여성의 달거리가 진행되며, 잉태하고, 생산이 영위되며, 봄의 첫 초승달을 보면서 씨를 뿌리면 풍년을 기약할 수 있고, 잉태한 여성의 배는 달이 차는 과정과 같다고 볼 때 강강술래에는 이 모든 의미를 내포하고 있다고 보인다. 강강술래의 일차적 안무자는 달 자체로 볼 수 있다. 강강술래는 달의 리듬, 우주의 리듬, 생명 창조의 리듬, 그리고 삶의 리듬을 포함한 여성 해방구의 춤이다. 보름달 밤, 달에 들려서 달빛에 신들린 듯 진장단으로 불러들이고, 중장단으로 돌고, 다시 자진장단으로 부르짖고, 또 태산봉우리로 휘몰아가는 춤으로 그 안에 즉흥성과 자유, 해방, 불기운 같은 절정의 성취가 담겨 있다.

여성의 해방구

시곗바늘 반대 방향인 왼쪽으로 둥글게 돌며, 왼손은 뒤쪽, 오른손은 앞쪽 사람의 손을 잡고 왼발을 먼저 옮기며 나가기 시작하여, 봄이 다가오는 것 같은 진가락에서 뜨거운 여름 같은 중의박동에서 가을 길목 같은 자진모리가락에서 인간욕망의 박자인 불기운인 휘몰이로 가게 되는, 숨결 같은 생명이 충천하는 춤으로 춤추는 공간은 인간생의 공간을 거룩하게 정화하는 왼돌이의 춤으로서, 춤과 노래가 함께 어우러지는 절묘한 경지에 이르는 과정에서 개인과 공동체의 치유가 일어난다.

강강술래 안에 풀어내는 춤 놀이로는 다음과 같은 것들이 있다.

- 왕 개구리 잡기
- 고사리 꺾자
- 청어 엮기
- 바늘귀 끼기
- 덕석풀기(멍석말이)
- 손치기, 발치기
- 어디만큼 왔나
- 기와 밟기(어딧골 지났나?)
- 문지기 문 열기
- 쥔쥐새끼 놀이(꼬리잡기)
- 남생아 놀아라
- 가마

자손, 번영, 다산(多産)을 의미하는 고사리 꺾기, 다수확의 기쁨인 청어 엮기, 멍석말이, 성적 행위를 은유적 놀이로 표현하여 주술에 의한 결실기원인 남생아 놀아라와 풍요 주술로 남성을 맞이하여 풍요 다산을 비는 가마 등으로 달밤에 여성들은 주술적 내용의 기원과 함께 해소되지 않았던 갈등과 신명을 한꺼번에 표출했던 것이다.

이상의 의미로서 달춤은 무용·동작치료에 적용시켜 그룹 속의 자신을 보게 하고, 자신만의 창의적 표현, 자발성, 억압된 감정의 구조를 풀게 하는 역할을 할 수 있고, 한국의 민속춤 안에는 신과 인간과 자연이 화합하려는 종교성이 있고 풍자적이며 공동체적 정신과 개인과 단체의 치유성이 들어 있다.

3) 산조: 정신과 정서의 치유성

산조는 흩은 가락이다. 흩은 춤, 흩은 걸음, 망발, 빗겨 걸음처럼 물 흐르듯, 바람 불듯, 회오리바람처럼 즉흥과 자유가 넘치는 춤이나 노래다. 자연 속에서의 새의 비상이나 파도의 춤, 선회하는 회오리바람, 창공을 나는 그네뛰기를 연상할 수 있다.

산조가 몸짓을 타면 굿 춤이 되고, 탈춤이 될 수 있고, 인간 심성의 에너지가 신체 에너지를 덧붙여서 응축, 집약, 확산, 발산을 연출하는 강강술래의 춤으로 원한과 신명이 맺힘과 풀이로 상징화시킨다.

산조는 자유이고 여백이다. 유유자적에 파격과 멋까지 갖춘 마음의 홍인 것이다. 산조의 가락은 느린 진양조에서 중간 정도의 중모리, 중중모리를 거쳐서 세차게 빠른 휘모리, 엇모리까지 내쳐 치닫고, 끝내는 가파르게 꼭대기를 향해서 돌진하고, 다시 완만하게 상승곡선을 긋다가 최절정에서 홀연히 멈춘다. 그리곤 내려오지 않는다. 솟음이 내림을 잘라낸 역동적 정지의 움직임, 불길 같은 한국인의 움직임인 것이다.

한국인의 신명은 산조를 타고 발산과 풀이를 하며, 정신적, 정서적 치유를 한다.

이렇게 우리 민속춤 안에는 신과 인간과 자연이 화합하려는 종교성이 있고, 풍자적이고, 공동체적인 정신과 개인과 단체의 치유성이 들어있다고 보인다. 한국인의 춤, 특히 민속춤이나 서민의 춤은 '풀이'다. 한국 민속

춤의 백미(白眉)인 '살풀이 춤'이 그렇듯이 우리들의 전통적인 춤은 '풀이'다. 마음과 감정의 체기(滯氣)를 풀고는 신명으로 홍청대는 것, 그것 때문에 한국인은 춤을 추어 왔다. 춤은 흥이요, 신바람의 사위고 몸짓이며, 몸놀림이다. 사지가 몸통이 머리와 다리가 온 어울려서 치러내는 '풀이'가 곧 한국인의 춤이다. 이 점은 서민들, 농민들의 생활 문맥 속에서 한층 더 확연해질 것이다. 민속춤 가운데는 적잖은 보기에 걸쳐서 춤이 곧 놀이로 의식되고 있는 것은 바로 이 때문이다. 춤이 '무슨 무슨 놀이'로 일컬어지는 것 이외에 '수박 치기' 등으로 일컬어질 경우에도 역시 모방 유희로서 춤이 의식되어 있는 것이다. 민속 춤 가운데서는 '놀이 춤'의 비중이 매우 우세해진다. 놀이라서 당연히 '허튼 춤'이 된다.

민속학자 김열규 교수는 필자와의 인터뷰에서 '허튼'의 '역전과 미학' 없이 한국 민속춤을 말할 수는 없다고 하였다. 문란이 자유가 되고 '함부로'가 '마음 가는 대로'가 되고 '흥 나는 대로'가 되는 그 기막힌 경지에서 한국 민속춤은 '허튼 춤'이 된다고 하였다. 이 점에서는 음악의 허튼 가락은 가령 그것이 산조에 편입될 때 또 다른 차원의 규범에 매이는 것 같은 인상을 받게 된다. 이 점으로써 허튼 가락과 허튼 춤 사이에는 어떤 선이 그어질 것 같다고도 하면서, 바로 이 '허튼'에서 속 풀이하던 한국인은 한풀이와 마음 풀이를 춤으로 치러낸 것이다. 민속춤을 말할 때, 이래서 놀이와 '허튼'을 빠뜨릴 수 없는 것이 굿판, 난장판으로 한층 더 질펀해지곤 하던 그 놀이판의 분위기, 인류학적으로 축제의 흥분이 도취가 열광이 춤에서 극단화된다.

춤은 놀이의 꽃이다. 이 경우 우리들은 그네와 널뛰기를 한국 여성이 누린 민속춤의 특수한 양식으로, 춤 예술의 특정 양식, 장르로 계산할 수 있어야 한다. 도약(跳躍)과 비상(飛翔)은 춤에 부친 인간의 꿈이다. 더욱 무당이 칼날을 세운 발 받침 판을 타고서 그네를 날렸을 때, 그것이 신내림이나 신지핌, 곧 접신(接神)을 불러내는 방편이었음을 반드시 고려해야 한다. 그네는 '나는 춤'으로 세계에서도 유례가 드물 것이다.

김열규 교수는 그네나 널뛰기나 다 같이 억압과 구속, 제약을 박차는 여성의 반항이요 혁명으로 '팔루스'의 폭력을 그리고 그것이 강요한 규범을 박차는 일이라고 말하였다. 이 점은 그네나 널이 다르지 않다. 여성에게 강요된 문화적 체기(滯氣), 사회적 체증(滯症) 그리고 울증(鬱蒸)을 털어내는 몸짓, 에너지 그것이 널뛰기고 그네 타기다. 널을 굴릴 때, 그네를 날릴 때, 이 땅 여성의 치마는 광풍이 되고 폭풍이 되었다. 태풍이 되고 구름이 된 환상, 매가 된 환상, 제비가 되어 나는 환상, 아니 바람 그 자체가 된 환상 속에서 그네는 창공을 갈랐다.

4) 십우도를 통한 자기 발견과 영감회복 무용 · 동작 심리치료

십우도(Ten Oxherding Pictures)는 선불교에서 행하는 자기 찾기 과정을 10개의 소 그림으로 나타낸 것이다.

소는 자기의 상징으로 자기를 찾아 나아가면서 자기 존재와 만나고 무의식의 열등 기능을 의식화하여 전체 정신인 마음의 근원을 보게 하는 것이다. 즉, 깨달음에 이르는 과정을 야생의 소를 길들이는 데 비유하여 10단계로 나누어 그린 그림이다. 소는 신화적이고 상징적 의미가 있으며 인간의 본성을 나타내는데, 십우도는 일반적으로 수많은 한국 사찰의 외벽에 많이 그려져 있는 그림으로 몇 가지의 종류가 있으나 본 연구에서의 십우도는 12세기 송나라 때 곽암 선사가 만든 10단계의 과정을 기본으로 무용 · 동작 심리치료에 적용하였다. 십우도의 자기 발견 과정은 신체 움직임을 통하여 부분과 전체, 개인과 사회, 움직임 안 대극의 합일을 깨닫고 큰 원을 그리면서 도는 원운동으로 오행을 알고 우주의 중심을 깨닫게 하는 것이다. 신체와 신체의 느낌을 지켜보는 것, 사념을 지켜보는 것, 현상계의 생멸을 지켜보는 것, 지켜보는지를 지켜보는 것으로 자신을 탐험하게 되어 합일되고 고요한 원래의 자신을 만나게 하는 데 이 연구의 목적이 있다.

(1) 십우도의 10단계

① 자신의 본심인 소를 찾아 나선다.
② 소는 못 보고 소의 발자취만 발견한다.
③ 소를 발견한다.
④ 야생의 소를 잡는다.

⑤ 소를 길들인다.
⑥ 소를 타고 무위의 깨달음의 세계인 집으로 돌아온다.
⑦ 이제 소는 달아날 염려가 없으므로 소 같은 것은 모두 잊어버리고 안심한다.
⑧ 사람도 소도 모두 본래 공(空)임을 깨닫는다.
⑨ 본래의 근원으로 돌아가다-있는 그대로의 세계를 깨닫는다.
⑩ 중생을 구제하기 위해 거리로 나선다.

(2) 십우도를 통한 과정 이해

① 소는 자신을 상징하며 소를 찾아 나서는 것은 자기를 찾아 나서는 것으로 소를 찾아 헤매는 어려움을 그리고 있다(자신의 들숨과 날숨을 주시하여 자신의 몸의 감각 상태를 관찰).
② 발자국은 자기실현의 초기 단계에 부딪히는 내면의 문제와 만나는 것으로 자기의 발자국을 발견하는 단계다. 이것을 발판으로써 더듬어 가면 내 마음의 핵심에 도달할 수 있을지도 모른다는 느낌을 주는 것이 자기의 발자국이다. 경험 영역에서 자기의 발자국은 의식계에 흔적을 남긴다. 마음의 상처, 슬픔, 불안, 고통 등이 신체성으로, 감각적 마비로 나타나 내면의 문제를 느낄 때 비로소 의식의 문제를 무의식의 커다란 존재와 관계 짓는다(몸과 연결된 억압된 정서의 소리에 귀 기울임).
③ 자기를 본다는 것은 자기의 흔적이 아니고 자기의 본체를 본다는 것이다. 그것은 자국이 아니고 살아있는 생명체로 무의식은 우리 안에 살아서 작용한다. 자기 스스로 전체성을 실현하려는 목적을 가지고 작동하면서 끊임없이 의식을 향해 상징적 언어로 메시지를 보내고 있다는 것을 알게 되는 것이다. 무용·동작치료에서 볼 때 우리의 영혼은 몸을 통해 말을 한다(몸의 일곱 군데 센터를 중심으로 느껴지는 감각에 주의를 기울여 그것에 따라 움직임).
④ 무의식의 충동성을 대면하여 함께 투쟁해야 하는 삶의 시작을 말한다. 무의식의 의식화는 자아의 중요한 과제로서 무의식의 열등 기능을 의식화하는 것이다. 그림자, 열등 기능 등 분화되지 않은 무의식의 내용을 의식화해 나갈 때 의식은 격렬한 갈등을 겪으며 용감한 대면

을 필요로 한다. 활성화된 무의식의 에너지에 자아의식이 휩쓸릴 수도 있고 다듬어지지 않은 자기 충동 속에 갇혀있는 자기는 파괴적이고 폭력적일 수 있다. 선불교에서는 그림자의 측면을 의지로써 다스릴 수 있다고 본다(몸의 감각과 떠오르는 상징과 이미지에 집중).

⑤ 모든 것은 자기 마음에 달렸다. 선하고 바른 마음을 닦아야 한다. 자아가 적극적으로 무의식과의 관계를 부단히 지속함으로써 무의식의 충동성, 맹목성을 극복하고 자아와 무의식의 긍정적 관계를 유지시키는 작업이다. 선하고 밝은 마음을 닦는다는 것은 자아의 의식성을 증가시켜 무의식을 밖의 대상에 투사하지 않게 되는 것을 말한다. 투사를 통한 세상의 인식은 오해, 시기 질투, 증오의 온상이다. 소를 기르는 것은 소와 목동을 길들이는 것으로 서로서로 이끌고 이끌려서 온순해지는 것이다. 즉, 자아의식은 무의식의 의식화로서 넓고 깊어지며 무의식 또한 긍정적으로 변화하는 것이다(내 안의 양극성과 역동적 상호관계를 구체적이고 충분히 강력하게 에포드 움직임을 경험하게 한다).

⑥ 소와 사람이 하나가 되어 집으로 돌아간다. 마음의 근원으로 돌아가는 것으로 의식에 매인 '나'가 전체 정신인 자기로 접근하는 것이다. 무의식과의 대면을 통하여 이제 자아는 자기에게 접근하고 있다. 소는 자아로 하여금 그의 전체성으로 실어다 주는 인도자인 것이다(내 안의 양극성을 받아들이고 조율하고 관찰한다).

⑦ 소는 내 진심의 다른 이름일 뿐 사람과 소는 별개가 아니며 진심이 발견되고 진심이 시키는 대로 집에 돌아왔으니 채찍도 밧줄도 필요치 않다. 그러나 외양간의 울타리가 아직 남아 있는 것은 무언가를 아직 옭아매려고 하는 의식이 남아 있는 것이다. 이제는 더 이상 소라는 대상이 필요하지 않은 자기와의 일체성에서 오는 자유, 평안, 고요의 정서적 분위기는 아직 뭔가 부족하게 보인다. 깨달음의 과정에서 겪는 일시적인 자아의 팽창 상태라고 볼 수 있다. 번뇌와 망상에 물들지 않은 진실은 빛으로 영겁의 시간 이전부터 비치고 있었다. 상징은 인간 정신을 구성하는 살아 있는 이미지이다. 그것은 언어로 해석할 수 없고 언어를 넘어서며, 의미를 잉태하고 의미를 잉태하는 한 살아 있는 상이다(내면의 감각과 신체적 행동 간의 채널을 연다. 즉, 내면적 체험을 이해하고

탐색한다).

⑧ 하나 된 마음의 본질로서 하나의 원의 상징은 전체성의 상징이며 자기 원형의 상징이다. 소와 사람 둘 다 잊었다 함은 잃어버리는 것과 다르다. 여기에서 잊음은 자아와 자기를 모두 잊는 것으로 소와 사람의 구분이 없어진 상태다. 경계가 없어지고 하나로 통합된 '나'라는 것이 전체와 완전히 합치되기에 굳이 어떤 대상에 대해 나를 내세울 필요가 없게 된다. 자기실현은 대극의 합일로 생겨나는 중심 원형의 개념과 일치하며 하나의 전체를 이룬다. 이때 진, 선, 미가 생기며, 대극의 합일로서 전체정신의 입장에서 세상을 보고 행동하는 것이다(이미지와 내적 행동이 진실하게 연결되어 고요하다).

⑨ 자기실현이 된 사람의 경지로서 있는 그대로 핀 꽃, 산과 계곡 흐르는 물, 뜨고 지는 해처럼 '자기' 또한 그 자체로 있는 자연이다. 자기는 우리의 생명과 함께 내재하며 자율적으로 작용하고 있다. 자기의 관점에서 세상을 보면 안과 밖, 겉과 속, 즉 전체를 함께 볼 수 있어 무위자연의 경지에 있다(몸과 마음과 정신의 일체감을 느낀다).

⑩ 사람들 삶 속에서 대단한 일을 하지 않아도 타인을 돕는다. 자기실현이 된 사람은 모방하지 아니하고 자기의 길을 간다. 만나는 사람마다 손 붙잡고 위로하며, 간섭하고 사랑해주기보다 그냥 둘 수 있을 때 서로의 이해관계에 얽혀 사랑과 미움의 복잡함을 만들지 않는다면 평화의 세계로 들어갈 수 있다고 하는 것이다(본래의 자신과 있는 그대로의 세상을 본다. 즉, 판단, 간섭, 비판하지 않으나 그 자체의 에너지로 영향을 준다).

소는 신화적이고 상징적 의미가 있으며 은유적으로 인간의 본성을 나타낸다. 십우도는 핵심과 본질을 그린 단순한 그림으로 하나가 아니고 여러 가지로 표현된다. 중국에서는 소 대신 말로, 티베트에서는 소 대신 코끼리로도 상징하고 있다.

그러나 소 속에 모든 것이 들어 있고 소의 여러 몸짓 속에서 무의식의 여러 상징을 볼 수 있다. 이부영 교수는 십우도가 직선적인 진행 상태라기보다 한 장의 그림 속에 모든 것이 들어 있을 수도 있고 통찰의 다음 순간에 역전이 있을 수도 있다고 하였다(이부영, 2002).

진정한 감정을 느끼는 것은 존재하는 것 그 이상이며 그것은 자신으로서 존재하는 한 방식을 발견하는 것이며, 자기 자신으로서 대상과 관계하는 삶을 사는 것이다.

제8장

대인관계, 긍정적 자기표현을 위한 류-무용 · 동작 심리치료

1. 대인관계행동

인간관계는 관계되는 사람 모두가 원인이 되기도 하고 결과도 되는 하나의 상호적인 복합된 과정이다. 즉, 대부분의 인간 행위가 상호작용을 바탕으로 한 대인관계적 행동이라고 볼 때 인간의 문제는 대인관계에 중점을 두고 살펴봐야 한다.

호나이(Horney)는 인간관계의 문제를 해결하려는 노력으로 사람들이 그 불안에 대해 몇 가지 책략을 사용한다고 하였는데, 그 책략은 다음과 같다.

- 사람들에게 접근하여 애정 · 의존 · 복종을 나타냄으로써 자기를 보호하는 것
- 사람들에게 저항하여 공격, 적대 등을 통해 자기를 보호하는 것
- 사람들을 회피하여 고립과 철수를 통해 자기를 보호하는 것

누구나 이 세 가지 책략을 사용하는데, 한 가지 반응양식을 경직되게 사용하여 그것이 성격을 지배하게 되면 신경증이 발생한다고 한다.

호나이는 인격구조 혹은 성격을 역동적이고 변화하는 과정으로 보고, 개인의 과거뿐만 아니라 현재의 상황, 조건들에 관심을 갖고 인간은 남들과 자신에 대한 관계가 장애를 받으면 이 잠재력이 저하된다고 보았다.

대인관계를 위한 무용·동작 심리치료 안에는 한국불교에서 자기 성품을 보는 '깨달음'을 자아 회복과 대인관계를 돕는 기본 이론으로 보고자 한다. 한국불교에서 문제를 만들어낸다고 보는 '집착'은 욕망의 대상에 집착하며, 돌아보고, 생각하여 마음이 거기 묶이는 것을 말한다. 이러한 집착의 개념을 인간관계상의 태도로 나누어 보면, 자기 중심적 태도, 타인 중심적 태도, 규범 중심적 태도, 대화적인 태도로 나눌 수 있는데, 즉 집착이 어느 쪽으로 흐르는가를 살피는 것이다. 자기 중심적 태도, 타인 중심적 태도, 규범 중심적 태도는 개인이 어떤 특수한 목적, 감정, 욕망에 집착하여 자기 자신이나, 타인의 존재 혹은 타인과의 관계에서의 다양성과 깊이 등을 왜곡하거나 무시하는 것이고, 자기의 욕구, 타인의 존재, 원리원칙에 집착되어 있는 반면, 대화적 태도는 존재 자체의 본질과 현실에 관심을 두어 그것을 이해 존중하며, 향상시키고자 하고 그런 바탕 위에서 반응하고 집착에서 벗어나 당면한 현실의 본질적인 핵심을 전체적으로 이해하고 그에 적절하게 반응하는 것이다.

자기 중심적 태도는 자기 입장을 중심으로 타인을 대하고, 자신의 감정을 발산시키고 자신의 목표나 욕망을 달성하는 일에 치중하여 주체적이고 확고하게 보이지만, 공격적이고 이기적이다.

타인 중심적 태도는 다른 사람의 느낌, 생각, 욕구에 따라 자기 자신과 세계를 이해하려는 사람의 태도로써 사고, 감정, 욕구, 행동이 자신의 진정한 내부에서 나온 것이기보다 눈치와 모방의 결과라고 볼 수 있다. 눈치 빠르고 헌신적이나 주체성이 약하고 모방적이다.

규범 중심적 태도는 규범, 원칙, 역할 등에 충실히 하는 것을 가장 중요시한다. 선악, 사리, 시비 등에 민감하고 분명하지만, 인정이 적고 융통성이 부족하다고 볼 수 있다.

그리하여 무용·동작 심리치료 시간은 자신의 호흡과 몸의 자세, 에너지, 패턴, 긴장과 이완, 근육 패턴, 시간과 공간 사용, 주의력 패턴 등을 지각하여 그 변화를 살펴보는 것으로 시작된다.

2. 대인관계를 위한 무용 · 동작 심리치료의 실제

우리의 옛말에 '맺힌 것은 풀고 감긴 것은 제낀다.'는 말이 있다. 수많은 변화와 굴곡으로 매우 복잡하게 얽혀 있는 것 같지만 그 내면에는 변하지 않는 불변의 법칙이 있으며 지극한 조화와 질서 속에서 인간관계를 풀 수 있는 모든 몸짓이 움직여 주는 것이다.

한국 춤은 맺고 풂의 수 없는 반복으로 이루어져 있다. 윤회와 달의 생성, 우주의 원리와 같다. 처음이 곧 끝이고, 끝이 곧 처음이라는 것이다.

필자는 Group Therapy로 10명 내외를 한 그룹으로 하여 무용 · 동작 심리치료를 일반적으로 14주간 실시하고 있다. 실제 무용 · 동작 심리치료는 12주간이며 첫 시간과 마지막 시간은, 대인관계 변화측정을 위해 R.C.S(Relationship Change Scale)와 Yalom의 Q-short로서 무용치료의 효과를 보고 있다.

R.C.S는 대인관계에서 만족감, 의사소통, 신뢰감, 친근감, 민감성, 개방성, 이해성의 일곱 가지 하위영역으로 구성되었고, Schlein과 Guerney(1971)의 Relationship Change Scale을 쓰고 있다. 이 R.C.S는 1997년 한국의 정신보건센터 프로그램 연구에서 신뢰도 α=.98로 나타났다.

무용 · 동작치료의 한 회기는 60분으로 ① 몸, 마음 깨우기 워밍업, ② 신체파트, 공간, 시간, 무게의 확장, ③ 주제 표현과 자기체험, ④ 자신으로 돌아오기, 정리, 토론의 4단계로 나누며, 12회기에서는 3단계별로 신뢰와 친화 단계, 대화와 자기표현 단계, 긍정적 변화 단계의 3단계로 진행되었다.

〈표 8-1〉 류-무용 · 동작 심리치료 과정

1. 호흡과 신체 지각 I	• 신체의 긴장과 이완 • 자신의 들숨날숨 • 신체의 상태 나누기
2. 신체 지각 II	• 신체 상태에 따른 감정 변화 관찰하기 • 신체의 open과 close
3. 몸의 소리 듣고 나타내기	• 즉시 일어나는 몸의 소리로 표현하기 I, II
4. 감각 신경 수용의 사회적 의사소통 능력	• 소리와 움직임의 대화 • 향과 몸의 대화 • 나를 표현하기(벽화)
5. 타인과의 관계 속에 나를 표현하기	• 타인의 감정 느끼기
6. 나의 진정한 감정 찾기 에너지 교류와 변화	• 탈의 인물 되어 보기 • 나의 감정과 느낌
7. 불안의 대상 찾기	• 상대를 비춰 보기
8. 타인과의 관계성 II(자기 중심, 타인 중심, 규범 중심, 대화적)	• 놀이 공간에서 관계성(내어 줌과 기다림)
9. 타인과의 관계성 III	• 상호작용 작업 • 반영하고 배려하기
10. 내 안의 능동성과 수동성	• 눈 감은 상대를 이동하여 작품 만들기
11. 감정 이해와 감정 조절	• 내 안의 불과 물, 공기, 흙
12. 긍정적으로 변화하기	• 나의 어린 시절 • 내 안의 부모 • 가족그림 • 나의 현재

3. RYU-D/MT PROGRAM

이 프로그램은 연구자의 오랜 임상을 통해 가장 한국 사람들의 정서에 맞는 것으로 나가고자 하였으며, 상호 간의 신뢰감, 친근감, 불안감소, 감정표현 기술, 감정이해 능력, 감정 상황 조절능력, 바른 의사소통 등에 중심을 두고자 하였다. 전체 회기는 12회기로 하였으며, 이 프로그램은 12회기 후에 몇 번 반복되어도, 새로운 감정을 가져올 수 있다. 시간은 한 회기는 60분으로 워밍업, 확장, 주제 표현, 정리, 토론 4단계로 나누었다. 또한, 12회기 중 단계별로 3단계로 나누어 최초 4회기는 신뢰와 친화 단계, 다음 4회기는 대화와 자기표현 단계(즉흥성, 자발성, 창조성 중심), 다음 4회기는 긍정적 변화 단계로 진행하여 그룹에서의 경험이 신체와 정신에 통합되어 일상생활에서 적용되도록 하였다. 특히 7회기부터 대인관계와 불안, 치료의 중점으로 거울화, 모방, 반영, 동시성, 공감을 중심으로 한 프로그램을 고안하였다.

(1) 1회기

- 목표: 호흡과 신체 지각 I(신체의 각 부분), Group warm up
- 준비물: 담요, 북

(치료자의 개입)

첫 시간의 만남은 서로가 서먹하고 환경에도 익숙지 않아 참여자들이 자신들의 자리를 차지하지 못하고 혼자 혹은 둘, 셋씩 몰려 구석에 서 있거나, 치료실 밖에 서 있기도 한다. 치료자는 따뜻하게 그들을 눈으로 가슴으로 맞이하고 편안하게 각자의 담요를 가져가서 자유롭게 공간에 앉게 한다. 그러나 각자의 공간은 전체적으로 열려 있지 못하므로, 서로를 보고 원으로 앉게 한다. 치료자는 먼저 그룹의 만남을 안내하고 프로그램을 소개한 다음 마음이 내키는 대로 첫 느낌을 동작이나 언어로 표현하게 돕는다.

① 긴장과 이완

한 사람씩 현재 상태에서 무심코 일어나는 움직임을 하게 하고, 자신을 소개하게 한다(예: 기침, 하품, 머리 긁기, 소리내기, 찡그리기, 흔들기 등).

② 자신의 들숨과 날숨 느끼기

다음 단계로 자신의 들숨 날숨을 조금 길게 조정하게 하고 신체 각 부분을 따로따로 차례로 집중 의식하며 호흡하게 한다(호흡은 여러 가지 가능성과 자신에게로 돌아오는 접근이고, 내적인 중심을 갖게 한다).

③ 신체인식

ㄱ. 북소리에 맞추어 신체 부분을 의식하며 천천히 차례로 돌리게 한다(머리부터 어깨, 가슴, 등, 손목, 팔꿈치, 허리, 무릎, 발목으로).

ㄴ. 다음으로 신체의 두 부분을 같이 돌리게 한다(예: 머리와 손목, 어깨와 무릎, 허리와 팔꿈치 등).

ㄷ. 다음으로 신체의 각 부분을 모두 따로 흔들어 움직이게 하여 전체가 통합되게 한다.

④ 공간 걷기

각자 걷다가 상대와 마주치면 두 손바닥을 마주 살짝 붙이고, 눈을 보고 표정으로 인사한다. 그룹 전체가 두 사람씩 모두 만나게 한다.

⑤ 나눔

편안히 공간에 둘러앉아 지금까지의 느낌을 서로 이야기하고 주고받는다.

(2) 2회기

- 목표: 신체 지각 II, 움직임 변화와 감정 변화(열린 신체, 닫힌 신체, 긴장과 이완의 관계 느끼기)
- 준비물: 담요, 북

(치료자의 개입)

치료자는 편안한 마음으로 치료실로 들어오는 참여자들을 눈으로 미소로 혹은 말로 인사하고, 각자의 담요를 가져가게 한다. 전체적인 분위기는 조금 긴장되어 있고, 대체로 조용하다.

① 신체의 자각 상태 1

공간에서 시간을 넉넉히 잡고 각자 편안한 자리에 자신의 자세로 공간을 차지하여 눕게 한 다음 자신의 손으로 주위를 더듬어보고, 다리로도 더듬어본다(넓은지, 좁은지). 자신의 신체를 가장 넓게 늘여보고, 반대로 작게 움츠려 본다(바로 누워 보고, 엎드려 누워 보고, 옆으로 누워 본다).

② 신체의 자각 상태 2

누운 채로 온몸에 한껏 힘을 주어서 긴장하고, 숨을 소리 내어 내쉬며 풀어서 이완시킨다. 그 다음 들이쉬면서 두 팔을 밖으로 내고 내쉬면서 신체 가까이로 부드럽게 가져온다.

③ 신체의 자각 상태 3

편안한 자세에서, 양 손가락부터 열고, 닫고를 인식한다(양손, 양팔, 양다리, 온몸).

④ Open과 Close Ⅰ

두 사람씩 짝을 지어 한 사람이 먼저 온몸을 연 자세로 있으면, 다른 사람도 같이 연 자세로 다음은 닫은 자세로 혹은 한 사람이 연 자세로 다른 한 사람은 닫힌 자세로 대화하게 한다.

⑤ Open과 Close Ⅱ

두 그룹으로 나누어 한 그룹은 한 사람씩 차례로 열린 자세를 만들어 형태를 만들게 하며, 한 그룹은 한 사람씩 차례로 닫힌 자세를 만들어 전체가 포개지게 만든다.

⑥ 신체와 감정 느끼기

- 배를 잔뜩 내밀어서 걷기
- 이를 꽉 물고, 온몸에 힘을 줘서 걷기
- 종종걸음으로 급한 움직임
- 두 팔을 몸에 붙여 긴장된 움직임
- 어깨를 올리고, 공격적인 움직임
- 화가 나서 발을 굴리며
- 거만하게 턱을 들고, 눈을 내려깔고
- 팔다리를 흔들며
- 소리를 지르며
- 두려울 때의 움직임
- 신경이 곤두섰을 때의 움직임

⑦ 나눔

- 신체가 열린 상태의 감정과 닫힌 상태의 감정, 두 사람이 움직일 때와 그룹 움직임의 느낌을 나눈다.
- 신체를 만들어서 움직일 때의 감정에 대해서도 의견을 나눈다.

(3) 3회기

- 목표: 신체의 감각, 신체와 공간지각
- 준비물: Schumann 음악

① 신체감각 1

공간에서 자신의 신체와 사물과 바닥, 타인과의 접촉되는 부분을 인식하여 감각을 일으킨다.

② 신체감각 2

양손과 양발에 의식을 집중하여 바닥과 사물, 타인과의 접촉이 되게 하고, 즉흥적인 움직임이 일어나게 한다(온몸을 뻗어 보기, 오므려 보기, 발끝으로 움직여 보기 등).

③ 신체감각 3

두 사람씩 손의 접촉으로 대화하게 한다(두 눈을 감고 두 손은 서로 대화한다). 다음 눈을 뜨고 두 사람씩 조금 전의 대화에 대해 서로 나눈다.

④ 신체와 공간지각 1

한 사람씩 자신의 이름을 크게 외치고, 뛰어와서 각자의 공간을 차지한 다음, 신체 전체의 각 부분을 활용하여 공간에 자신의 이름을 신체로 그려서 표현한다. 나머지 그룹은 일정 공간 밖에서 지켜준다.

(치료자의 개입)

대체로 참여자들은 몸 전체의 사용보다 두 손만 사용하거나 온몸을 긴장한 채, 두 발만 바쁘게 움직일 수 있으므로 치료자는 자신이 먼저 움직여서 공간을 다양하게 활용하는 것을 이해시켜야 한다.

공간의 여러 방향, 앞, 뒤, 양옆, 위, 아래뿐만 아니라 대각선의 방향, 위로 뛰어오르기, 바닥으로 낮추기, 구르기 등으로 신체 전체를 사용하게 하고 쓰지 않은 공간을 사용해 보게 한다. 신체적 변화와 함께 공간의 변화는 환자들의 정신적, 심리적 변화에 영향을 준다.

⑤ 신체와 공간지각 2

자신의 신체를 될 수 있는 한 모두 이용하도록 해 보고, 이번에는 타이밍을 느리게 움직여보고, 빠르게도 움직여 보게 하고, 다음으로 신체의 한 부분만 사용하여 표현해 보게 한다(이마만, 눈만, 코만, 턱만 등).

⑥ 나눔

신체와 공간의 변화에 대한 느낌을 서로 나눈다.

(4) 4회기

- 목표: 감각신경 수용의 사회적 의사소통 능력
- 준비물: 여러 가지 종류의 타악기와 향(북, 장구, 리듬채, 레인스틱, 풍경 등)

(치료자의 개입)

환자들이 치료실로 들어와서 여러 종류의 타악기들에 관심을 갖게 하고 편안하게 자기 마음에 드는 악기를 하나씩 선택하게 한다.

① 소리와 느낌

각자 편안한 공간을 차지하게 하고, 자신이 선택한 악기를 만져서 소리와 그 느낌을 느껴 보게 한다.

다음은 공간에서 눈을 감고, 차례로 한 사람씩 자신의 목소리와 악기 소리를 내게 하고, 다른 사람들은 그 악기 소리의 느낌이 몸의 움직임으로 어떻게 나타나는지 움직여 본다. 여러 종류의 다른 소리의 느낌을 목소리와 몸의 움직임으로 느껴 본다.

② 소리와 움직임의 대화

각자의 편안한 공간에서, 자신의 악기 소리로 시선을 줘서 타인에게 대화를 열고, 상대의 소리를 받은 사람은 자신의 악기 소리로 대답을 하고, 또 다른 사람에게 소리로 느낌으로 대화를 연다.

③ 후각(향 내음)과 몸의 대화

치료자가 피워 놓은 향의 내음과 풍경소리로, 각자 눈을 감고 공간에서 자유로이 움직여 긴장과 불안을 내보내고, 냄새와 소리의 좋은 느낌을 갖게 한다.

④ 즉흥 움직임에 따른 타악기 연주

그룹을 둘로 나누어 한 그룹은 각자의 악기로 서로가 어우러지게 연주를 하고 한 그룹은 그 소리에 따라 즉흥적으로 몸을 움직여 본다(작은 음에서 중간 음으로, 그리고 큰 음으로 차례로 일어났다가 반대로 내려가게 한다).

⑤ 나눔

공간에서 자유로이 둘러앉아 향 내음과 여러 가지 소리, 몸의 느낌에 대해 일어나는 감정과 새로운 기억 등에 대해 서로 나눈다.

(5) 5회기

- 목표: 나의 확인, 나를 표현하기, 타인과의 관계성 I
- 준비물: 북, 한삼, 탈춤음악

(치료자의 개입)

긴 한삼을 이용하여 치료자가 먼저, 공간에서 일어나는 움직임의 여러 가지 형태를 취해 보이고, 보이는 느낌을 환자들에게 말하게 한 다음 각자 공간에서 여러 가지 형태로 자유롭게 움직여 보게 한다.

① 나를 표현하기 I

전체가 원으로 서서(처음에는 그룹에 따라 앉아도 좋다.) 한 사람씩 한삼자락으로 공간에서 자유로운 움직임을 하여 자기의 이름을 이야기한다. 그룹 구성원들은 큰소리로 환영의 움직임과 소리를 낸다. 이때 자기 이름을 이야기한 후 자유롭게 취미나 나이, 가족 이야기 등을 말하고, 그룹에서는 중간중간 "얼쑤"와 "그렇지" 등으로 환영해 준다.

② 나를 표현하기 II

치료자부터 자기만의 움직임으로 원 안으로 들어가서 움직이고, 구성원들은 똑같이 따라 한다. 다음은 원 안으로 한 사람씩 눈을 보며 움직이며 돌다가 다른 한 사람을 선택하여 원 안으로 함께 나와서 둘이서 함께 하는 동작을 즉흥적으로 하고, 먼저 나온 사람은 나중 나온 사람의 자리로 돌아가고 나중에 나온 사람은 처음과 같이 혼자서 움직이다가 그룹 중에 한 사람을 선택해서 같이 움직인다(이때 두 사람이 같이 움직일 때 여러 가지 자기만의 방법으로 움직여 본다).

(치료자의 개입)

그룹 구성원들 안에서 소외된 사람이 없는지 잘 살펴서 전체가 빠짐없이 자기 자신을 표현하게 한다.

③ (강강술래를 통한) 타인과의 관계성 Ⅰ

원으로 크게 손을 잡은 상태에서 리더 한 사람만 잡은 오른손을 놓고, 왼쪽으로 몸을 돌려 한 사람씩 눈을 보며 차례로 그룹 사람들을 모두 만날 수 있는데, 이때 서로 눈을 보고 표정으로, 언어로, 움직임으로 인사한다. 다음으로, 끝까지 모두 만났으면 강강술래 형태로, 나선형으로, 원형으로 돌게 되는데, 처음에는 천천히, 다음에는 조금 빠르게, 나중에는 휘돌아서 함께 뛰면서 돌고, 천천히 속도를 줄여서 마친다.

④ 나눔

자유롭게 둘러앉아 나의 표현에 대한 느낌과 타인과의 접근에 대한 자신의 감정을 이야기한다.

(6) 6회기

- 목표: 나의 진정한 감정 찾기, 감정의 상호작용
- 준비물: 여러 가지 모양의 한국 탈

(치료자의 개입)

치료자는 공간 한쪽에 여러 모양의 탈을 놓아서 환자들이 지금 이 순간에 가장 마음에 드는 탈을 골라서 가지라고 말한다(이때 대부분의 환자들은 평소 자신의 성향하고는 반대 성격의 탈을 선택하는 경향이 있다. 예를 들면, 약한 성격은 강하고 무서운 탈, 난폭한 성격은 점잖고 조용한 탈, 재미있는 탈 등을 선택).

① 탈의 인물 되어 보기

구성원들은 탈을 쓰고 본래의 자신이 아닌 탈의 인물이 되어 다른 탈의 인물로 만난다. 공간에서 편안히 걷고, 각자 움직이다가 호기심이 가는 탈에게로 다가가서 움직임으로서 대화를 한다. 두 사람이 움직이고, 새로운 탈이 와서 세 사람이 될 수도, 네 사람이 될 수도 있다. (나눔) 지금까지 탈 움직임의 감정과 느낌을 서로 나눈다.

② 나의 감정, 나의 표현(일차적 기본 감정과 이차적 감정 이해)

- 1차적 감정: 기쁨 / 슬픔 / 두려움 / 화 / 역겨움 / 놀람 / 호기심
- 2차적 감정: 즐거움 · 사랑 / 고뇌 · 비탄 / 불안 · 공포 / 좌절 · 격노 · 분노 / 수치심 · 경멸 / 극도의 놀람 / 새로움 · 흥분 / 유년기의 기억이나 움직임의 중심에서 떠오르는 상징적 이미지 탐구

공간에 그룹을 모두 앉게 하고 먼저 원하는 사람 두 사람을 앞으로 나오게 해서 탈을 선택하게 하고 쓴 다음, 지금 현재 상대에게서 느껴지는 움직임을 표출하게 한다. 소리를 내도 좋고, 자연스럽게 내면에서 올라오는 현 상태의 내적 움직임을 하게 한다(예를 들어, 한쪽에서 많은 움직임과 터치가 있어도, 내 상태가 움직이고 싶지 않으면 그냥 있어도 좋다). 어느 정도가 되면 치료자는 정지시키고, 나머지 그룹 구성원들도 차례로 두 사람씩 모두 참여할 수 있게 한다.

③ 나눔

그룹은 탈을 다 벗고, 자리에 둥글게 앉아 먼저 두 사람 간의 대화를 먼저 해 본다. 자기 자신의 감정과 타인에 대한 느낌을, 그리고 그룹 원들이 그 두 사람의 움직임에 대한 각자의 느낌을 그대로 이야기해 본다. 전체적으로 다 이야기한다.

(7) 7회기

- 목표: 상대 비춰 보기와 동일시하기, 불안의 대상 찾기
- 준비물: 음악

① 모방

공간에서 여러 형태로 걸어보게 하고, 자연스럽게 두 사람씩 만나게 한 다음, 두 사람은 마주 서서 현재 상태에서 일어나는 몸의 움직임을 똑같이 움직여 본다. 재미있게 표정만 할 수도 있고, 온몸을 다 움직일 수도 있으며 서로가 서로를 비춰볼 수 있다. 다음은 그룹을 3, 4그룹으로 나누어서 다른 그룹의 다양하고 재미있는 움직임을 서로가 보게 한 다음 느낌을 나눈다.

② 반영

먼저, 걸음을 중심으로(지그재그, 한발로, 비틀비틀, 다리를 넓게, 빠르게 등) 다양하게 두 사람 중 한 사람이 어느 방향, 어느 지점으로 걸어가서 정지하면, 시간의 차이를 두고 나머지 한 사람이 똑같이 움직여서 같은 형태를 만든다. 이때 차례로 두 사람이 리더가 되고 메아리로 따라가는 사람은 먼저 움직인 사람의 옆, 뒤, 대각선 등으로 다가가서 공간을 자기 마음대로 조절해 볼 수 있다. 그룹을 두 그룹, 혹은 세 그룹으로 나누어 차례로 해 보인다. 창의적이고 재미있는 움직임이 자연스럽게 나오게 된다.

③ 불안의 대상 이해

불안은 우리가 생각하는 대상에 대한 외부적인 조작으로 줄일 수 있다. 불안을 일으킨 기억이나 대상에 관련된 지각이나, 인지 양식을 바꾸게 함으로써 불안을 감소시킨다.

④ 나눔

공간에서 편안하게 앉아 비춰 보기와 따라 하기를 하고, 남의 움직임을 봤을 때의 느낌과 감정을 표현한다.

(8) 8회기

- 목표: 타인과의 관계성
- 준비물: 음악(조용한 음악)

① 놀이 공간에서의 관계성 I

공간에서 편안히 걷다가 정지하면서 앞의 사람과 짝을 짓고, 두 사람은 두 눈을 서로 바라보고(다른 사물이나 다른 사람들은 자연히 내 시야에서 멀어지게 된다), 다양한 움직임(기고, 구르고, 뛰어오르고, 천천히 가고, 뒤로 가고, 타인의 뒤에 숨고 등)으로 공간을 이동하되 상대방의 시선을 절대 놓치지 않는다. (나눔) 함께 움직일 때의 상대방에 대한 자신의 느낌을 나눈다.

② 내어 줌과 짊어짐

자연스럽게 두 사람씩 짝을 짓고, 각자의 편안한 공간에 등을 서로 대고 다리를 펴고 앉아 서로가 편안히 기댄다. 그리고 한 사람이 먼저 앞으로 엎드려 등을 내어 주면, 반대 사람은 그 등에 기댄다. 또 반대로 등을 내어 주고, 그 등에 자신을 맡겨 본다. (나눔) 서로 대화를 해본다. 자신이 엎드렸을 때가 감정적으로 편한지, 상대의 등에 올라갔을 때가 감정적으로 편한지, 자신은 늘 짊어져야 편한지, 아니면 남이 나를 받쳐줬을 때가 편한지 등에 대해 생각해 본다.

③ Body Synchrony의 감정

또 다른 파트너와 서로 등을 대고 공간에 선다. 눈을 감고, 상대방 등의 느낌을 읽는다(딱딱한지, 부드러운지, 긴장되어 있는지). 서로의 등의 느낌이 전해지면, 누가 먼저일 것 없이 등을 붙여서 움직인다. 말은 한마디도 하지 않고도 두 사람은 한 방향으로 처음에는 천천히, 점점 빠르게 등을 굽히기도 하고 다양한 움직임이 가능하게 해 본다.

(치료자의 개입)

이때 치료자는 편안함으로 전체 공간의 호흡을 잡아주고, 환자들의 몸의 상태를 관찰하게 되는지, 눈을 감은 상태의 참여자가 갖고 있는 호흡상태, 각 신체 부분의 긴장 상태(어깨, 목, 손, 등, 다리 부분), 에너지 상태를 살펴봄으로써 많은 것을 볼 수 있다.

④ 나눔

눈을 뜨고 편안히 공간에 자리 잡고, 자신의 느낌을 차례로 말하며 타인을 이해하게 된다.

(9) 9회기

- 목표: 공감과 반영
- 준비물: 음악

① 공감 I

공간에서 자유롭게 걷다가 파트너를 정한다. 두 사람씩 서로 반대편의 벽에 가까이 등지고 서서 서로를 바라본다. 서로에게 느낌이 일어나면 누구라도 먼저 가까이 상대에게 다가갈 수 있다. 시간적, 공간적인 관계를 넘어서서, 두 사람이 가깝게 된 다음, 언어는 필요 없이 움직임의 느낌만으로 자유로운 공간에서, 서로의 움직임에 자기 자신의 감정대로 반영해 준다. 여유를 갖고 충분히 움직인다.

(치료자의 개입)

두 사람씩 양쪽 벽에서부터 시작할 때 참여자들을 잘 관찰할 수 있다. 선뜻 앞으로 못 나오고 끝까지 자기 자리에서 꼼짝하지 않는다든지 상대를 끝까지 외면한다든지 하는 심리적 상태를 볼 수 있고, 그룹 구성원들이 서로에게 억지로 하지 않도록 배려해 주어야 한다.

② 반영: 통합 · 조율 · 조절

(재미있고 경쾌한 음악)

한 그룹에 3~4명씩 두 그룹으로 만든 다음 각 그룹에 리더를 원하는 사람에게 맡긴다. 두 그룹은 리더를 중심으로 서로 마주 서고, 서로의 리더는 상대 그룹의 움직임의 형태를 잘 파악하여 상대 그룹과 조화롭게 만들고, 자기 그룹을 잘 이끌어서 움직여야 한다(나머지 두, 세 사람의 움직임은 리더를 따라서 움직인다). 움직임의 조화는 상대 그룹이 빠르게 움직일 때는 같이 빨라도 좋고, 아주 느려도 좋으며 상대 그룹이 낮아졌을 때도, 높아지거나, 더 낮아져도 좋다. 다른 구성원들의 새로운 그룹을 또 시작한다.

(치료자의 개입)

반영은 총체적이고, 통합적인 작업으로, 처음에는 참여자들에게 어려울 수도 있으나, 돌아가면서 리더를 해 보게 하면 자신감과 대인관계가 매우 좋아진다. 쉽게 시작하게 하고, 전체적으로 조화로운 놀이작업이 되게 해야 하며, 상대방을 따라가지 않게 해야 한다.

(10) 10회기

- 목표: 내 안의 능동성과 수동성
- 준비물: 음악

① 수동성, 능동성

공간에서 자유롭게 걷다가 자연스럽게 만나는 사람과 파트너가 된 다음, A, B를 정하고 먼저 각 A는 여러 방법으로 이동하여 어느 지점에 데려다 놓고 B 마음대로 조각하여 놓는다(이때 A는 B가 움직이는 대로 수동성이 된다. 계속해서 다른 B는 다른 A를 다른 지점으로 데리고 가서 마음대로 신체를 조각하여 놓는다. 한 번씩 모두 돌아갔으면 A와 B의 역할을 바꾼다).

(나눔)

눈을 뜨고 편하게 둘러앉아 본인이 수동적이었을 때의 여러 가지 느낌과 능동적이었을 때의 감정에 대해 이야기를 나누고, 수동적이었을 때 특별히 상대에 따라 불안했던 마음에 대해 나누게 된다.

(치료자의 개입)

이때 치료자는 각자가 수동적이었을 때와 능동적이었을 때의 감정에 대해 잘 듣고, 특별히 불안했던 사람과 상대를 함부로 다루었던 사람에게 다시 한번 실시하게 하여 자신의 감정에 대해 조절하고, 신뢰할 수 있게 도와준다.

② 수동과 능동의 조화 I

두 명씩 적당한 거리로 마주 서서 각자 오른손을 잡고 시선을 서로 보고, 감정이 일어나면 누구든지 먼저 잡은 손을 당기든지, 밀든지 하여 자기 몸의 형태를 바꾸어 정지하면 상대방도 자기 몸의 형태를 조화 있게 변형시킨다. 이때 잡은 손은 절대 놓지 않는다.

두 번째 단계로, 3~4인이 서로 손을 잡고, 누구라도 먼저 자신의 몸의 형태를 바꾸고 차례로 몸의 형태를 바꾼다.

이번에는, 8인이 서로 손을 잡고 누구든지 먼저 능동적이 되어 반대쪽 사람 바깥 방향으로 크게 움직여서 다양한 형태를 만들어 본다. 이때, 그룹은 절대 손을 놓지 않아야 하며, 서로에게 조화롭게 움직인다. 계속해서 풀면서 다시 새 형태로 만든다.

(치료자의 개입)

3~4명에서 8명 혹은 더 많은 숫자가 손을 잡고 움직여서 조화로운 형태를 만들고 또다시 자연스럽게 풀어내면서, 다른 형태를 만들고 하는 과정을 보면서, 그룹의 에너지가 너무 과다하게 힘이 들어가서 손잡은 것이 끊어지거나, 너무 능동적이 되어 다른 사람을 배려하지 못하는 것을 인식시켜 줄 수 있고, 혹은 어떤 그룹은 전체가 너무 수동적이고, 에너지가 약해 활동성이 없고, 조심하는 것이 보여짐을 인식시킬 수 있다.

③ 수동과 능동의 조화

6명씩 원으로 그룹을 만들어서 큰 원형 고무줄을 양쪽 검지손가락으로 몸 앞으로 잡고 선 다음 내 안의 감정이 느껴지는 대로 고무줄을 당겨서 감을 수도 있고 상대가 너무 팽팽히 당겨갔으면 그 줄을 따라서 양보할 수도 있고, 팽팽히 더 당겨볼 수도 있다. 그 안에서 자신의 감정 상태를 언어로 표현해 본다.

④ 나눔

지금까지의 움직임에 대한 자신 안의 수동성과 불안, 또 다른 능동성에 대해 그룹원들과 나눈다.

(11) 11회기

- 목표: 감정 이해와 감정 조절
- 준비물: 음악(물소리, 불소리) 효과음악

(치료자의 개입)

치료자는 편안히 둘러앉게 하고 각자에게 물과 불이 된다면 자신은 물이 되고 싶은지, 불이 되고 싶은지 선택하게 하고, 본인은 어떤 물이고 어떤 불인지 이야기하게 한다(예: 어항 물, 웅덩이 물, 시냇물, 강물, 바닷물, 작은 불씨 하나, 아궁이 불, 용광로, 산불 등). 이것은 심리적인 상태와 연결이 되며, 치료자는 어떤 상태의 물, 불이든 그냥 편안하게 받아 준다.

① 자연의 원소 물, 불, 흙, 바람

먼저 각자의 편안한 공간에서 자신 안에 느껴지는 물과 불, 흙, 바람의 상태를 움직임으로 표현한다. 내 몸 안의 수분, 냇물, 강, 작은 불꽃과 거센 불길, 바람, 대지를 느끼고 표현해 본다. 조용하게, 강하게, 그 후 자신의 감정을 느껴 본다. 다음은 물, 불, 흙, 바람의 성향 그룹끼리 서로 그룹을 만들고, 물 그룹과 불 그룹, 바람과 흙이 서로를 향해 자유롭게 춤을 춘다. 물과 불이 가까이 다가갔을 때 물과 불은 서로 지지 않기 위해 불길과 물길은 점점 거세지기도 하고 뒤로 가기도 하지만, 그룹의 창의력에 따라 물과 불, 바람과 흙이 같이 둘러싸이기도 하고, 떨어지기도 한다.

② 나눔

각자 편안히 둘러앉아서 내 안에 같이 들어 있는 물과 불, 대지와 바람의 이미지에 대해 털어놓는다. 거센 물과 불은 때로는 어떤 사람이나 환경에 대한 증오로 돌발할 수 있고, 때로는 소중한 무엇으로 있을 수 있다.

(12) 12회기

• 목표: 긍정적으로 변화하기

(치료자의 개입)

이 마지막 세션은 지금까지의 과정을 통합하여, 자신이 지금에 있는 상태를 긍정적으로 조절할 수 있는 단계로 가게 한다. 이 회기에서는 뜻하지 않게 감정이 분출되거나, 움츠릴 수도 있으므로 치료자는 참으로 지혜롭고 좋은 부모의 역할을 해야 한다.

① 내 안의 무의식 I

먼저 공간에 편안하게 자리하게 하고, 자신의 의식을 발에만 집중하게 한다. 발을 여러 가지로 움직여서 전체 몸이 따라가게 하고, 지금 생각나는 무엇이든 말하게 한다(이 작업은 의식을 발에 집중하여 움직이면서 말하게 함으로써 꾸미지 않는 내면의 무의식이 언어로 나오게 하는 일차적인 작업이다).

② 내 안의 무의식 II

그룹 구성원들은 같이 편안히 앉아 있고, 먼저 마음이 움직이는 두 사람부터 앞으로 나와서 시작한다. 자신의 부모 중 한 사람만 택해서 죽은 부모라도 현재 대화법으로 이야기한다. 한 사람이 먼저 시작하고 멈추면 또 다른 사람이 이야기를 한다(이때 발의 움직임은 계속 움직이면서 편안히 발에 의식을 둔다).

③ 가족 그림

먼저 원하는 사람이 앞으로 나와서 그룹 구성원들 중에서 자기 가족의 이미지와 닮은 사람들을 불러낸다(죽은 사람도 가능하다). 다음은 환자에게, 평상시 가족의 움직임의 이미지를 앞에 나온 사람에게 모두 가르쳐 주고 가족 간의 위치도 정해준 다음, 본인은 그 가족 그림 중에 어디쯤 있는지 그 자리에 가서 서 보게 한 다음, 다시 빠져나와서 맨 먼저 다가가고 싶은 식구에게 다가가서 현재 대화법으로 가슴 속의 못다 한 이야기를 차례로 모두 하게 한다(이때 가족 그림이 된 사람들은 그냥 자신의 이미지 움직임만 계속하고 절대로 환자의 대화에 끼어들어 직접적인 대화를 하지 않는다).

(치료자의 개입)

가족 그림은 환자의 근원적인 상처가 표출되는 작업이다. 치료자는 매우 안정되고 편안한 에너지로 환자를 지켜주어야 한다. 다른 환자들도 타인의 가족 그림이 자신의 이야기처럼 투사되어, 같이 아파하고, 흥분하고, 눈물 흘리기도 하는데, 중요한 것은 바깥으로 표출함으로써 억눌려 왔던 상처들이 조금씩 아물 수 있다는 것이다. 그리하여 스스로를 달랠 수 있게 하여, 가족 관계에서 다른 대인관계가 긍정적으로 변화할 수 있다.

④ 나눔

편안히 둘러앉아 앞에서 표현한 사람, 가족 역할을 한 사람, 본 사람들의 입장에서 여러 가지 의견과 이야기를 나눈다.

인간은 신체를 먼저 사회화하고 또 우주화한다. 그러면서 반대로 사회와 우주를 신체화한다. 그리고 정신도 거기 함께 참여하는 것이다.

정서와 감정교류를 통한 대인관계 무용 · 동작 심리치료는 호흡과 느낌, 직관력, 에너지의 흐름을 중시하며, 정적으로 시작되어 상대의 기운의 흐름을 감지하게 된다. 두 사람의 움직임으로 시작되어 네 사람, 여덟 사람, 열여섯 사람, 그 이상의 숫자로 늘여간다. 이를 통해 자연성에 바탕을 둔 자연스러움의 본질로서 진실, 소박, 겸허의 조화를 추구하고, 기존의 틀을 지키면서 자기 삶의 요구나 공동체적 삶의 요구에 따라 창의적으로 변화시킬 수 있도록 하여 모든 문제를 구체적인 현실과 실정에 맞게 독창적으로 풀어나감으로써 자신에게 가치롭고 의미 있는 삶을 실현해 나가게 하는 것이다.

R.C.S를 통한 결과로는 그룹에 따라 조현병 환자 그룹에서는 만족감, 신뢰감, 친근감이 높이 나타났고, 치료자 그룹이나 대학생 그룹, 일반인들에게는 일곱 가지 하위영역 모두 두드러지게 증가하여 나타났다.

인간은 사회적 존재로서 대인관계에서 수용되거나 인정받으려는 욕구가 충족되어야 안정감을 느낀다(Bruch, 1979).

많은 사람이 타인과의 관계를 어떻게 시작할지를 모르고 지나치게 과시하는가 하면, 상황에 적응하지 못하거나, 현명하지 못하고, 태도나 행동이 남에게 악영향을 주거나, 정서적으로 불안정하여 과장되게 보이기도 한다. 사람이 본래 지니고 있는 진심(眞心)이 자기에 집착함으로써 자기 중심적인 태도를 지니게 되고, 대상에 집착함으로써 타인 중심적인 태도를 지니게 되며, 원칙에 집착하므로 규범 중심적인 태도를 갖게 된다. 통합된 대화적 태도는 이 모두를 포괄하게 되며 상황에 따라 적절한 태도와 반응이 자연스럽게 나오게 된다.

무용 · 동작 심리치료의 과정에서는 움직임을 통한 상호교류를 통해 통합된 대화적 태도로 대인관계 안의 상호인식과 상호 신뢰감, 자신감, 책임감, 안정감을 경험시킬 수 있다.

병원의 약물이 그 사람의 살아가는 방법이나 삶의 방향을 제시해 줄 수는 없다고 볼 때, 스스로의 신체 움직임으로 자신을 인식하고, 자신을 표현하고, 타인과의 관계성을 소중하게 느낄 수 있는 무용 · 동작 심리치료는 매우 효과적으로 나타나고 있다.

제9장

동작연구와 비언어 상호작용의 심리분석

언어 심리치료사는 환자들과 의사소통을 하기 위해 대화를 사용하고, 환자의 말들을 그들의 감정적 상태와 특징적인 무의식 과정들에 대한 증거로써 간주한다. 이와 같은 방식으로, 무용 · 동작 심리치료사는 환자와 상호반응을 하기 위해 동작을 이용하며, 환자의 동작을 그 상징과 표현적인 내용으로써 이해한다. 따라서 다음과 같은 질문을 고찰해 보는 것이 중요하다.

동작의 의미

'동작이 어떤 의미를 수반하고 있는가?' 무엇보다 우리가 동작의 단위들이라고 정의 내리는 방식이 동작으로부터 판독할 수 있는 것을 제한하고 있다는 사실도 알아야 한다. 우리가 말하는 '동작'이란 손을 빠른 속도로 들어 올리는 것과 같은 행위를 뜻하고 있는 것인가? 아니면 손을 흔드는 제스처에서 나타나는 동작들을 말하는 것인가? 동작은 근육들이 하나의 고정된 위치에서 다음으로 움직일 수 있도록 어떤 약속을 맺고 있는 신체적 문제인가?

"이제 헤어질 시간이네요……."라고 말하고 돌아서서 손을 흔드는 사람에게서는 언어와 관계되는 동작만을 보게 될 것이다. 그렇지 않다면 우리는 그 사람이 손을 흔드는 특성을 관찰할 것인가? 그것은 우울한 특징을 보여 주고 있는가? 아마도 우리는 그 사람의 손을 흔드는 방식이 문화적 특성을 보여 주고 있는지 혹은 공식적이거나 의식적인 것이 아니라 비공식적이고 우호적인 것인지의 여부를 알게 되면 보다 흥미를 느끼게 될 것이다. 또한, 우리는 그가 옆에서 손을 흔들고 있는 그의 친구의 행위와 일치하기 때문에 자신들의 상호작용이 끝났다는 것을 상징하기 위해 손을 흔들었는지의 여부를 살펴볼 수도 있다.

우리는 인간이 손을 흔드는 것에 대한 특징적 이유를 가정해 볼 수 있다. 그는 다른 사람이 헤어지는 것을 보고 행복해했는가? 그렇지 않으면 그는 자신 친구의 행위와 일치시킴으로써 더 오랜 시간 그와 연관을 맺기 위한 시도로써 손을 길게 뻗어 흔들었는가? 혹은 그의 손 흔드는 동작이 어떠한 의사소통적 의미도 제공해 주지 못하는 매너리즘에 빠져 있기 때문에, 그의 표정과 팔이 서로 조화를 이루지 못할 뿐만 아니라 그의 주위에 있는 어떤 사람과도 어울리지 못하고 있는 것은 아닌가? 이때 그 손짓은 상징적 의미를 지니고 그의 말을 강조해 주고 있는가? 이런 아주 단순한 예들은 동작의 복잡성을 시사해 줄 뿐만 아니라, 동작은 그것이 정의되는 단위들에 의존하고 있는 의미의 다양성, 동작이 생겨난 배경, 그리고 동작을 분석하는 사람에 따른 전제들을 수반한다는 사실을 보여 준다. 우리가 설명해 왔던 다양한 방식들은 동작이 해부학적, 신체학적, 의사소통적, 문화적, 상호작용적, 병리학적, 상징적으로 보일 수도 있다는 것을 말해주고 있다.

1. 동작연구의 역사적 조망

동작에 대해서 고찰해 보는 우리의 현재 방식들은 그것을 연구한 역사로부터 받은 지적인 영향들을 반영해 주고 있다. 이러한 역사는 1872년에 다윈(Darwin)이 출판한 『인간과 동물들에서 나타난 감정들의 표현(The Expression of the Emotions in Man and Animals)』이라는 저서를 시작으로 흥미를 불러일으켰다. 다윈은 '실생활에 연관된 습관들'이라는 이론과 같은 비언어적 행위의 기원들과 역할들에 관한 이론들을 만들어 냈다. 그의 이론은 어떠한 행위들이 어떤 감정이나 상태를 없애기 위해서 행해진다고 말해 주고 있다. 어떤 상태가 반복될 때에는 마치 그것이 이제 더 이상 적합하지 못한 것처럼 동작도 되풀이된다. 이것에 관한 예들은 깜짝 놀라는 반응, 화난 표정들, 혹은 당황할 때 머리를 긁적이는 행위 등을 포함하고 있는데, 그것은 대개 자동적으로 인간의 습관에서부터 나오게 된다. 예를 들어, 다윈은 가축들이 카펫 위에 드러눕기 전에는 원을 만들거나 그 위를 어슬렁거린다는 사실에 주목했다. 이것은 풀 위에 눕기 전에 그것을 문질러 왔을 그들의 야생 선조들에게서 물려받은 유전적인 것처럼 보인다(Davis, 1975). 다윈은 동작 행위의 의미를 이해하기 위해서, 행동생물학과 자신의 진화이론으로부터 도입한 개념들을 사용했다. 그의 몇 가지 사상들은 1960년대와 1970년대에 인간과 동물의 행위를 비교했던 연구가들에 의해 계승되었다(Scheflen, 1979).

표정 연구

1920년대와 1930년대에 실험적인 심리학자들은 표정에 관한 연구가 감정의 본질을 이해할 수 있는 어떤 방식을 제공해 줄 것이라고 희망했다. 흥미롭게도 그러한 연구들은 실험 대상들의 표정에 담긴 감정들을 사진이 잘 표현해 주지 못한다고 말하고 있다. 그들은 사진을 가지고 일반적인 상황을 알 수는 있었지만, 그것이 상황적 실마리나 표정이 내용을 보다 정확하게 설명해 주지는 못했다. 이러한 연구는 의사소통적 배경 안에서 동작을 판독할 필요성이 있다는 사실을 보여 주었다.

이러한 통찰력은 구조적 언어들을 비언어적인 의사소통행위를 이해하기 위한 어떤 구조로써 이용하면서 동작을 잘게 분석했던 무언 의사소통 연구가인 레이 버드위스텔(Ray Birdwhistell)에 의해 계승되었다. 버드위스텔의 경우에서는 동작의 의미가 '그 동작을 누가, 언제, 어디서 행하고 있는가, 그리고 어떤 상호반응의 순서로 동작이 일어나는가?'라는 문제점과 분리될 수 없었다(Birdwhistell, 1970).

동작연구의 세분화

1930년대부터 현재에 이르기까지 동작연구는 보다 세분화되었고, 여러 카테고리로 분류될 수 있다. 인격, 감정이나 정신 병리학을 반영해 주는 동작, 특정한 행위들, 상호작용, 의사소통, 문화적 비교, 성장유형들에 대한 심리학적 해석 등으로 나누어질 수 있는 것이다(Davis, 1975). 1940년대부터 인류학, 언어학, 그리고 사회심리학을 공부하는 학생들이 의사소

통 과정의 비언어적인 측면에 관심을 가지게 되었다. 1960년대에는 비언어적 의사소통의 연구들이 그 자체만의 연구 분야로써 등장하게 되었지만, 인류학, 심리학, 행동 생물학, 인종학, 언어학, 미학과는 분명히 구별되었다.

동작을 판독할 수 있는 접근법들이 이처럼 너무나 많지만, 특히 기억해야 할 것은 무용 · 동작 심리치료법에서는 어떤 동작이 일어나는가에 대한 것보다는 동작이 어떻게 생겨나게 되었는가에 관심을 가져야 한다는 사실이다. 즉, 우리는 위에서 설명한 어떤 사람이 팔을 오른쪽 옆에서부터 위로 들어 올렸다가 다시 제자리에 놓았다는 사실에 관심을 가질 필요는 없다. 대신에 우리는 그가 인사할 때처럼 팔을 재빨리 들어 올렸는지, 아니면 그의 손이 술 취한 것처럼 흐느적거렸는지에 대해 관심을 가져야 하는 것이다. '빨리'라는 표현이나 '흐느적거리는'이라는 표현은 동작의 특성을 묘사해 주는데, 그것으로부터 우리는 그 대상이 표현하고 있는 심리학적 중요성에 대해 관찰할 수 있다. 동작을 이처럼 특징적이고 표현적이며 심리학적인 측면에서 분석하는 것은 무용 · 동작 심리치료가 초점을 맞추고 있는 과제라 할 수 있다. 비언어적 의사소통 연구자이자 심리학자이기도 한 마사 데이비스는 이론적인 틀을 발전시켜 왔는데, 우리는 그것을 가지고서 이러한 모든 동작분석전망들을 조직화시킬 수 있다. 그녀는 '동작은 어떤 순간이라도 개인적, 문화적, 심리학적 유형들을 동시에 반영해 주고 있다'라고 서술했다(Davis, 1974).

동작은 상징적 의사소통

예를 들어, 동작은 감정, 걱정, 방어기제들 그리고 무의식에서 나오는 상징적 의사소통에 대한 심리적 과정들을 보여 줄 수 있는 것이다. 그것은 결속력, 연대감, 지배나 복종에 대한 개인적 과정들을 설명해 준다. 동작은 또한 문화적 의식들과 그룹의 전통들을 반영해 줄 수 있다. 개인의 심리학적 과정들은 순간적인 변화에 얽매여 있지만, 개인의 동작유형과 문화적인 특성들은 영원히 지속된다. 동작을 경험이라는 언어적 측면에 대한 단순한 비교나 해석으로써 간주하기보다는 다음과 같이 생각할 수도 있다.

동작유형들은 개인적 차이나 개인적 과정들을 단순히 나타내 주는 것이 아니다. 그것들은 바로 그 자체이다. 실제로, 동작의 영역은 이러한 과정들에 대한 '직접적인 접근'인데, 그것은 말, 그림, 꿈, 예술작품이나 사람들의 행동으로써 설명된다(Davis, 1974).

따라서 동작과 그것이 의미하는 것 사이에는 필연적이고 본질적이며 고유한 관계가 있는 것이다. 예를 들어, 모든 사람이 농아들이 사용하는 수화를 즉시 판독할 수 있는 것은 아니다. 이러한 특정한 몸짓들의 의미는 모든 사람이 어떤 특정한 말이나 의미를 표현하기 위해 특정한 손짓을 사용하는 전통을 만들어낼 때 생겨나는 그러한 관습에 의해서 전달되는 것이다. 그러나 일반적으로 동작은 거의 보편적인 방식으로 그 의미를 수반하게 된다. 미간을 좁히거나 가슴을 움츠리는 것, 그리고 팔, 다리를 가운데로 모으는 것 등의 행위는 넓게 포위하는 어떤 것에 대해 말할 때는 거의 사용하지 않는다. 다윈의 관점에서 보자면, '현저히 다른 종족들의 젊은이와 늙은이라 할지라도 똑같은 동작들을 통해서 똑같은 감정 상태를 표현하고 있는 것이다.' 끝으로, 동작이 '스스로 말을 한다'는 점을 기억해야만 한다. 설명적인 용어들, 은유들, 그리고 다른 훈련생들의 기준을 그 위에 단순하게 올려놓아서는 안 된다(Davis, 1974).

앞에서 제시된 이러한 조건들을 가지고서 정신의학에서의 무용 · 동작 심리치료에 적절한, 동작과 의미의 특정한 분야들로 시선을 돌릴 수 있을 것이다.

2. 신체 동작과 정신병리

정신질환자의 신체 동작 특성은 역사적으로 그 진단적 가치 때문에 흥미 있는 요소가 되어 왔으며, 일반적인 상상력을 불러일으켜 왔다. 이 분야에 관한 연구는 정신질환의 병인에 관한 신경학적인 이론들보다 앞서 생겨난 것으로 지금까지 계속 이어져 오고 있다. 정신질환을 나타내는 비정상적인 행동들에 관한 대부분의 최근 저서는 항정신병약에 의해서 생겨나는 동작 부작용들에 대해 초점을 맞추고 있다.

20세기에 들어서면서 정신의학자들은 크레페린(Kraepelin)이 '조발성 치매'라고 명명하고 브로이에르(Bleuler)가 다시 조현병이라는 명칭을 붙였던, 다양한 악성 정신질환들을 묘사했다. 브로이에르는 조현병의 모든 운동신경 증상이 심리적 요인들에 그 원인을 두고 있다고 생각했다. 조현병 환자의 이상한 행동을 신경학적 원인으로 보았던 학파들은 그러한 동작이 심리적 원인 때문이라고 가정했던 학파들과 초기에 많은 논쟁을 일으켰다(Rogers, 1985).

동작의 특성

동작 특성들은 다양한 유형의 조현병을 구별하기 위해서 사용되어졌을 뿐만 아니라, 긴장병, 치매, 편집증과 같은 조현병을 세분화시킬 수 있도록 하는 데에 중요한 역할을 했다. 예를 들어, 긴장성 조현병은 혼미한 의식으로써 특징지을 수 있는데, 어떤 동작들을 일시적으로 멈추는 것에서부터 온몸이 마비가 되어 움직이지 못하는 것에 이르기까지 그 정도가 다양하다. 다른 동작 특성들로는 딱딱하고도 전형적인 자세들을 취하는 예를 들 수 있다. 그것은 단순한 '신경학적' 운동 행위에서부터 아주 상징적인 특징을 지닌 복잡한 과운동증에 이르기까지의 모든 가능성들을 포함하는, 동작에서의 마비 상태와 전형적인 상태를 가리킨다(Mayer-Gross et al., 1954). 조현병의 복잡한 병인을 알고 있는 대부분의 현재 정신의학자들은 자신들의 환자들에게서 나타나는 비정상적인 동작들을 신경학적인 원인과 심리학적인 원인 모두를 통해서 분석할 것이다.

정신과 환자의 동작연구

그러나 연구와 훈련을 위한 소재들은 정신병의 신경학적인 측면을 이해하기 위해 선택되었다. 동작은 또한 우울증, 조증, 그리고 신경증 간의 증세들을 구별하는 데에 이용되었다. 프랑스의 정신의학자인 챠코트는 자신의 신경증 환자들의 '공격' 단계를 구성하고 있는 특정한 동작 특성들을 설명할 때에 동작을 이용했다. 챠코트는 환자의 동작들을 묘사하기 위해서 특별한 의학 예술가인 파울 리히(Paul Richet)를 고용했다. 공격단계들은 전구증(prodromal), 긴장성(tonic), 간질병(epileptoid), 긴장성 마비(tonic immobility), 히스테리, 광적인 공격성, 신경질적 공격성, 폭력 행위들, 수동적인 자세, 동물적인 행동들, 그리고 근육계 신경증 등을 포함하고 있다(Simon-Dhouailly, 1986).

정신의학의 초기에서도 동작이 간질, 정신적 장애, 정신병 간의 진단적 차이점들을 설명하는 데에 중요한 역할을 했음을 살펴보는 것은 흥미롭다. 골상학이라고 불리는 인류학적 · 정신의학적 연구에서도 흥미로운 점을 발견할 수 있는데, 그러한 연구는 인간의 진화과정과 인격의 특성들

을 얼굴표현의 형태와 다양한 신체 부분들로부터 알아내려고 애쓰고 있다(Mantegazza, 1925).

빅토리아 시대의 사람들은 정신질환자들의 이상한 행동들과 동작들에 대단한 관심을 가졌다. 그 시대에 가장 인기 있었던 레크리에이션의 형태는 참석자들이나 방문객들을 위해 댄스파티가 개최되는 '광란의 무도회'를 보면서 관람석에 서 있는 것이었다. 디킨스(Dickens)는 1851년에 런던의 성 누가 병원에서 열린 그런 종류의 무도회에 참석했던 방문객 중의 한 명이었다(Showalter, 1987). 약물치료를 받지 않은 환자들의 기괴한 몸짓들은 과학적인 흥미와 대중적인 흥미를 불러일으켰다. 정신질환자의 동작 특성들에 대한 문화적 · 역사적 연구들은 '정신질환자들의 비정상적인 동작들은 악마의 영혼이 깃들였기 때문'이라는 견해에서 '신경계의 손상에 대한 증거일 뿐'이라는 견해에 이르기까지, 그들을 향한 사회의 태도들이 어떻게 전개되었는지를 보여 준다(Gilman, 1976, 1985).

3. 동작에 대한 심리분석적 견해

동작에 대한 심리분석적 견해들은 다양하다. 어떤 분석가들은 동작을 무의식적인 의사소통으로 간주하고, 다른 분석가들은 정신적 성장이나 동작단계에 있어서의 고착상태에 따른 변인들을 찾는 데에 혈안이 되어 있다. 또, 어떤 저술가들은 동작을 감정의 표현으로써가 아닌 불안감에 대한 방어기제로써 보고 있다. 이러한 모든 견해들은 무용 · 동작 심리치료에 있어서 중요하며, 실습과 기술을 제공해 줄 수 있다.

유태계 심리분석가인 케스틴버그의 저술들은 그것들이 동작분석에 대한 라반의 접근법과 심리분석적인 측면에 있어서 상당히 연관을 맺고 있기 때문에 무용 · 동작 심리치료사들에게는 아주 중요하다.

동작유형들의 발달에 대한 케스틴버그의 관심은 단계적 성장, 성적인 면, 타인과의 관계들에 대한 중요한 심리분석적 연구를 반영해 주고 있는데, 이러한 모든 것은 정신과 신체 간에 나타나는 일치성을 강조해 왔다(Sossin, 1987).

무용 · 동작 심리치료사들은 '케스틴버그 동작 형태'에서 충분히 훈련을 받지 않았다 하더라도 그녀가 명명했던 '긴장-흐름'과 '형태-흐름'을 인식할 수 있다. 그러한 용어들은 공간적으로 확장하거나 수축하는 유형들이나 근육긴장에서의 관찰 가능한 변화들과 아주 일치하고 있다. 최근의 연구는 '케스틴버그 동작 형태'가 그 중간 평가에서는 아주 높은 점수를 받고 있다고 보고하고 있다(Sossin, 1987).

성장에 따른 발전적 리듬

케스틴버그는 출생할 때부터 개인적인 동작유형들이 존재한다고 가정한다. 그녀의 견해에서 보자면, 어떤 아이는 자신의 인격에 대한 중요한 표현들로써 리듬들을 선호할 수도 있다. 그러나 그녀는 다른 아이들도 어떤 리듬들이 특정한 욕구를 배출시켜 주는 성장단계들을 경험한다는 사실을 인정한다. 예를 들어, 그녀는 수면적 리듬들의 지배력은 아이가 시간의 영원한 개념들을 발전시키는 동안 접하게 되는 것과 어떤 종류의 운동적 연관성을 가지고 있다는 것을 깨달았다(Davis, 1975).

무용 · 동작 심리치료사들은 훈련과정 중에 유아들을 관찰함으로써 환자들에게서 나타나는 발전적 리듬들을 인식할 수 있다. 그러한 리듬들은 자유롭고 규칙적인 흐름 속에서 나타나는 변화들을 반영해 주는데, 그것들은 어떠한 신체 부분들에서도 나타날 수 있다. 성인 환자들이 그러한 리듬을 많이 사용하고 있다는 점은 고착지점에서의 억압을 보여 주거나 혹은 리듬과 관계있는 정신적 발달과정에 있어서 미처 해결되지 못한 이슈를 시사해 준다고 가정할 수 있다. 예를 들어, 구강기는 빨거나 물어뜯는 것과 유사한 리듬들과 연관 지을 수 있으며, 항문기는 괄약근을 긴장시키거나 흔드는 것 같은 리듬들과 연관이 있다. 또한, 생식기는 기복이 있는 리듬들과, 남근기는 도약하거나 뛰어오르는 유형의 리듬들과 연관성이 있다.

몇몇 초기의 심리분석가들은 케스틴버그의 보다 최근의 저서에 관심을 가졌을 뿐만 아니라, 발전단계에서 나타나는 전체적인 율동적 유형들보다는 특정한 자세나 동작들을 나타내 주는 심리 분석적인 암시들에 더 큰 흥미를 가졌다. 예를 들어, 도쉬(Deutsch)는 '분석적 자세학'이라고 자신이 명명했던 이론을 전개시켜 나갔다. 그의 견해에서 보자면, 신체의 감각과 동작은 '과거와 현재에 타인들과 맺었던 관계들을 나타내 주는 것'이다(Deutsch, 1952, 1962). 이것은 자신의 부모와의 관계들이 신체적 대응물을 가지고 있음을 시사해 주며, 왜 가족들이 공통된 동작유형들을 가지고 있는지에 대한 이유들을 설명해 줄 수 있다. 도쉬는 많은 양의 정신적 에너지를 요구하는 심리 분석적 과정이 눈에 보이는 심리적 적응들이나 반응들을 계속해서 수반할 수 있다고 믿었다. 그는 동작의 유형들이, 언어적 표현들을 수반하는 분석적 과정이 이루어지는 동안에 상징과 신호로써 보여질 수 있다고 가정했다(Deutsch, 1952).

동작은 신체적, 심리적 욕구와 관련

유아와 성인들 모두와 함께 작업하고 있는 심리분석가인 벨라 밋텔만(Mittelmann)은 동작을 보다 광범위하게 이해했고, 동작은 욕구를 나타내 주며, 지배, 통합 그리고 현실적 문제들에 대한 중요한 수단으로써 사용될 수 있다고 생각했다. 그는 운동성이 구강기, 생식기, 자아의 성장, 공격성, 의존적인 욕구들, 그리고 일반적으로 나타나는 개인적 관계들과 같은 여러 가지 다른 심리적 · 신체적 욕구들과 밀접한 연관을 맺고 있다는 사실에 주목했다. 그의 견해에서 보자면 동작은 초기의 상징적 행위를 나타내 주는데, 그것은 두려움, 걱정, 죄책감과 같은 외적 · 내적 위험 요소들에 대한 방어로써 표현된다(Mittelmann, 1954).

그뿐만 아니라 그는 동작이 심리학적 방어기제들에 대한 증거가 될 수 있다는 것에 주목했는데, '행위의 증가는 충동이나 죄책감에서 벗어나거나 그것과 싸우려는 무의식적 과정을 나타낸다'고 할 수 있다. 그는 운동 병리학이 충격적인 감정적 경험의 결과일 수도 있다고 믿었다. 이러한 이론은 성적으로 학대받은 유아들과의 무용 · 동작 심리치료 과정에서 입증되고 있다(Goodill, 1987).

흥미롭게도, 밋텔만은 유아가 자신이 알고 있는 다른 중요한 사람들의 동작 특징들을 모방하고 있다는 '운동성의 일치'라는 가정을 세웠다. 동일화 과정은 인격의 발달에 있어서 중요한 역할을 하고 있는데, 운동행위가 동일화에서 어떤 역할을 담당하고 있다는 밋텔만(Mittelmann)의 견해는 동작이 심리 분석적 개념들을 더욱 잘 이해하고 발전시킬 수 있는 유용한 관찰적 데이터를 제공해 줄 수 있음을 시사해 주고 있다. 끝으로 도쉬와 챠코트의 뒤를 잇고 있는 밋텔만은 기억, 꿈, 그리고 환상에 대한 운동적 요소가 존재하기 때문에 분석가들이 그것들을 해석할 수 있다고 믿었다(Mittelmann, 1954).

유아의 비언어 상호작용

정신적 발달의 비언어적인 측면들에 대해서 상세하게 저술했던 심리분석가들의 저서 외에도, 어머니와 유아의 상호작용에 관한 많은 저서가 무용 · 동작 심리치료에 적절히 이용될 수 있다. 예를 들어, 어머니와 유아의 상호작용과 인격발달에 관해 저술한 다니엘 스턴(Daniel Stern)의 저서는 초기의 의사소통 과정에서 어머니와 유아 간의 주요한 언어가 바로 동작이라는 것을 강조해 주는 관찰적 연구들에 근거하고 있다. 이러한 유형의 연구로부터 무용 · 동작 심리치료의 두 가지 테크닉들이 도입될 수 있다. 그 첫 번째는 유아의 동작 행위를 말로써 나타내는 '운동성의 표현'이라는 개념이다. 그것은 무용 · 동작 심리치료사가 유아와의 관계를 용이하게 만들기 위해, 그리고 치료사가 동작에 대한 특성을 말로 설명해 줄 때야 비로소 자신의 동작을 경험하고 그에 관해 생각하게 되는 유아의 관찰 가능한 자아 수행능력을 유발하기 위해서 도입된 개념이다. 어머니와 유아의 상호작용에 대한 심리 분석적 · 심리학적 사상들과 무용 · 동작 심리치료 간의 관계들은 다른 저서와 연구들에서도 아주 중요한 요인들이라고 할 수 있다.

이러한 욕구에서 도입되는 또 다른 개념은 '조화를 이루는 상호작용'이다(Stern, 1985). 이러한 과정은 감정적 파장과 '감정을 서로 나누는 것'을 용이하게 해 준다(Stern, 1985). 여기서는 어떠한 감정 양식을 가지고 있는 어머니가 또 다른 감정 양식을 가지고 있는 유아의 행위에 반응하게 된다. 예를 들어, 어머니는 리듬, 형태, 시간적 특성에 있어서 유아와 유사한 동작을 사용함으로써, 유아가 만들어 내는 의사소통적 '움직임과 소리'에 응답할 수 있게 되는 것이다. 이러한 과정에서는 또한 어머니가 유아의 동작과 조화를 맞추기 위해서 목소리를 이용할 수도 있다. 어머니는 언어나 그 밖의 것을 이용하는 동작에 반응을 보임으로써, 유아가 표현하는 자아의 감정과 힘에 대한 감각을 용이하게 할 수 있다. 말과 동작을 결합시키는 이러한 과정이 특히 유아와의 작업에 있어서 무용 · 동작 심리치료를 부각시켜 주는 결정적인 요소이긴 하지만, 그것은 성인들과의 작업에서도 마찬가지다. 아이의 '가르릉' 대는 소리나 옹얼거림은 언어나 그 외의 것들에 반응을 보이기 때문에, 어머니와 아이가 갖는 초기의 의사소통을 원활하게 해 준다. 뿐만 아니라 이러한 과정은 아이가 초기에 가지게 되는 자아라는 감정을 밖으로 드러나게 해 줄 수도 있다(Winnicott, 1971). '조화를 이루는 상호작용'의 결핍 혹은 불우하거나 장애가 있는 어머니들이 이러한 언어적 · 비언어적 과정에서 장애를 일으키는 것 등이 유아의 성장발달을 지연시키는 원인일지도 모른다(Fish, 1975).

4. 신체상

동작에 있어서의 또 다른 중요한 심리 분석적 · 정신의학적 이론가는 파울 쉴더(Paul Schilder)인데, 그는『인간신체의 이미지와 모습(The Image and Appearance of the Human Body)』이라는 타이틀을 가지고 있는 무용 · 동작 심리치료에 상당한 비중을 차지하는 저서를 저술하였다(Schilder, 1950). 그는 또한『정신병에 관하여(On Psychoes)』라는 제목의 책도 저술하였다(Schilder, 1986). 이 책에서 그는 우리가 마음속에 형성하는 신체에 대한 정신적 그림인 신체상을 우리 모두가 가지고 있다고 가정했다. 이러한 이미지에 대한 왜곡은 거식증에서 볼 수 있는데, 거식증 환자는 실제로는 전혀 비만이 아닌데 자신이 너무 뚱뚱하다고 느끼고 있으며 그것은 종종 신체적으로 발산이 된다. 쉴더는 동작이 신체상을 바꾸게 할 수 있는 방법들 중의 하나라고 생각했다. 그는 '무용 · 동작이 신체상을 느슨하게 하고 변화시키도록 해 준다'라고 말했는데, 그것은 다음과 같은 이유 때문에 더욱 중요하다.

신체상과 심리적 태도

신체상을 느슨하게 하는 것이 특정한 심리적 태도를 가져온다는 사실은 의심할 여지가 없다. 따라서 동작은 신체상에 영향을 미치며, 신체상에 대한 변화에서 심리적 태도의 변화로까지 이끌어 준다(Schilder, 1950).

이러한 이론은 무용 · 동작 심리치료에서 동작이 가지는 심리 치료적 가치를 더욱 부각시켜 준다. 케스틴버그, 밋텔만, 도쉬 그리고 쉴더의 저서들이 보여 주고 있는 것처럼, 동작을 증거로써 간주하는 심리 분석적 개념들은 그 양이 무척 많다. 이러한 것 중에서 가장 중요한 것은 성장발달단계, 방어, 동일화, 그리고 상징적 의사소통이라 할 수 있다. 이처럼 그 개념들이 아주 다양하기 때문에, 그것들을 처음 접하면 동작이라는 것이 심리분석가들의 생각에 대한 증거를 '보여 주기' 위한 과도한 욕구를 반영하고 있는 하나의 스크린이 아닌가하고 의심하게 될지도 모른다. 실제로, 그러한 다양성은 자신들이 연구하고 있는 동작 행위의 단위들을 체계화시키지 못한 심리분석 연구가들의 하나의 자구책에 불과하다. 예를 들어, 상징적인 제스처는 일시적일지도 모르는 반면에, 어떤 성장 유형은 몇 년 동안 지속될 수도 있는 것이다. 이것은 그들의 가정설이 타당하지 않거나 비교될 수 없다는 것을 뜻하는 것은 아니지만, 이러한 가정들을 뒷받침해 주기 위해서는 더 많은 실험적 증거들이 요구된다. 뿐만 아니라 무용·동작 심리치료사들은 그 임상적 배경과 그들이 사용하고 있는 동작에 대해서 신중하게 연구해야만 하며, 이처럼 너무나 많은 종류의 동작 의미들을 동시에 판독하려고 해서는 안 된다. 무용·동작 심리치료사는 비디오테이프를 이용해서 수업을 하거나, 특징적인 무용·동작 심리치료를 참조한다든지, 혹은 동작 분석 전문가를 고용한다든지 함으로써, 임상적 작업을 풍요롭게 해 주는 적절한 심리 분석적 동작연구를 도입할 수 있을 것이다. 어쨌든 간에 환자의 필수적인 욕구들에 대해서 임상적 초점을 맞추는 것이 중요하다고 하겠다.

5. 비언어적 의사소통에 관한 연구

발전적 신체 동작에 대한 심리 분석적 이해와 동작에서의 에포트 특성들에 대한 심리적 연관성들 외에도, 동작과 그것을 사용할 때의 원리에 대한 이해는 비언어적 의사소통연구에 기초하고 있다(Weitz, 1979). 예를 들어, 비언어적 의사소통은 일치와 같은 개념들을 가지고 있는, 상호작용에서의 동작의 역할을 설명해 준다. 무용·동작 심리치료에 적절한 비언어 의사소통에 관한 연구는 알버트 쉐프린(Albert Scheflen), 레이 버드위스텔(Ray Birdwhistell), 아담 켄던(Adam Kendon), 마사 데이비스(Martha Davis)와 그 밖의 많은 사람의 작업에 기초하고 있다. 이 두 가지 개념들은 무용·동작 심리치료에 사용되는 기본적 요소로써, 비언어 의사소통적 통찰력이라 할 수 있다.

상호반응적 일치는 청중의 동작이 스피커에서 흘러나오는 목소리와 리드미컬하게 일치할 때의 상황에서 알 수 있다. 신체적 자세, 에포트적 요소들, 그리고 제스처가 일치하는 현상이 청중과 화자 간의 유형들에서 나타날 수도 있는데, 그것은 각각 상관이 없는 두 사람이 서로 반대편에서 의사소통을 하고 있음을 알게 해 주는 어떠한 방식을 마련해 준다. 우리는 그들의 상호반응적 특성에 대한 어떤 것을 결론 내릴 수 있다. 아마도 그들은 동의하지 못하는 지점에 이르기까지는 아주 일치된 상태를 보여 줄 것이며, 그 지점이 이르면 어떤 수준에서 그들의 일치가 깨어져 각각 다른 스타일들로 되돌아가게 될 것이다. 켄돈(1979)은 다음과 같이 말했다.

> 동작에 수반되는 율동감은 상호반응의 시작과 끝부분에서 가장 현저하게 나타난다. 다른 사람과 함께 '움직이는 것'은 개인이 자신의 태도와 기대 안에서 다른 누군가와 '함께' 있음을 보여 주는 것이다. 상호반응에서 동작이 조화를 이루는 것은 두 사람이 서로에 대해 '개방적'임을 나타내 주는 방식 중의 하나이므로 커다란 중요성을 가지고 있을지도 모른다.

반영의 상호작용

의사소통에서 일치가 행하는 역할에 대한 이론들은 체이스의 반영기법의 효율성을 부각시킨다. 좁은 범위에서 이러한 현상을 탐구하고 있는 비언어 의사소통에 관한 연구는 광범위한 수준에서 환자들과 일치하는 치료사의 동작이 환자들로 하여금 치료사가 자신들의 의사소통을 이해하고 있다는 감정들을 쉽게 느끼게 해 준다는 견해를 뒷받침한다.

무용 · 동작 심리치료 상호반응에서의 일치와 반영효과의 특징은 다른 사람의 행위를 단순히 '모방'하는 것이 아니라, 다양한 동작 요소들에 나타나는 복잡한 변동들에 대한 어떤 시스템을 구성하는 것이다. 이것은 치료사가 환자의 동작들을 반영하고 있음을 의미한다. 일치에 관한 무용 · 동작 심리치료연구는 환자들은 치료사의 동작과 자신들의 동작이 일치될 때에 보다 감정이입이 잘 이루어지는 것으로 받아들인다는 사실을 보여 준다(Fraenkel, 1983).

무용 · 동작 심리치료에서, 치료사는 환자들 자신의 동작 스타일을 유지해 나가면서 행하고 있는 어떤 동작들을 그대로 비춰 준다. 이것은 환자들이 치료사의 동작을 그들 자신에 대한 모방이 아닌, 하나의 공감으로써 받아들이고 있음을 의미한다. 따라서 무용 · 동작 심리치료사는 그들 자신의 에포트 형태들을 인식하는 법을 배워야 하는데, 그들은 동작을 활발하게 비춰주면서 광범위한 경험을 얻게 된다. 그들은 또한 동작의 몇몇 요소들이 움츠려 들거나 변함으로 인해서 상호반응적 일치가 어떤 식으로 미묘하게 깨어져 나가는지를 알아야 한다. 끝으로, 치료사들은 환자들에게서 나타나는 비언어적 신호들을 판독할 수 있어야 하는데, 그것은 동작의 상호반응에 대한 환자들의 반응들을 시사해 준다.

말없이 동작만으로 '의사소통'을 할 수 있는 능력은 치료사로 하여금 환자들이 동작에 나타나는 상징적 의사소통들을 해석할 수 있게 해 줄 뿐만 아니라(이것은 무용 · 동작 심리치료법에서 핵심적인 요소임), 언어에 있어서 비뚤어진 의사소통양식을 보여주는 환자들과도 접촉할 수 있도록 해 준다. 이것이 어떤 마술적 과정이라고 가정해서는 결코 안 된다. 그보다는 무용 · 동작 심리치료가 비언어적 의사소통이론과 무용 · 동작 심리치료의 치료적 목적들을 뒷받침해 주고 있는 연구를 도입함으로써(발전적 신체동작과 일상적인 의사소통행위의 비언어적 일치 등), 비언어적 의사소통에서 자연스럽게 일어나고 있는 현상을 다루고 있다고 생각하는 것이 바람직하다.

알버트 쉐프린의 작업은 사람들이 그룹에서 어떻게 연대감을 표현하고 있는지를 설명해 준다. 예를 들어, 그룹의 나머지 사람들에게 등을 보인 채로 눈을 맞추고 얼굴을 마주하며 함께 서 있는 두 사람은 모든 사람에게 그들이 나머지 사람들을 제외시키면서 어떤 토론을 하고 있다는 인상을 분명하게 준다. 얼굴을 마주하고 서 있는 것은 아주 친밀한 행위이며, 나란히 서 있는 것과는 질적으로 아주 다르다. 이러한 이유 때문에, 치료사는 개인의 환자들과 작업을 할 때 환자들과 마주하기보다는 일반적으로 옆쪽에서 움직이며 혹은 환자들이 자신들의 동작을 행할 때에 앉아서 이를 관찰한다.

그룹 멤버들의 연대감은 서로 시선을 맞추고 손과 팔을 잡고 웃으면서 동시에 끄덕이거나 흔드는 자세를 취할 때 나타나는 일치를 통해서 이루어진다(Scheflen & Scheflen, 1972). '형태'는 손과 팔 혹은 다리를 가지고서 동작단위들을 만드는 것으로써 정의되는데, 그것은 종종 어떠한 표현적인 특성을 지니게 된다. '자세'는 서 있을 때의 무게의 흐름이나 앉아 있을 때 의자에서의 위치의 변화 등과 같이 척추나 몸통을 통해서 시작하게 되는 어떤 단위의 동작이다. 자세의 변화는 일반적으로 대화에서의 주제가 변하고 있는 것이나 대화 중에 아주 획기적인 아이디어들이 도출되어지고 있다는 것을 시사해 주는 반면에, 제스처는 아이디어들, 이미지들, 문장들을 부연 설명해 주거나 특정한 말에다 의미를 부여하기 위해서 행해진다고 할 수 있다. 결론적으로, 그룹과 하나의 커플에 대해 설명하기 위해서 일치의 개념과 똑같은 개념이 사용되고 있다는 것을 알 수 있다.

쉐프린은 사람들의 비언어적 행위가 종종 그들의 말과 모순을 이룬다는 사실에 대해 흥미롭게 관찰했다. 이것은 누군가가 자신의 눈을 감은 채로, '네가 말하려는 것이 무언지 잘 알겠다.'라고 말할 때나, 혹은 누군가가 '주말이 아주 멋졌다.'라고 밝게 말하려고 애쓸 때, 의자에 푹 파묻혀서 의기소침한 표정으로 눈을 피하려 하는 경우로부터 알 수 있다. 이러한 모순은 동작이 말과 모순이 되는 어떠한 상징적 의사소통을 제공해 줄지도 모른다는 심리 분석적 견해를 입증해 주고 있다.

6. 동작에 대한 다문화적 견해

심리 분석적 접근, 비언어 의사소통, 동작에 대한 안무적 분석 외에 이러한 의미의 수준들과 관계가 있는 보다 넓은 지적인 탐구 분야가 있다. 게다가 동작연구에 대한 역사는 탐구의 방향들을 결정해 준다. 행동 생물학자들, 동물 심리학자들, 그리고 사회심리학자들은 동작 행위를 바라보는 데에서 영감을 얻었고, 그 사회적 · 표현적 기능은 다윈(Darwin)의 발견들에 기초했다.

노출, 성적인 면 그리고 사회현상에 대한 질문들을 포함하는 '신체'라는 주제는 심리 분석적이고 포스트 구조주의적인 지적 순환들 내에서 현재 유행하고 있다. 무용 · 동작 심리치료에서 신체를 가지고서 작업을 하는 치료사들에게 있어서는 신체적 경험과 표현에 대한 지적인 이론들과 자신들의 경험을 비교하는 것이 아이디어의 좋은 원천이 될 수도 있을 것이다.

지적인 중요성에 대한 최근의 저서는『무용에 대한 철학적 고찰로의 첫 단계(First Steps to a Philosophical Consideration of the Dance)』라는 제목을 가진 프랑시스 스파숏(Francis Sparshott)의 연구다. 이것은 예술과 미학의 철학에서부터 무용에 관한 고찰에 이르기까지 그 질문들을 확대시켜 준다 (Sparshott, 1988).

춤추고 있는 무용수의 경험과 새로운 동작을 창조해서 시범으로 보이는 것이 어떻게 해서 새로운 방식의 감정들을 야기할 수 있는지를 나타내 준다. 스파숏이 말했듯이, 동작이라는 신체적 경험은 '우리가 그 본질에 있어서 누구이고 무엇인가?'라는 통찰력을 우리에게 제공해 준다.

문화적 이해

무용 · 동작 심리치료사들이 자신들의 작업을 문화적인 공백 안에서 보지 않는 것 또한 중요하다. 간단히 말해서, 정신의학에서의 환자들과 치료진들은 무용이나 동작이 뜻하는 것에 대한 그들 자신의 문화적, 교육적 이해와 관련하여, '치료에 있어서의 무용과 동작'을 가지고서 치료사가 무엇을 의미하는지를 이해해야 할 필요가 있을 것이다. 무용에 대한 그들의 이해는 디스코장이나 나이트클럽에서 몸을 흔드는 것에서부터 학교에서 정규교육 과정을 밟은 훈련이나 체조에 이르기까지 그 범위가 무척 다양하다. 치료사는 신체적 훈련들이나 사교 무용과는 구별되는 표현적이고 창의적이며 즉흥적으로 행해지는 동작에 역점을 두어 표현해야만 하는데, 신체 훈련이나 사교 무용은 일반적인 예술치료법들과 무용 · 동작 심리치료에 익숙하지 않은 사람들에 의해서 무용 · 동작 심리치료에 가장 보편적으로 비교되어지는 두 가지 표현들이다.

비교적 어려운 접근법은 동작, 무용 그리고 신체에 대한 사회적 개념들에 관한 문화적, 인류학적 연구들에서 나타나고 있다. 에밀리 마틴(Emily Martin)의 페미니스트 연구인『신체 내의 여성(The Woman in the body)』은 신체에 대한 일반적인 문화적 태도들, 특히 월경, 임신, 폐경기에 대한 태도들이 여성들의 '노예근성'과는 별도로 자신들의 신체에 대한 여성들의 견해들에 어떻게 커다란 영향을 미치고 있는지에 대해서 설명하고 있다. 즉, 그들은 외부적 힘들에 의한 타락적이고 소모적이며 수동적인 조작 과정들에 자신들의 신체를 굴복시키라고 가르침을 받고 있다. 게다가 신체는 예상되는 행위에 대한 저항감들에 대한 목소리를 제시해 줄 수도 있지만, 이러한 것들은 종종 여성들의 권리에 대한 감정적인 말들로써 고찰되기보다는 여성들의 신체적 기능들과 연관된 문제점들로써 기각되어 버린다. 예를 들어, 마틴은 분노의 감정들이나 좌절감이 '생리 전의 긴장'으로써 치부되어 버리고 있다는 사실에 대해서 지적하고 있는데, 그것은 여자들의 감정을 단순한 심리적 요소로써 묵과해 버리고 그것이 실제로 여성이 갖게 되는 감정적인 삶과 연관이 없다고 치부해 버리는 문화적 방식이라고 할 수 있다(Martin 1989). 여성들의 신체와 월경, 임신, 폐경기의 과정들에 대해 보다 긍정적이며 타당성 있는 자세를 취할 때, 그것들을 어둡고 추악하고 신비로우며 위협적인 것으로 생각하는 문화적인 편견들을 제거해 나갈 수 있을 것이다.

문화적인 태도들은 사람들의 신체와 질병에 관한 감정들을 형성시켜 준다. 예를 들어, 정신질환자들은 종종 그들의 신체와 관계없는 감정들을 호소하고 있는데, 비록 환자들이 실제로는 단편적인 감정들이나 감정적인 마비에 대한 것들을 표현하기 위해서 그들의 신체를 사용하고 있을지도 모르지만, 이러한 현상은 걱정, 근심, 그리고 후회에 의해 수반될 수 있다. 더욱이 그들은 이 사회가 신체와 정신 간의 단절이 건강하지 못한 상태임을 암시하는 심상과 사고방식들을 지속적으로 제공해 주고 있다는 사실에 의해서 고통을 받고 있으며, 그들의 신체와 정신 간의 관계들에 대한 사회의 인식을 부끄러워하고 그것에 대해 죄책감을 느끼고 있다.

7. 몸의 에너지 체계

우리 몸의 에너지 체계는 늘 유동적이다. 동양에서는 지구에너지와 인간의 몸과는 깊은 상관관계가 있다고 생각해 왔다. 우리의 몸에는 신경, 호르몬, 감정과 밀접히 연결된 경락과 중심 에너지가 있는데, 중심점의 위치는 몸의 신경 내분비 면역 시스템과 같아서 에너지와 몸을 연결시킨다. 중심점은 일곱 군데의 에너지 중심점이 있으며, 각각의 중심점은 신체기관과 감정 상태에 긴밀하게 관련되어, 생각이나 느낌에 따라 강해질 수도 있고 약해질 수도 있다. 중심점의 위치와 이름은 문화권마다 다른데 일곱 중심점을 무지개 색깔로 구별하기도 하고, 몸의 위치로도 구별한다.

노만 쉘리(Norman Shealy)와 크리스티안 노스럽(Christian Northrup)은 일곱 단계 중 중심점 1을 땅과 발, 척추, 직장, 대퇴관절에 두고 세상에 대한 안전감 소속에 두고 있다.

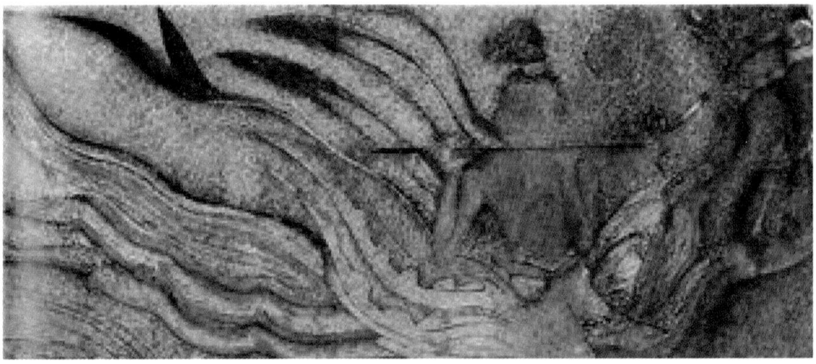

- 중심점 1: 직장, 대퇴관절 등 면역체계
  - 안전감은 어린 시절에 결정된다.
  - 원형적인 상처와 관련(어린 시절의 학대와 소외)

- 중심점 2: 골반, 자궁, 방광, 난소 등의 생식기관
  - 인간관계의 신뢰감, 억압, 죄책감, 그러나 창조적인 영역

- 중심점 3: 담낭, 간, 췌장, 위, 소장 기관
  - 자존심, 자존감, 자긍심과 관계되며 성취욕과 열등감, 책임감(자긍심과 개인의 힘)

- 중심점 4: 심장, 유방, 허파, 늑골, 어깨기관
  - 솔직하게 감정을 표현하는 능력, 진정한 인간관계, 균형감각(한편 중심점 2와 4는 상관관계가 있다), 사랑의 에너지

- 중심점 5: 목, 입, 이, 잇몸, 갑상선, 기도, 목뼈

- 커뮤니케이션, 기회포착, 의지력과 관계

• 중심점 6: 양미간, 귀, 코, 뇌, 시력, 뇌종양, 신경계 장애 등

• 중심점 7: 정수리 근처
  - 삶의 원대한 목표, 신앙, 가치관, 양심, 용기, 휴머니즘과 관계(도덕과 양심, 우주관)

노스럽은 연구보고에서 몸의 어떤 부위에 질병이 생기는 이면에는 심리적 의미가 있고 몸의 위치마다 감정적인 형태가 다르며, 우리 몸에서 생성되고 활동하는 역동적인 에너지를 이해할 때 긍정적, 부정적 에너지가 우리 몸에서 어떻게 나타나는지 알 수 있다고 하였다. 즉, 진정한 치유는 자신 몸 안의 에너지 흐름을 이해해야 하고, 현재를 살아야 한다. 지금 여기의 삶을 살 때, 통합된 몸과 마음을 가질 수 있다.

제10장

동작 관찰과 분석체계

1. 라반의 에포트 요소

루돌프 라반(Rudolf Laban, 1879~1958)은 'Laban의 기호법(Labanotation)'을 포함한 여러 가지 무용 기호법들을 발전시켰다(Laban, 1948). 그는 또한 무용이론, 구성, 그리고 '공간의 조화'에 관심을 가지고 있었는데, 그것은 음악 화성이론과 아주 유사하며 동작에서의 공간적 유형들에 대한 체제를 묘사해 주고 있다.

루돌프 라반에 의해 발전된 에포트 분석 시스템은 무용·동작 심리치료사들에게 있어서는 아주 중요한 요소다. 동작의 특성들을 상기시키는 속기가 있을 뿐만 아니라, 치료사가 환자의 동작 형태를 특징지어 주는 동작 특성들을 포착하고 기록하는 것을 용이하게 만들어 주는 부수적인 기호법도 있다. 하나의 동작은 그것이 수업 후에 치료사에 의해 상기되고 기록될 때에 그 심리학적 연관성들을 가지고서 연구될 수 있다. 많은 무용·동작 심리치료사는 만약 환자들이 녹화하는 데 있어서 동의를 표시한다면, 그들의 작업을 비디오테이프에 담아두는데, 그것은 치료사가 수업 후에 그 테이프를 분석할 수 있도록 해 준다.

에포트의 요소

라반이 '에포트(effort)'라는 용어를 선택한 것은 흥미롭다. 그것은 문자 그대로 '~를 향하여 이끌다'라는 뜻을 가지고 있으며, 기초적인 동작 특성을 나타낸다. '에포트'는 동작의 양적인 색조를 뜻한다. 에포트에는 다음과 같은 네 가지 '요소'들이 있다.

- 직접적이고 간접적인 공간
- 강하고 가벼운 중량
- 빠르고 갑작스러운 시간과 느리게 지속되는 시간
- 기초 흐름과 자유 흐름

동작을 표현해 주는 어떤 형용사라도 이렇게 단순해 보이는 용어들을 조화시키면 그 해석이 가능해진다. 예를 들어, '퍼덕거리는'이라는 형용사는 빠르고, 가볍고 간접적인 요소들을 결합시킨 것일 수도 있고, 또 '짓누르는'이라는 형용사는 지속적이고 강하며 직접적인 요소들과 결합시킬 수 있다. 흐름은 동작의 유연성과 지속적인 요소를 가리킨다. 예를 들어, 손짓하는 사람은 그의 친근한 손동작에서 빠르며, 간접적이고 가벼운 에포트의 특성들을 지닌 채 손을 흔들어 왔을지도 모른다. 만약 그의 손짓이 간절하고 확대된 의미를 담고 있다면, 그것은 지속적이고 간접적이며 가벼운 에포트들을 지니고 있을 것이다. 우호적인 손짓과 보다 우울한 손짓 간의 차이점은 시간이라는 에포트적 측면에 대한 그들의 자세에서 알 수 있다.

뿐만 아니라, 에포트의 요소들은 그 상태와 형태에서 유사점들을 가지고 있다. 공간은 늘어지거나 엇갈린 시간, 수직적인 무게, 수평적 상태와 연관이 있다. 형태는 신체가 동작을 할 때 공간을 얼마나 차지하고 있는지를 묘사해 주는데, 그것은 수평적 상태에서 확장되거나 수축되는 것, 수직적인 상태에서 확대되거나 움츠려 드는 것, 그리고 늘어진 상태에서 나아가거나 되돌아오는 것 등과는 상관없이 이루어진다. 형태는 공간을 통해 형성하고 신체의 입체적인 형태들을 창조하며 복잡한 방식으로 공간을 가로지르는 특성을 묘사해 준다(Davis, 1985). 대부분의 정상적인 동작은 형태와 에포트의 흐름에 대한 조화와 연속성을 가지고 있다. 건강한 동작은 유연하며, 동작의 표현과 과제에 적응할 수 있고, 에포트 형태의 조화들의 광범위한 범위를 포함할 수 있는 것으로서 정의된다.

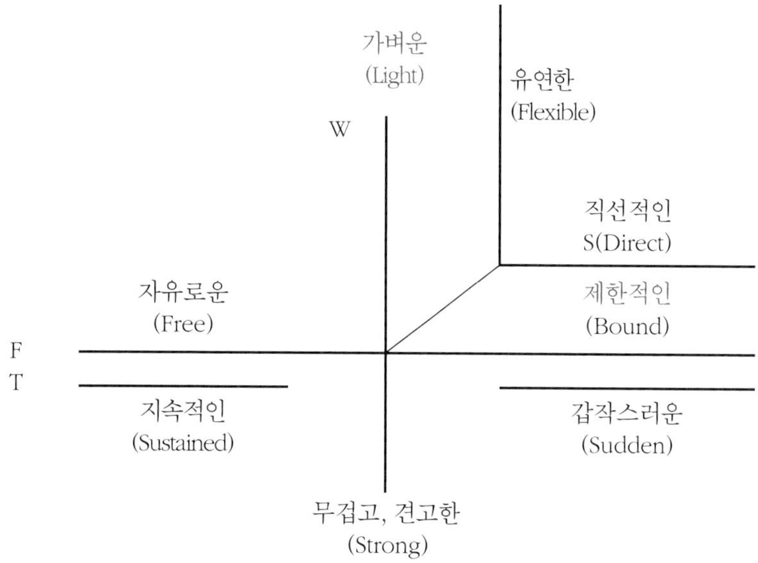

[그림 10-1] 여덟 가지 기본 에포트

2. 바르테니프의 에포트-형태의 연관성들

바르테니프는 각각의 에포트의 특성이 어떤 질문에 대한 답으로써 보일 수 있다고 설명하고 있다. 이것들은 각각의 에포트 요인들을 위해 인식된다.

무게

무게의 요소는 '무엇이 나의 충격이나 의도인가?' 하는 질문에 답해 준다. 무게는 나의 무게와 나 자신에 대해 느끼면서 그리고 강하거나 약한 충격을 만들어내면서, 의도적이거나 확신적 특성과 연관을 맺고 있다. '자신의 발을 아래로 두는' 행위나 혹은 '자신의 체중을 주변으로 내던지는' 행위는 발도장을 찍거나 마루에 자신의 발을 쿵쾅거리는 데 있어서 무게라는 강한 에포트적 특성을 사용하는 것을 의미한다. 가벼운 에포트를 사용하는 것은 아마도 잠자고 있는 아이를 깨우지 않기 위해서 조심스럽게 방을 가로질러 엉금엉금 기어 다닐 때와 같은 자신의 감각을 암시한다고 할 수 있을 것이다. 정신질환자들과 함께 하는 무용 · 동작 심리치료에서 무게라는 에포트를 사용하는 것은 거의 항상 방해를 받는다. 자아에 대한 감각이 부족한 환자들은 확신이나 감각을 사용할 수가 없다. 그들은 무게에 대한 핵심적인 자세를 가지지 못하고 있다고 말한다. 펄쩍 뛰거나 무릎을 굽히거나 약간 점프하거나 팔을 휘두르는 것과 같은 워밍업들은 모두 그러한 에포트를 통해서 자신의 무게감을 다시 얻을 기회를 갖게 해 주며, 따라서 환자는 다시 한번 자아 안에서 '자리 잡게' 될 수 있다.

공간

공간의 요소는 '내가 어떠한 방법으로 공간에 접근하고 있는가?' 라는 물음에 답해 준다. 공간은 직접적인 공간이나 간접적인 공간에 기초하면서, 사고라는 특성과 연관을 맺고 있다. 예를 들어, 잃어버린 동전을 찾고 있는 누군가는 제한된 반경이나 직접적인 공간적 에포트를 이용하면서 공간에 접근하게 된다. 그 반면에 누군가를 찾으며 혼잡한 방을 헤쳐나가는 어떤 사람은 넓은 반경이나 혹은 간접적인 공간적 에포트를 이용하면서 공간에 접근하게 되는 것이다. 여기서 '공간'이라는 용어는 공간에서 신체가 움직이는 특성을 언급하는 것이지 공간에서 팔다리를 조정하는 것이나 방 안에서의 신체적 위치를 말하는 것이 아니라는 사실을 기억하는 것이 중요하다.

시간

시간의 요소는 '내가 그 행위를 언제 완성해야만 하는가?' 라는 질문에 답해 준다. 이것은 돌진하거나 지체하면서, 결정, 긴박성 혹은 지속성에 대한 특징과 연관을 맺고 있다. 생각하고 나서 시간적 에포트를 이용하는 것은 막 떠나려는 버스 위로 뛰어들 때처럼 빠르고 결정적인 행위를 요구할지도 모른다. 그게 아니라면, 선물 가게에서 선물을 선택할 때와 같이 어떤 문제에 대한 느리고도 손쉬운 생각을 요구할 수도 있는데, 그것은 시간적 에포트에서 지속성을 동반하게 될 것이다.

흐름

흐름의 요소는 '내가 어떻게 동작을 계속해 나가고 있는가?' 라는 질문에 답해 준다. 흐름은 감정과 그 추이 과정의 특징, 혹은 어떻게 시작하고 어떻게 지속되고 있는지에 대한 것과 연관이 있다. 자유로운 흐름은 손쉽고도 지속적이며, 잠시 멈추었다가 다시 계속할 준비를 한다. 이와는 반대로, 구속된 흐름은 흐름을 통제하며, 내부에서 지속되고, 뒤로 움츠러들었다가 억제된다. 자유로운 흐름은 기뻐서 뱅글뱅글 도는 아이나 혹은 약간

술에 취해 깡충깡충 뛰는 사람에게서 볼 수 있는 지배적 요소다. 구속적인 흐름은 이와 대조적으로 공포로 인해 얼어붙거나 강한 감정을 억제하고 있을 때 볼 수 있는 요소다. 구속적인 흐름은 공간적 직접성과 가벼운 무게를 요구할 뿐만 아니라, 뜨거운 물이 가득 들어있는 컵을 흘리지 않고 운반해야 하는 사람에게 요구되는 요소이기도 하다.

신체발달과 에포트

각각의 에포트는 개인의 신체 동작 발달에 의해서 습득된다. 공간은 구강기(0~1세), 무게는 항문기(1~2세), 그리고 시간은 생식기(3~5세)에서 지배적이다. 그러한 에포트들은 잠재기 동안에 결합되어지고 사춘기 이후에 보다 성숙한 유형으로 재조정된다. 어떤 단계에서 해결되지 않는 성장적 이슈들은 그러한 에포트의 사용이 반복되거나 제한되어 있었다는 것을 의미한다.

이러한 에포트들은 항상 조화를 이루며 연속적으로 발생한다는 것을 기억하는 것이 중요하다. 직접적인 공간, 강한 무게 그리고 시간에서의 돌발성은 펀치를 하는 행위를 시사해 주는 반면에, 간접적인 공간, 가벼운 무게 그리고 시간에서의 지속성은 흐름의 결합을 시사해 준다. 기본적인 여덟 가지 에포트 결합으로는 흐름, 펀치, 미끄러지기, 돌진, 비틀기, 가볍게 두드리기, 찰싹 때리기, 누르기 등이 있다. 이것들은 스펙트럼에서의 주요 색상들과 같다. 그 사이 사이에서 생기는 그늘이나 어떤 하나의 결합에서 나타나는 요소들의 강도는 각각의 특징을 위해 어떤 행위를 수행할 것인가를 제시해 준다. 설사 두 사람이 거의 같은 방식으로 같은 동작을 한다 할지라도 그들 각각은 에포트의 요소들에 있어서 약간 다른 차이를 갖게 되는데, 그것은 같은 동작 행위 내에서도 개인의 기본적인 스타일이 존재하고 있음을 설명해 준다. 동작의 특성은 또한 동작에서의 각각 다른 에포트들과 각각 다른 특성들 사이로 전이해 나가는 방식에 의해서 결정된다.

에포트 분석과 바르테니프(Bartenieff)의 심리적 연관성들은 정신의학에서 여러 가지 방식들로 사용될 수 있다. 수업 후에 비디오테이프로 특징적인 동작이나 동작의 단면들을 보는 것도 가능한데, 이를 통해서 동작을 아주 정확하게 판독할 수 있으며, 환자에 대한 통찰력도 가지게 된다. 뿐만 아니라, 리더십을 행할 차례가 되었을 때 환자의 동작을 다시 볼 수도 있고, 수업 후에 기록하면서 그것이 어떤 형태인지를 기억함으로써 동작을 재통합할 수도 있다. 예를 들어, 거식증 증상을 갖고 있는 어떤 젊은 여자 환자는 그룹 동작에서 자신의 차례가 되었을 때 팔을 올리고 천장을 바라보며 누더기 인형처럼 뚜벅뚜벅 걸어나갔다. 그녀는 이것을 '벌렁 나자빠지기'라고 불렀는데, 그녀는 자신이 하루 종일 그 동작을 할 수 있으며 그것이 매우 쉽다고 말했다. 그룹은 자기 자신에 대한 자신감과 확신을 더 많이 가질 수 있는 방법, 추락 그리고 지지에 대한 필요성 등에 관하여 이야기했다. 그 동작의 '특성'은 바르테니프의 설명적 틀을 이용하여, 그것이 공간적 직접성, 구속적인 흐름, 감소되는 속력 등을 선호하며 무게의 요소를 배제시키고 있음을 보여 주었다. 라반의 최초의 에포트 분석은 랩(Lamb)과 노쓰(North)에 의해서 발견되어졌는데, 램은 라반의 학생이었으며 노쓰는 '에포트 분석'이라고 알려진 해석에 대한 복잡한 이론들을 확장시켰다. 노쓰의 작업은 각각의 동작 역학과 인격 사이의 연관성에 대해 라반이 제시했던 어떤 이론들을 입증해 주고 있다(Lamb & Turner, 1968; North, 1972). 에포트 분석의 미묘함과 복잡성은 노쓰의 저서인 『동작을 통한 인성 평가(Personality Assessment through Movement)』에서 설명된다(North, 1972). 이것은 그녀가 에포트 특성들의 결합들을 설명하기 위해 제시한 이론들을 묘사해 준다. 그녀는 절반 정도 조직화된 동작 수업에서 12명의 유아에 대한 에포트 분석과 다른 동작분석들을 시행했다. 동작 평가는 교사들의 평가와 비교되었으며, IQ를 포함하는 일련의 심리 테스트들에 답하고 있다.

동작을 통한 인성평가

그녀의 동작 평가들은 에포트 유형, 균형, 기민함, 대칭, 화술, 평면들, 그리고 사용되는 공간 등과 같은 측정기준들을 포함하고 있다. 그녀는 이것들에 기초하여 적응력, 욕구, 변화, 유추 능력, 창의력, 주의력, 권위에 대한 자세, 그리고 감정적 구조 등에 대한 심리적 해석들을 시행하였다. 그녀의 예상들은 아주 다양하였다. 노쓰의 실험 작업과, 에포트가 어떻게 해서 심리적 영역들에 대한 정보를 제공해 줄 수 있나 하는 것에 대한 이론적 분석은 라반이 만들어 낸 동작 분석에 잠재하고 있는 풍성한 연구과제를 설명해 준다(Davis, 1975).

3. 켄스틴버그 움직임 기구의 이해

KMP는 Kestenberg Movement Profile의 약자로서 인간의 비언어적 행동을 관찰하고 주시하고 해석하기 위한 기구다. KMP는 라반에게서 영향을 받은 시스템으로서 세련되고 새로운 범주의 발전적인 하부구조를 가지고 있는 라반 움직임 분석(LMA, Laban, 1948, 1960; Lamb, 1965)에서 그 영역이 확대된다. 이러한 이유로 KMP로서 진단, 치료계획, 그리고 다양한 층의 내담자들과의 중재 및 상호작용을 위해서 이용할 수 있다.

KMP는 역사적으로 볼 때 무용 · 동작 심리치료사들이 일찍이 1960년대부터 쥬디스 케스틴버그(Judith Kestenberg)와 함께 연구하였으며, 이러한 KMP는 아홉 개의 움직임의 양식 범주를 가지고 있고, 또한 두 가지의 전개 방향을 가지고 있다. 한 가지는 신체의 태도를 기술하는 것이며 또 다른 한 가지는 수적인 데이터다. 이 정보는 도표나 차트상에 나타나 있으며 이러한 것들은 실험대상의 윤곽에 관한 전체적인 모습을 보여 주는 것이다([그림 10-2] 참조). 여기에서는 KMP의 움직임 양식과 KMP 치료형태와 그 사용방법에 대하여 말하고자 하며, KMP가 무용 · 동작 심리치료사나 다른 사람들 간의 의사소통에 도움을 줄 수 있음을 설명하고자 한다.

1) KMP 아홉 개의 움직임 양식

KMP는 두 가지의 주요한 하부조직으로 양분되는데, 그 한 가지는 긴장-흐름 에포트, 혹은 시스템 1이라고 일컬어지며, 또 하나는 형태-흐름 구체화, 혹은 시스템 2로 불린다. 시스템 1은 프로필의 좌측면의 모든 도표들을 포함하고 있으며 시스템 2는 그 프로필의 우측면의 모든 도표를 포함하고 있다.

시스템 1은 태아와 신생아에게 유용한, 그리고 삶 전체에 지속적으로 걸친 움직임(긴장-흐름 리듬과 긴장-흐름의 속성)의 양식으로 시작하는 전개 방향을 구성하고 있으며 이것은 내부적 욕구와 감정과 필요를 기술하고 있다. 이 시스템은 환경의 도전(사전적인 노력)과 노력의 반응에 대해 반사적인 성인들의 양식으로 발전된다. 시스템 2는 사람과 사물들에 대한 관계를 다루면서 전개방향을 구성하고 있다. 차트의 가장 위쪽에 있는 도표인 양극성 형태-흐름과 단극성 형태-흐름은 태아와 신생아 및 그 후에 삶에 계속 이어지는 움직임의 양식을 보여 주고 있다. 이러한 도표들은 각각 대칭적이며 비대칭적이기도 한 신체의 확장과 수축에 대해 설명하고 있다. 형태-흐름 디자인은 일차적 구성 양식을 나타내며 수평적 형태는 하나 혹은 그 이상의 공간적 수준 내의 디자인을 보여 준다.

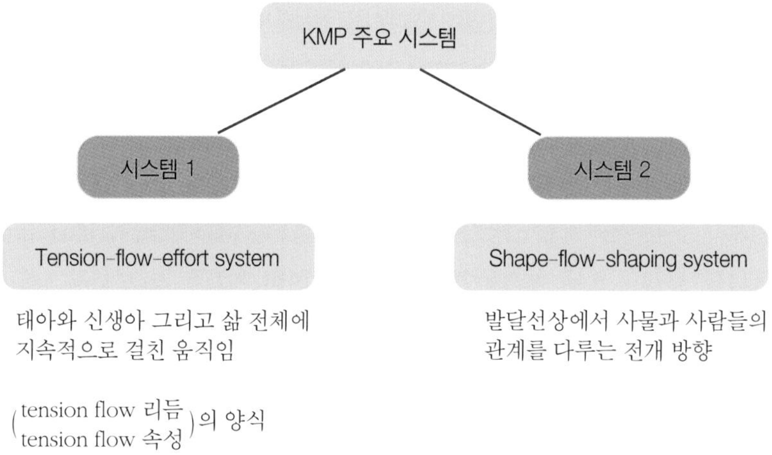

[그림 10-2] KMP 하부조직

심리학적인 측면에서 볼 때, 시스템 1은 자아발전의 방향을 기술하고 있으며 시스템 2는 사물과의 관계의 발전적인 방향을 묘사하고 있다. 시스템 2의 움직임 양식들은 시스템 1의 운동적인 양식들의 구조를 제공해 준다. 가능한 움직임 양식의 조합에는 다양한 것들이 있으며 이러한 것들은 유사성(양식들 사이의 훌륭한 적합체)과 혹은 상충성(서로를 지지해 주지 못하는 양식들)을 나타낸다.

심리적 움직임 도안

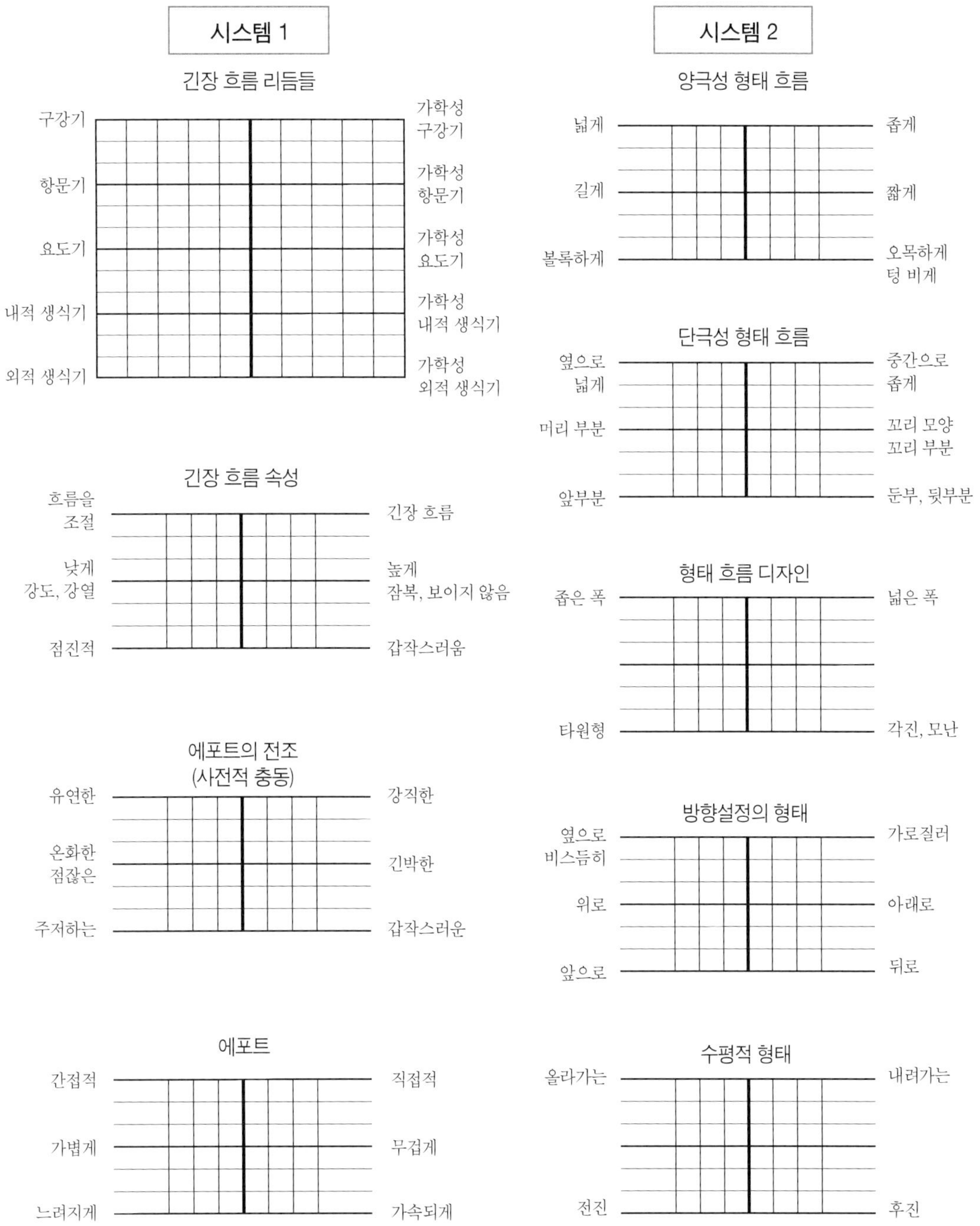

[그림 10-3] 심리적 움직임 도안

2) 시스템 1: 긴장–흐름–에포트 시스템(Tension–flow–effort system)

긴장-흐름은 근육 긴장의 흐름에서 교차로 정의되어 있는데, 근육의 긴장과 이완의 범위는 자유로운 흐름(비제한적인 대부분의 주동적 근육의 움직임)과 제한된 흐름(상당한 양의 반동적인 근육 관련체와 함께 제한적인 움직임)로 설명된다. 자유로운 흐름은 이완과 그 연속성(팔을 갑자기 뻗을 때 볼 수 있는 것처럼)과 일치하고, 제한된 흐름은 억제 및 비연속성(주먹을 꽉 쥘 때처럼)과 일치한다. 또한, 제한된 흐름은 위험과 주의를 표시하는 것에 대해서 발생하는데, 분명치 않은 긴장 흐름(neutral tension flow)은 근육 탄력성의 부족으로 인해 결국 절뚝거리게 되는 때나, 봉제 인형 타입의 움직임(free neutral flow) 혹은 가루 반죽처럼 물렁물렁하거나, 나무처럼 딱딱하거나, 자력으로 움직이지 못하는 타입의 움직임(bound neutral flow)이 있을 때 발생한다.

케스틴버그(1985a)에 따르면 긴장-흐름은 아래와 같이 정의되고 있다. 신체 긴장에 있어서의 지속적인 변화, 긴장-흐름의 근본적인 리듬은 자유로운 흐름의 긴장과 제한된 긴장의 흐름의 교차이며, 이것은 신경 자극의 용이성과 억제성을 반영하고 있다. 파장의 동조현상(Attunement)은 한 사람의 긴장-흐름의 변화가 결국에는 다른 사람들과 유사한 변화를 하게 될 때 발생한다. 감정이입은 긴장의 변화라는 개념에 기본을 두고 있다.

(1) 긴장-흐름 리듬(Tension flow rhythms)

긴장-흐름 리듬들은 규칙적으로, 혹은 비규칙적인 간격으로 발생하는 근육 긴장의 변화 양식이다. 이러한 리듬들은 10개의 발전적인 양식에서 관찰이 가능한데, 즉 빨아댈 때, 덥석 달려들어 물 때, 근육의 긴장 시에, 달릴 때, 멈추었다가 움직이기 시작할 때, 파동이 심할 때, 감정의 격동 시에, 점프할 때, 그리고 힘차게 달릴 때다. 그 리듬들은 마음껏 누릴 수 있는 것이거나 또는 호전적인 범주로서 나뉜다.

10가지의 리듬들은 모두 잠재적으로 유용한 것이며, 연령에 맞는 기능들을 제공하며 성인들의 움직임에 저변으로 남게 된다. 해석상에 있어서 특정한 긴장-흐름 리듬들을 욕망의 배출이나 필요의 충족이라는 특별한 양식과 관련되어 있다. 한 개인이 욕망이나 필요를 다룰 때 선호하는 방식은 그 개인의 주된 긴장-흐름 리듬에 반영되어 있다. 두 사람 혹은 더 많은 개인이 유사한 긴장-흐름 리듬을 공유할 때 감정이입적 통신이라는 핵심이 존재하게 된다.

긴장-흐름 리듬들은 일찍이 필요, 욕망, 감정 그리고 특정한 발달단계의 문제들이나 성취과업들을 반영하는데, 케스틴버그(1985a)는 각각의 리듬은 주요한 생물학적인 기능에서 유래된다고 믿고 있다. 리듬의 발달단계는 생리학적인 성숙과 심리적인 성숙 모두와 관련되어 있다. 예를 들어, 빨아 대기 리듬(sucking rhythm)은 영양분 섭취 시의 빨아 대기뿐만 아니라 자신을 위안시킬 때, 애정을 담아서 주먹으로 톡톡 칠 때, 끄덕거릴 때 그리고 흔들흔들할 때에도 이용될 수 있다. 잡아당기기 리듬(straining rhythm)은 배변(排便) 시의 전형적인 리듬이나, 이것은 기어오를 때, 바닥을 기어 다닐 때, 밀어댈 때, 그리고 앞으로 나아가는 동작을 취할 때 쓰이기도 한다. 이러한 리듬들은 근본적인 생리학적 리듬에서 유래하는 것이기 때문에, 한 개인의 긴장-흐름 리듬에 대해서 알고 있으면, 필요와 욕구, 성취되는 발전적 단계, 고정적인 혹은 퇴행적인 수준, 그리고 호전적인 성질에 탐닉하게 되는 비율에 관한 정보를 받을 수 있다. 두 개 혹은 그 이상의 긴장-흐름 리듬도 표를 비교해 봄으로써(예를 들어, 어머니와 아이의) 필요 수준의 상호작용에 있어서 나타날 수 있는 비교적인 동조와 (혹은) 상충에 관한 단서를 제공한다.

(2) 긴장-흐름의 속성(Tension flow attributes)

긴장-흐름의 속성은 근육 긴장의 탄력성(bound flow와 free flow)과 움직임의 연속성 및 비연속성으로 들 수 있다. 이러한 것들이 긴장의 흐름을 통제하며 기쁨과 안정(편안함), 그리고 불쾌함과 위험(주의)이라는 더욱 구체적인 감정에서 발생한다. 긴장-흐름에서 선호되는 양식들은 인간 본성의 근저다(Kestenberg & Sossin, 1979). 긴장-흐름의 속성은 감정의 수준과 필요를 표현하는 기능을 하며 한 개인의 성질을 반영하고 주의 환기 혹은 비활동이라는 특성을 반영한다(Sossin & Loman, 1992).

애정의 비언어적인 측면에 주의함으로써 무용 · 동작 심리치료사들은 내담자의 감정이나 성질의 구체적인 것들을 측정하는 데 확신을 가질 수 있게 되고, 무용 · 동작 심리치료사 자신들의 긴장-흐름의 속성 선호 정도가 치료과정 중에 개입되기도 한다. 이들은 자신들이 더욱 쉽게 동조시킬 수 있는 내담자들에게 영향을 줄 수 있다. 동조(Attunement)의 불일치는 특히 치료의 초기에 신뢰를 형성하는 단계에서 내담자와의 접촉, 이해의 증진 및 공감대 형성을 방해할 수도 있다. 무용 · 동작 심리치료사들이 모든 속성에 대해서 인지하고 파악할 수 있어서 내담자가 어떠한 심리상태를 표출하더라도 접촉할 수 있도록 하는 것이 가장 이상적이다.

치료의 목적은 내담자의 긴장-흐름 속성들을 측정하는 데 기본을 둘 수 있다. 사람들이 행하는 자유로운 움직임과 제한적인 움직임의 비율은 그들이 얼마나 억제되어 있거나 혹은 부주의한지, 그리고 이들이 얼마나 불안하고 억눌림을 당하고 있는지에 관한 정보를 제공해 준다. 너무나 심한 억눌림은 기능에 방해요소가 되고, 너무 자유로운 움직임은 통제력의 결함을 예견할 수 있다. 건강한 기능은 제한적 흐름과 자유로운 흐름 사이의 운동 평형을 유지하게 해 주며, 따라서 대부분의 움직임은 두 극성 사이의 연속체에서 리듬을 타며 교차하게 된다. 다른 상대적인 징후적 성질로는 감정표현의 복잡성 혹은 단순성, 감정의 통제와 즉흥적 감정표현 사이의 비율, 그리고 생동감이 넘치는 움직임과 그렇지 않은 것의 성질에 관한 정보가 있다.

(3) 사전적 내적 충동(Precursors of effort)

누구나 새로운 일을, 혹은 불편한 일을 열심히 하려고 노력할 때에 그 초점은 그 개인 자신의 신체에 더욱 집중이 되며 장소, 일의 비중 혹은 시간에 대처하는 것보다 신체가 어떻게 기능할 것인가에 집중된다. 그러나 일단 하나의 행위를 익히게 되면, 에포트가 나타나게 되고 움직임은 더욱 효율적으로 일어나게 된다.

환자의 방어적인 거짓과 움직임을 습득하는 스타일을 측정함으로써 내부 역학, 발전적 수준, 진단, 기대 가능한 행동 그리고 발전된 대처행위의 잠재성에 관한 귀중한 단서를 얻게 된다. 사전적 내적 충동에 대해 알고 이것을 사용하는 것은 특히 단기간의 치료(그 환경상의 특성으로 인해서)에 있어서 유용한데, 이때의 측정과 간섭은 반드시 아주 빠르게 일어난다. 이와 더불어, 시간에 앞서는 것들을 이용함으로써 치료사들은 무의식과 의식과정을 연계하는 이러한 움직임의 성질들을 관찰하고, 모니터하고 작업할 수 있게 된다.

이러한 선구적인 것들을 이용함으로써 개인에게 유용한 필수적인 방어범위에까지 확대되는 새로운 움직임들을 이끌어낼 수도 있다. 이러한 예는 지나치게 공격적인 개인들에 있어서 상호작용 형성을 조성하기 위한 부드러움으로 작용할 수도 있고 치료사가 초점을 맞추기 위해 유용한 사전(事前)적인 것들을 에포트로 개발하기 위해 애를 쓸 수도 있다.

(4) 에포트(effort)

Laban(1947, 1960)의 정의에 따르면, 에포트란 공간, 일의 비중 그리고 시간이라는 현실에 맞서서 태도를 표현하는 움직임의 성질이다. 이러한 에포트는 물리적인 환경에 맞서는 데 이용된다. 개인들은 점진적으로 자신의 에포트 요소의 특징적인 분배를 개발하게 되는데, 에포트 요소의 발전 경향은 에포트의 특정한 사전적인 것으로 거슬러 올라갈 수도 있고, 심지어는 특정한 긴장-흐름의 속성의 양식으로 거슬러 올라갈 수도 있다. 개인은 움직임 양식의 성숙을 통해서 주위 환경에 대한 영향력을 가지게 된다. 성인들에게 무용·동작 심리치료에 쓰는 가치는 에포트의 이용에서 보여지는 바와 같이 운동적 움직임을 획득하기 위한 것이다. 미성숙한 성질을 더욱 성숙한 양식으로 개발하는 동안에 환자들에게 자기표현의 기회를 제공하는 것은 환자들이 추진력 통제, 대처행위, 그리고 사회적 기술이라는 목표들을 달성하는 데 도움을 준다.

3) 시스템 2: 형태-흐름 시스템(Shape-flow-shaping system)

형태-흐름은 신체의 하나 혹은 그 이상의 차원(폭, 길이 그리고 깊이)의 성장과 수축의 교차에 관여한다. 다양한 신체의 모양은 자신과 환경과의 애정 깊은 관계에 대한 변화를 표출하는 데 이용된다. 사람들은 일반적인 환경 조건(공기, 온도, 빛 등)에 대하여 모양(shape)의 균형적인(양극성의) 변화로서 반응하며 개별적인 자극들에 대하여 비균형적인(단극성의) 모양의(shape) 변화로서 반응한다.

'수축' 시에 있어서 사람들은 자신의 신체의 외적인 부분을 그 내부로 끌어당겨 내적으로 잡아당기는 힘을 느끼며 이때에는 신체가 환경에 노출되는 것을 감소시키게 된다. '성장' 시에서는 사람들은 신체의 바깥으로 확장되는 외적으로 끌어당기는 힘을 느끼게 되며 이때 환경에 대한 노출을 증가시키게 된다. 케스틴버그(1985a)는 형태-흐름을 아래와 같이 정의하고 있다.

> 신체 모양 변화의 연속. 형태-흐름의 근본적인 리듬은 성장(흡입할 때와 웃을 때처럼)과 수축(배출 시와 찡그릴 때처럼)의 교대이다. 호흡할 때의 리듬은 신체의 모양을 부여하는 주요한 핵심적 역학이다. …… 표현을 하기 위한 움직임은 호흡 변화의 파생적인 것 혹은 그 직접적으로 표출되는 것에 기본을 둔다. …… 신뢰와 불신의 범위는 좋은 것을 선택하고 나쁜 것을 배척하는 것에 기본을 두고 있다. 그러한 두 가지 사이의 적절한 균형은 자아와 타인에게 있어서 신뢰라는 감정을 유발시키게 된다.

(1) 양극성의 형태-흐름(Bipolar shape flow)

출생 후부터, 양극성의 형태-흐름은 자아의 감정표출 기능을 하여, 감정을 표면화시키는 비언어적인 매개체와 기쁨과 불쾌함에 관련된 기분을 제공하게 된다. 신체는 주위의 전체 환경에 대하여 수평적이고, 수직적인 움직임들을 확장시키고(성장시키고) 수축시킴으로 반응한다. 유아와 그 보호자는 형태-흐름 패턴을 공유함으로써 서로의 호흡작용과 접근 방식에 적응하는 것과 같은 상호작용을 통한 상호지지에 근본을 둔 관계로 발전시키게 된다. 신뢰는 양립적인 호흡리듬과 지지적인 접근방식에 내재하는 예측성에서 발전한다.

(2) 단극성의 형태-흐름(Unipolar shape flow)

단극성의 형태-흐름은 자궁부 내에 존재하기 시작하여 사람의 일생 동안에 걸치는 것으로 사람들에게 접근하여 불쾌하거나 유해한 접촉을 회피할 수 있는 원천을 제공해 준다. 이것은 의사소통과 상호작용적인 리듬의 근본적인 역할을 하며 또한 매력과 혐오의 중추적인 역할을 하기도 한다. 신체는 매력적이거나 혐오적일 수도 있고 실제적인 혹은 상상의 자극으로부터 회피하려 하며 이를 향해 나아가기도 한다. 사람들은 자신이 편안하다고 느껴질 때 성장하며 만족을 표현하여 다른 사람들과의 접촉을 증진시킨다. 신체가 고통과 불쾌한 감정에 반응할 때 축소현상은 관련성을 감소시킨다. 성장과 수축의 리듬은 비언어적인 상호작용의 형태를 형성하는 데에 도움을 준다. 단극성의 형태-흐름 양식을 통하여, 유아는 특정한 자극과 주위의 사람들에게 반응하여 비균형적으로 성장하거나 수축할 수 있고 유아는 확장과 축소의 형식을 통하여 성장함으로써 매력적인 상호작용을 취하며 축소함으로써 혐오스러운 상호작용을 취하게 된다. 단극성의 형태-흐름 양식은 상호 차별적인 구조를 제공하며 안전과 위험에 대한 감정의 반응을 제공한다.

(3) 형태-흐름 디자인(Shape flow design)

형태-흐름은 초기에는 편안함과 불편함이라는 감정들과 매력과 혐오라는 감정들에 기여하며 안전함과 지지라는 감정의 구조를 창조하게 된다. 형태-흐름 패턴은 인간관계에 대한 내부적인 감정을 표현하고 조직하게 되는 수단을 제공한다. 예를 들어, 사람들이 안전하다고 느낄 때, 이들은 자신 신체의 경계를 확장하며 '성장'하려는 경향이 있다. 반면에, 불안전한 환경에 처해 있어서 성장하는 것은 내부의 감정과 자신의 외적인 표출 사이의 충돌을 발생시키게 된다. 감정과 표현의 균형에 방해물이 있을 때는, 개인은 갈등적인 움직임의 양식을 행하게 하고 인간관계에서 자신의 필요와 감정을 효율적으로 의사소통 시키는 데 어려움을 가지게 된다.

(4) 방향 설정의 형태(Shaping in directions)

자신과 타인들과의 신체적 경계구역을 확장하는 것은 방향 설정의 형태를 통하여 이루어질 수 있다. 이러한 움직임들은 공간에 있는 사람들과 사물들을 연결하는 데 이용되며 자신을 방어할 때 쓰이는 방어적인 경계를 형성하는 데 이용되기도 한다. 자아 방어의 명확한 경계를 설정하는 능력은 단극성의 형태-흐름보다 훨씬 발전적으로 진보된 단계로 간주되고 있다. 예를 들어, 단극성의 수축에서는 개인은 단지 작아지게 되거나 위험한 환경 혹은 공격자로부터 움츠릴 수 있게 되지만 방향 설정의 형태를 사용함으로써 개인은 공격자로부터 신체를 방어할 수 있는 공간 속의 간격을 창출함으로써 신체를 방어할 수 있게 된다(즉, 위에서 때리는 것을 피하기 위해 팔을 들어 올리는 것).

(5) 수평적 형태(Shaping in planes)

인간의 상호관계에 있어서 가장 진보된 단계는 수평적 형태를 통해서 일어날 수 있다. 행위자는 수평적이고 수직적이며 화살촉 모양의 평면으로 조합되어 있는 공간을 만드는 오목하고 볼록한 다차원적인 형태들을 창출하게 된다. 수평적 형태는 공간을 설정하고 형태를 창출하는 타원형의 움직임을 수반한다. 이러한 것들은 상호작용의 3차원적인 측면을 보여주며 참가자들이 완전히 관여할 수 있게 하는 생동감 넘치는 대화에서 종종 보이곤 한다.

이러한 단계는 또한 발전적인 성숙을 반영하기도 한다. 한 살 때의 아이는 수평적인 평면적 공간에서 크고 작은 공간 지역을 탐구하는 것을 익히게 된다. 아이가 두 살로 접어들면서, 이들은 수직적 평면을 이용하여 기어오르거나 멈춰 서거나 똑바로 일어나 세상에 직면하게 된다. 세 살 때의 아이들은 요철의 평면에서 멈추었다가 달리곤 하는데 아이들은 자신들이 직면한 것에 대해 타협할 시간을 갖지도 않으며 들으려 하지도 않고, 말이 끝나기가 무섭게 어디론가 가고 없는 것이 그것이다.

4) 긴장-흐름과 형태-흐름의 조절

무용·동작 심리치료사들에 의해서 활용되는 비언어적인 개입의 기본적인 도구 중의 하나는 반영(mirroring)인데, 이것은 치료사와 환자 사이의 치료 관계에 관여하는 포괄적인 용어다. KMP는 치료사들이 긴장-흐름의 운동감각적인 치료와 형태-흐름의 조절을 통하여 반영하는 방법들을 세련되게 하는 지침을 제공하므로 이들에게 유용한 방법이라고 할 수 있다(Kestenberg, 1985a).

(1) 파장의 동조

파장의 동조(Attunement)란 근육 긴장의 변화를 반응적으로 복제하는 과정으로 상호 감정이입에 근본을 두고 있다. 신체의 형태는 꼭 같아야 할 필요성은 없다(Loman, 1991). 파장 동조(attunement) 치료사들은(attuner) 행위자의 물리적인 필요나 감정에 반응한다. '시각적 치료'는 행위자를 건드리지 않고 보기만 함으로써 이루어지기도 하는데 예를 들어, 만약 유아가 활발하게 발을 걷어찬다면, 치료사들은 자신의 손과 같은 신체 부위를 동시에 움직임으로써 이러한 움직임이 어떠한 느낌을 주는가를 규명할 수 있게 된다. 치료사가 자신의 발을 차야 할 필요는 없다(Loman, 1990). '접촉의 파장 동조'는 '시각적 파장 동조'와 유사성을 띠고 있으나 접촉이라는 복합적인 것을 수반한다. '접촉적 파장 동조'에 있어서, 치료사는 자신의 손을 행위자에게 올려놓고 그 손에서 느껴지는 긴장의 변화와 균형 맞출 수 있게 되며, 이때 행위자와 똑같은 리듬과 똑같은 긴장의 정도로 움직인다. 근육의 수축이나 이완에 있어서의 작은 변화를 제외하고는 아무런 움직임이 없을 수도 있고 치료 시에 움직임은 손에만 느껴질 수도 있고, 신체 전체에서 느낄 수도 있다. 감정이입적 파장 동조에 내재하는 다양한 변수와 감각적 조합들은 Stern(1985)에 의해서 각종 수단을 동원하는 종합적 '파장 동조(intermodal attunement)'라고 설명되는데, 그는 다음과 같이 말한다.

> 대부분의 혹은 모든 양식의 양상에서 공통적으로 수반되는 일부 성질들이 있는데, 이러한 것들에는 강도(intensity), 형태(shape), 시간 그리고 수(number)가 있다. 그러한 인식의 성질은 모든 감각 양식에 의해서 자극세계의 불변적인 성질로부터 추출될 수 있으며, 다른 인식의 양식으로서 형식이 바뀔 수 있다. 예를 들어, '길고 짧은' 리듬과 같은 것은 시각, 청각, 후각, 촉각 혹은 미각으로 이전될 수도 있으며, 여기에서 추출될 수도 있다.

시각, 촉각 혹은 청각 · 목소리 · 언어적인 치료로 반응함으로써 화가 난 아이나 어른들을 진정시키고 결국에는 상호이해의 단계로 이끌어 낼 수가 있다. 행위자에 의해서 표출되는 긴장의 정도는 초기에는 적합하게 될 수 있으며 그 후에는 덜 긴장된 상태로 발달하여 더욱 안정적인 양상으로 전개해 나간다(Loman, 1980). 울고 있는 유아는 부드러움이라는 성질의 양극적 대립보다는 자신의 리듬과 강도의 수준이 적합하게 될 때 잘 반응하게 된다.

(2) 조절

조절 작용은 호흡의 리듬을 통제하는 움직임의 패턴을 개별적으로 복제하는 과정으로 이것은 상호신뢰에 바탕을 두고 있다. 여기에서 긴장의 변화는 적합화될 필요가 없다. 그러한 성질들을 구별하는 것은(긴장-흐름 혹은 형태-흐름에 대한) 반응 작용을 거치며 치료과정을 증진시킨다. 치료사는 환자의 움직임을 치료하고 근육의 긴장을 공유함으로써 감정이입의 지지를 제공하고, 또한 환자의 신체형태를 조절하게 된다(실제적인 어머니의 물리적인 지지를 상징한다). 그리고 이것은 환자가 치료과정에 더욱 편안하게 적응할 수 있도록 신뢰할 만하고 예측 가능한 관계를 증진시키기도 한다.

치료사들이 신체의 형태만 어울리게 하고 그 운동역학은 고려하지 않을 때 감정의 구조는 조절되지만, 그 감정 자체는 조절되지 못한다(예: 파장의 동조가 없는 조절). 또한, 치료사들은 감정이입과 이해도로 의사소통하기를 원할 뿐 아니라 지지와 구조, 그리고 확신으로 의사소통하기를 원한다(Sossin & Loman, 1992).

무용·동작 심리치료사들은 이론적으로나 실제적으로 '반영(mirroring)'이라는 더욱 일반적인 개념을 확고하게 하는 데 도움을 주는 긴장-흐름 파장 동조와 형태-흐름 조절과 같은 KMP 개념을 익힘으로써 자신들의 개입이 효율적인 것인가 그렇지 않은 것인가에 관한 실마리를 풀기 시작했다. 자신의 형태-흐름과 긴장-흐름 움직임의 선호도를 잘 알고 있는 무용·동작 심리치료사들은 더욱 명확하게 치료에 관계된 과정에 착수할 수 있다. 그러나 치료사들은 그 자신들만의 움직임에 대한 선호도를 가지고 있으며, 이러한 것은 좋을 수도 있으나, 그들이 작업하고 있는 사람들의 움직임의 패턴과 충돌할 수도 있고 때때로 일부 환자들에게 파장을 동조하는 것이 특별히 어려울 때가 있다.

생기와 욕망, 무기력함, 부자연스러움과 멍한 상태로 특징지어지는 중립적인 흐름을 과도하게 표출하는 환자들은 치료사들의 수단에 도전할지도 모르는데, 그 이유는 표출되는 움직임은 극도로 미약하기 때문이다(Sossin & Loman, 1992). 그러나 KMP의 구조는 불쾌한 욕망, 수동성, 그리고 겉보기에 치료사들이 받아들일 수 없고 이해하기 어려운 움직임의 부재를 만들어 낼 수 있다. 이것이 '치료사들이 불연속적인 기간으로부터 관계를 결합시키는 데 도움을 주는 중요한 책임이자 의무'로 남아 있기 때문에(Stiver, 1992: 6), 치료사들이 자기 자신의 억압뿐만 아니라 개인적인 움직임의 선호도에 대해서 깊이 알고 있는 것은 중요한 문제다. 이러한 자아의 감정이입과 구체화된 관계에 대한 의식을 인지하는 것은 종종 애매모호 하거나 갈등을 가지고 있는 감정의 상태를 창출시킬 수도 있고 표현할 수도 있는 도구로서의 기능을 하게 되는 것이다(Lewis, 1986). 그 무용 · 동작 심리치료사들은 환자의 변화를 어떻게 그리고 어디에 결합시키고, 구성하고 영향을 미칠 수 있는가에 관한 관찰된 단서들에 근거한 선택사항들을 만들어 낸다.

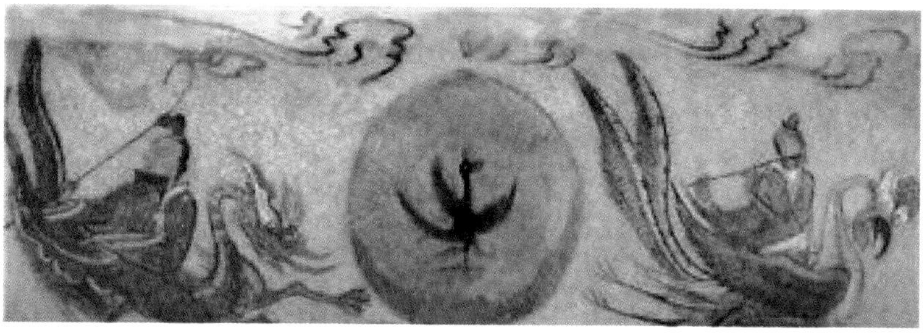

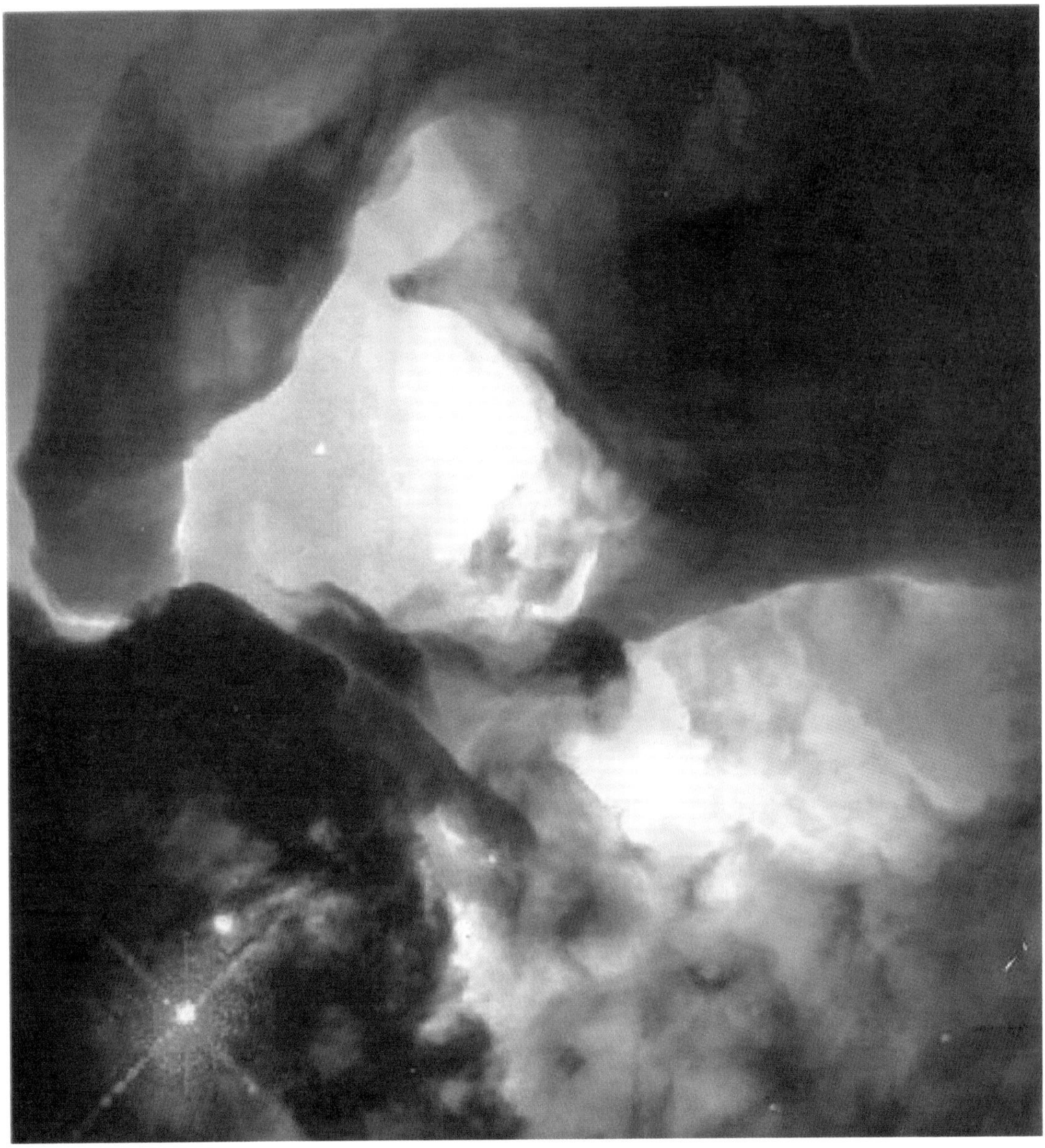

제11장

임상의 실제와 방법

1. 정신병의 다양한 치료적 접근 고찰

정신병은 그것을 이해하려고 시도하는 이론들과 심리 치료적 · 사회적 · 약리학적 접근법에서 설명되고 있듯이, 아주 특이하고도 복잡한 현상이다. 무용 · 동작 심리치료사들은 정신병에 관한 정신의학적 접근들의 전체적인 배경 안에서, 자신들이 그러한 작업을 어떻게 보고 있는가에 대한 비교적 명확한 개념을 가지고 있어야만 한다.

정신병에 관한 저널과 논문을 고찰해 본 적이 있는 사람이라면 누구나 그 주제에 관한 탐구영역들의 범위가 너무나 다양한 데에 놀랐을 것이다. 예를 들어, 신경학적, 유전학적, 생리학적, 사회학적, 정치적, 문화적, 문학적, 종교적, 미학적, 역사적 그리고 심리학적 견해들이 있는데, 그 자체에도 정신의학적, 비정신의학적, 심리 분석적, 심리 치료적, 실제적 그리고 인간적 영역들이 있다.

생리학적 견해들에 초점을 맞추고 있는 몇몇 정신의학자는 '정신병은 신체적 질병과 마찬가지로, 신경학적, 생리적, 심리적, 인류학적 과정들에 대한 복잡한 상호작용의 결과'라는 견해를 선호하고 있다. 이러한 견해를 받아들이면서, 그들은 질병에 대한 유전적이고 신경 화학적인 이유들을 찾아내려고 중점적으로 애쓰고 있다. 그들은 약리학적 접근법이 정신병의 증상들을 다루는 가장 좋은 방법이라고 믿는다(Trimble, 1981).

정신병의 견해

이러한 견해에 대한 엄격한 반대의견으로는, 정신병이 전혀 질병이 아니며, '그 전체적인 개념은 과학적인 가치가 없으며 사회적으로는 무해한 완전한 날조'라고 반박하는 비정신의학적 운동이 있다(Szasz, 1974). 비정신의학 학파는 정신병을 정치적 · 사회적으로 인류의 실재적인 고통을 거부하게끔 만들어진 사회적인 현실이라고 본다(Laing, 1975). 따라서 조현병과 같은 질병은 미친 사회에 대한 정상적인 반응으로써 간주될지도 모른다. 현실이나 자기 자신으로부터 분리된 감정은, 거대한 파괴력을 지닌 무기를 소지하고 있으며, 노동자와 생산자로 나뉘어 있고, 또 인간을 그들 자신들과 다른 사람들의 진실한 감정적 경험들로부터 분리시키는 가족 구조와 사회구조들을 합법적으로 인정하고 있는 이 사회 안에서는 어쩌면 당연한 것인지도 모른다(Laing, 1975). 치료에 대한 비정신의학적 접근법들은 장기 심리치료와 치료적 공동체들을 포함하고 있다.

대부분의 정신건강 전문가들은 이러한 두 가지 극단적 설명들 간에서 중도적인 견해를 취하고 있다. 이러한 모델 안에서는 정신병이 '복합적인 병인'을 가지고 있다고 간주되어 지는데, 유전학적, 신경학적 그리고 개인적, 심리적 감정을 초월하는 과정들, 가족, 사회, 그리고 정치적 환경이 모두 그 과정과 결과에 영향을 미치며, 정신병과 같은 성향을 만들어 내는데 있어서 큰 역할을 하고 있다고 할 수 있다.

약물 치료의 한계

이러한 중도적인 태도를 취한다면, 약물 치료가 그 자체만으로는 심각한 정신병을 치료하기에 충분하지 않다는 것이 명백하게 드러날 것이다. 약물 치료는 증상들을 감소시키는 생화학적인 변화들을 가져올 수는 있지만, 일상적인 감정적 · 가족적 삶이나 직장생활에 대처하도록 도와주지는 못할 것이다. 치료는 그 강도가 아무리 강하든 그 과정이 아무리 길든 간에 '대뇌 기능의 쇠퇴'에 의해서 생겨난 조현병의 성향에는 적합하지 못한 경향이 있다(Warner, 1987). 대부분의 정신의학 클리닉에서 실행되고 있는 현재 동향은 정신병에 대한 이러한 상호작용적 혹은 복합적인 모델에 기초하고 치료계획을 반영해 주고 있다. 환자들은 단기간이라도 약물 치료를 받게 되며, 개인적 심리치료를 위한 일반적인 최소의 자료들로 이끌어지게 될지도 모른다. 종종 환자의 가족이 치료에 포함되어 정신의학 치료진들과 한 번 이상의 회합을 가지게 될지도 모른다. 환자들은 자신의 개인적, 심리적 문제점들을 말할 수 있도록 의사나 간호사, 혹은 사회사업가들과 개인적으로 만남을 주선 받는 경우가 많다. 그들은 또한 개인적 기술들과 사회적 역할수행 능력을 향상시킬 수 있도록 그룹들에 참여하는 기회도 얻게 된다. 대부분의 지역사회 정신건강시설들에서 이용되는 이러한 일반적인 치료계획은 개인의 병에 대한 생화학적, 심리적, 가족적 그리고 개인적 영역들에 대해서 설명해 주고 있는 것 중의 하나라고 할 수 있다.

이러한 복합적인 접근법 내에는 정신병의 치료에 대한 심리치료적 아이디어들과 접근법들의 사용을 둘러싸고 있는 더 많은 충돌과 논쟁들이 있다. 고전적인 심리 분석적 치료가 심각한 정신병을 앓고 있는 사람들을 다루기에는 너무나 강력하며 위협적인 과정이라고 주장하는 아주 민감한 논쟁들도 있다(Malan, 1989).

변화된 정신치료

그러나 조현병에 대한 변용된 심리 치료적 치료에 착수하게 될 특수화된 개인 병동 시설들도 몇몇 있다. 어떤 병동은 정신의학적 모델들과 협력하여 일하고 약물 치료를 사용하지만, 또 다른 병동들은 비정신의학적 접근법에 기초를 두어 최소한의 치료 기간과 최소한의 약물을 사용하는 정신의학자들을 고용하고 있다.

이제까지는 환자가 하나의 개인으로서 가족과 사회적인 삶 안에서 역할수행을 해야 할 필요가 있었는데, 심리분석과 심리치료으로부터 도출된 그러한 몇몇 개념들과 기술들은 가능한 한 환자의 역할수행 능력을 높일 수 있도록 도와주는 데에 큰 역할을 했다. 문제는 '적절하면서도 환자 등을 압도하지 않는 방식으로 환자들과 일할 수 있도록 심리치료 아이디어들을 적용시킬 것이냐' 하는 것이다.

몇몇 종류의 심리 치료적 개입이 자살이나 폭력을 휘두를 수도 있는 심각한 정신질환자들과 부딪치게 될 수도 있으므로, 많은 사람이 정신의학에서의 어떤 치료적 작업이 가치를 가졌는지에 대해 의심을 가지고 있는 것도 놀라운 일이 아니다. 게다가 이용할 수 있는 많은 범위의 치료들이 있으므로, 정신의학치료진들이 자신들의 환자들을 어떤 '치료적' 그룹에 포함시킬 것인가를 결정할 때에 어려운 입장에 처하게 될지도 모른다. 이러한 문제점은 정신질환자들과의 작업에서 치료적 아이디어들을 이용하고 있는 많은 사람이 자신들의 특정한 이론들, 방법론들 그리고 목적들에 대한 집착을 설명하거나 정의를 내리는 것을 꺼려하고, 그 대신에 뜻을 제대로 알 수 없는 심리적인 특수 용어의 힘과 그 신비로움에 자기 자신을 가리기를 더 좋아하기 때문에 더욱 악화되고 있는 실정이다.

게다가 정신병에 대한 심리 치료적 접근법들의 효율성을 입증해 주는 믿을 만한 많은 연구 결과들이 있다. 공정한 최근의 연구는 단기간의 강력한 역학적 그룹심리치료 프로그램들(많은 가족치료가 기초하고 있는 일반적인 체계이론, 공동 만남, 분석적 그룹들, 형태 치료, 사이코 드라마, 비디오 피드백과 예술치료들)이 대다수의 환자의 경우에서는 정신의학단체에 대한 그들의 의존성을 감소시킬 수 없으며, 태도검사에 의해서 평가되어지는 자기만족에 있어서 상당한 변화를 보여 주고 있다고 말한다(Dick & Woof, 1986).

이러한 상황 안에서는 정신병으로 고통을 받고 있는 사람들에 대한 일반적인 예후가 다양하며, 우울증 환자가 조현병으로 진단을 받은 환자보다 더 많은 치료비를 물어야 한다는 것에 주의를 기울여야 할 필요가 있다. 치료를 받지 않았을 때에 우울증 증상 발현이 지속되는 기간은 6개월이나 그 이상이 될 수 있는데, 일반적으로는 그 이후에 증상들에 대한 완벽한 차도가 있으며 발병하기 이전의 역할수행 능력을 거의 되찾을 수 있다. 그러나 많은 비율을 차지하고 있는 몇몇 경우에서는, 증상 발현에 대한 어떤 증세들이 2년 가까이나 지속되는 경우도 있다(미국 정신의학협회, 1997). 조현병에 대한 연구들은 보다 비관적이다.

이러한 장애에 있어서 발병 이전의 역할수행 능력을 되찾기란 거의 어렵다. 완전한 차도들이 생겨날 수도 있지만, 그 비율에 대해서는 현재 논쟁이 일어나고 있다. 가장 보편적인 과정은 아마도 증상 발현들 간에 설명할 수 없는 심한 악화현상이 일어난다는 것이다. 그러나 조현병을 앓고 있는 많은 사람 중에서 설명할 수 없는 증상들(사회적 위축, 역할수행 능력의 전무 등)이 나중에 약화되었다는 어떤 증거들도 있다.

조현병

조현병에 한해서는, 발병 이전에 개인적으로나 사회적으로 역할수행 능력이 높았던 사람들이나 그 발병 시기가 돌발적이고 나이가 들어서 외부 생활의 스트레스로 인해 그 병이 발전된 사람의 경우에서는 좋은 예후가 생겨나게 되는 경향이 있다. 조현병의 과정들이나 결과들, 그리고 그 손상 정도에 있어서 사람마다 아주 큰 차이를 보이고 있다는 사실은 신경학적, 가족적, 사회적 요인들이 저마다 영향을 미치면서 각각 다른 유형들의 조현병의 증세를 만들어 내고 있을지도 모른다는 가정들을 뒷받침해 준다.

위에서 제시된 정보를 통해 우리는 상당수의 정신의학적 치료가 정신병을 '치료'하고 있다기보다는, 더 악화되는 몇몇 증상들을 완화시키고 개인이 완전한 역할수행을 할 수 있도록 가능한 체력유지에 도움을 주는 것을 그 목적으로 하고 있다는 사실을 분명히 알 수 있다. 정신병에 영향을 미치고 있는 유전학적 · 신경학적 요인들에 대해서 더 많이 알려지고, 보다 효율적인 약물 치료가 개발되기 전에는 심각한 정신질환자들과 함께 심리치료로 알려진 여러 가지 치료 작업을 하는 것이 상당한 심리적 통찰력을 용이하게 해 주고 그것을 후원해 주게 될 것이다.

2. 무용 · 동작 심리치료는 누구에게, 어떻게 하는가

무용 · 동작 심리치료는 자폐증, 우울증, 조현병으로 그와 유사한 장애들로 고생하고 있는 사람들뿐만 아니라 외부에서 일상적으로 마주치게 되는 많은 일반 사람에게도 적절하다. 1990년 후반부터, 서울에는 정신과 병원 외에, 정신과 환자를 위해 각 구청에 소속된 정신보건센터와 각 지역별 장애인 복지관의 무용 · 동작치료 프로그램이 늘어나고 있다. 지역사회 정신보건센터에서 제공되는 치료적 그룹들에 환자들이 선택되는 일상적인 절차는 각각의 센터에 대한 일반적인 정책기능의 과정이다. 정신보건센터 치료 프로그램을 만드는 데에 있어서, 그에 관계되는 정신의학자나 간호사는 분명히 환자에게 나타나는 문제점을 고찰하고, 단체가 제공해 주는 이용 가능한 많은 치료요소를 결합하여 이러한 문제점들을 표현할 수 있도록 노력해야 한다.

무용 · 동작 심리치료 그룹들이 가벼운 작업에서와 똑같은 양의 신체적 활동을 포함하고 있으며, 그룹 동작은 치료사가 이끄는 워밍업으로부터 출발하여, 일반적으로 어떤 원 안에 서 있는 환자들로서 이루어진다는 것을 이해하는 것이 도움이 될지도 모른다. 그 후에 각각의 환자들은 차례로 즉흥동작을 함으로써 그룹을 이끌게 된다. 수업은 그룹 동작들과 이미지들을 만들고, 전체적인 그룹에 두드러지게 나타나고 있는 감정 상태들에 대해 토의하는 것 등을 포함한다.

무용 · 동작 심리치료에서 나타나는 동작과 심상이 환자들로부터 시작된다는 것을 인식하는 것이 가장 중요하다. 환자들은 그룹을 위해 스스로 매주 소재를 제공하며, 그들은 무용 · 동작 심리치료사와 함께 개인적인 문제들에 대한 탐구의 깊이와 자기 노출에 대한 정도를 결정한다. 그들 자신의 개인적인 분노와 공격성에 대한 원천들과 그 대상들, 그리고 그룹 안에서나 바깥에서 보다 효율적인 삶을 살아갈 수 있는 방법들에 대해서 토의할 수 있을 것이다. 치료적 관계들과 심상을 수반한 동작의 배경 안에 있는 이러한 사례들은 최소한 환자들 대다수의 경우에서는 분노와 좌절감을 잘 통제하여 분출할 수 있도록 도와줄 것이다.

무용 · 동작 심리치료의 간접성

무용 · 동작 심리치료는 그것이 매주 같은 구조의 포맷 안에서 일어나는 반면에, 그 자체는 '간접적'이라는 것을 인식해야 할 필요가 있다. 동작과 분노의 심상을 가져오는 사람은 다름 아닌 환자다. 무용 · 동작 심리치료사가 문제를 가지고 오거나 소개해서는 안 되며, 미리 "오늘 우리는 분노의 감정들과 그것들을 다루는 방법에 대해 살펴볼 것입니다."라고 말하는 것도 바람직하지 않다.

그 후에 무용 · 동작 심리치료에 적합한 환자를 고찰하는 데 있어서, 공격적으로나 성적으로 행동하는 경향이 있거나 상상과 실제를 구별할 수 있는 능력이 거의 없는 환자들, 혹은 자기 통제력을 잃는 것에 대한 두려움 때문에 다른 사람들과 함께 행진하는 방식의 동작들을 하거나 원을 둘러싸고 서 있는 것 등에 위협을 느끼는 환자들 등 어떤 환자들이 무용 · 동작 심리치료 접근법으로부터 실제로 가장 도움을 많이 받게 될지를 예측하기란 어렵다. 일반적으로 창의적인 작품, 그림, 영화, 음악, 혹은 문학에 관심을 가지고 있는 사람들은 그룹이 제공해 주는 상징적이고 표현적인 기회들을 잘 이용할 수 있다. 추상적인 사고에 대해서 제한된 능력을 가지고 있는 환자들은 구체적인 수준의 동작에 집착하는 경향이 있지만, 이런 환자들도 자신들의 멤버십과 기여도를 인정해 주는 어떤 그룹의 일부분이 되기만 한다면 아주 많은 치료적 효과를 얻을 수 있다. 그들은 설사 자신들이 그 과정을 말로 표현할 수 없거나 감정적인 테마를 상징적으로 발전시키는 데 참여할 수 없다 할지라도, 다른 환자들의 표현적인 동작에 참가하는 것만으로도 어떤 효과를 거둘 수 있게 되는 것이다.

무용 · 동작 심리치료사는 다른 치료진들이 볼 수 있도록 무용 · 동작 심리치료 그룹의 실례를 비디오테이프에 담아서 올 수도 있고, 어떤 무용 · 동작 심리치료사들은 시간이 제한된 그룹의 과정(전형적으로 14회기)을 시작하기 전에 자신들과 더불어 그에 연관된 환자들이 그룹으로부터 혜택을 받을 수 있는 사람이 누구이며 누가 적절한지를 결정할 수 있도록 하기 위해서, 한두 개의 '개방' 그룹들을 운영할 것을 선택할 수도 있다. '그룹이 실제로 보다 탐구적인 그룹으로 발전하느냐, 아니면 특별히 체력유지에 유효한 그룹으로 이끌고 가느냐' 하는 것은 환자들의 즉각적인 욕구들과 무용 · 동작 심리치료사의 특별한 기술에 의존한다.

많은 사람은 무용 · 동작 심리치료이 상당한 접촉이나 혹은 마사지를 포함하고 있다고 생각하거나, 아니면 환자들의 성적, 공격적 충동들에 대한 분출을 충족시켜야만 한다고 생각한다. 분명히, 자신들이 선택한 어떤 스타일대로 동작을 일치시키면서 움직이고 있는 어떤 원 안에 서 있는 그룹 사람들은 디스코를 출 때처럼 성적 자극을 받을 수도 있고, 혹은 부족 춤의 스타일에서 볼 수 있듯이 공격적인 성향을 보이게 될지도 모른다. 만약 이런 유형의 동작이 통제가 되지 않거나 치료적인 역효과를 가지고 온다면, 그룹을 진정시키고 멈추게 할 수 있는 무용 · 동작 심리치료사의 책임이다.

치료사는 탄력이 있는 천이나 공 같은 소도구를 제공해 줌으로써 그룹의 동작 행위를 바꿀 수 있고, 아니면 어떤 동작의 요소를 직접 표현하게 하기보다는 어떤 놀이적인 요소로써 감정을 표현하도록 과장시킬 수도 있으며, 혹은 그 형태를 바꾸게 함으로써 안무에 있어서 그룹이 동작에 변화를 주도록 이끌 수도 있다.

리더십의 포맷 이용

환자들이 만약 어떠한 동작이 불편하다면, 그 동작을 멈추고 바꾸기 위해서 분담된 리더십의 포맷을 이용한다. 그들은 단순히 '통과'라고 할 수 있는데, 그러면 원 안에서 그들 옆에 서 있는 사람이 새로운 동작을 소개하게 된다. 그것은 지금 현재 사용되고 있던 동작의 특성을 연결시킨 것일 수도 있고 아니면 그에 답하는 형태의 동작이 될 수도 있다. 치료사는 또한 그룹의 불편함을 말하거나 아니면 지금 사용되는 동작이 성의 없게 행해지고 있다는 것을 표현함으로써, 동작의 특징을 바꾸게 할 수도 있다. 많은 동작이 가공의 인물들이나 장소들을 수반하면서 행해지고 있다는 사실은 또한 어떠한 요소를 내포하고 있다. 동작은 사람의 지위나 탐구적 특성, 혹은 연기적인 면을 지니고 있다는 생각이 항상 존재하고 있는 것이다. 만약 동작이 성적이거나 공격적인 성향을 지니게 된다면, 그것은 그룹에서의 다른 사람들을 향한 감정들을 직접적으로 표현한 것이 아니다.

동작이 강력한 도구가 되며, 그것이 도움을 줄 수도 있지만, 잠재적인 해를 줄 수도 있다는 사실은 의심할 여지가 없다. 분담된 리더십의 포맷들, 심상의 이용, 환자들과 무용 · 동작 심리치료사들 간의 치료적 관계들은 동작이 치료적 목표들에 적절한 하나의 방식으로써 이용되어지고 있다는 것을 보장해 주는 것이라고 할 수 있다. 정신과의 치료진은 그들 환자를 위해서 추천하고 있는 것에 대해 완전히 알아야 하며, 또 무용 · 동작 심리치료사와 치료진이 자신들 환자들의 안녕과 심리적인 안정을 보장해 주기 위해서 좋은 협력관계를 유지해야 한다는 사실을 자각하는 것은 중요하다. 창의적인 예술 접근법과 환자가 이끄는 소재에 대한 융통성이 주어진다면, 환자의 욕구들을 다양하게 펼쳐 나갈 수 있는 방법이 이용될 수 있다.

3. 무용 · 동작 심리치료의 목표

무용 · 동작 심리치료에 대한 세 가지 기초적인 목표는 다음과 같다.

① 신체 요소들의 활성화와 재통합
② 개인의 정체성 확립과 사회적 재창조, 독립성
③ 상징, 심상, 은유를 사용하여 감정적 이슈들을 표현할 수 있는 내적 사고와 감정들을 행동으로 표출시켜 말과 행동을 통합

1) 신체 요소들의 활성화와 재통합

먼저, 무용 · 동작 심리치료는 환자에게 신체를 재통합시킬 기회를 제공해 준다.

이것은 직접적인 동작 워밍업과 간접적인 즉흥 동작을 이용하면서 환자에게 활력, 통합, 자극 그리고 동기를 제공해 주는 것을 목표로 한다(Schmais, 1985).

조현병으로 환자들을 위한 동작 경험이 자기일치의 수준이나 동작에서의 조직적 수준을 향상시킬 수 있다고 제시되어 왔다(Silberstein, 1987).

무용 · 동작 심리치료에서 중요한 그 밖의 동작-수준 목표들은 환자의 표현적 동작범위를 확장시키고, 비언어적 수준에서 다른 사람들과 상호작용을 하는 새롭고, 중요하며, '확실한' 방식들에 노출되도록 만드는 것을 포함한다(Hawkins, 1971). (걷거나 뛰거나 뜀박질을 할 때 자신들의 발을 땅과 접촉하는 것처럼) 환자들로 하여금 자기 자신의 충격이나 체중에 대한 감각을 단순히 느끼도록 만드는 것은 환자들에게 자신들의 환경과 더 잘 연결되어 있다는 느낌을 주게 된다. 이와는 대조적으로, 유아 정신질환자들과 작업할 때에는 동작에 근거하는 목표들이 긴장의 분출, 충동에 대한 통제, 비언어적인 수준에서 부모와 유아 간의 상호작용을 재연하는 것 등을 포함한다. 학대받은 유아와 함께 작업하는 경우에는 보다 적응력이 있는 동작 프로필을 형성시키고, 성적인 행위를 감소시키고, 유아가 자신의 신체적 표현을 자기 나이에 걸맞게 수행할 수 있도록 도와주는 것을 목표로 삼는다.

2) 개인의 정체성 확립과 사회적 재창조, 독립성

두 번째 주요 목표는 개인적인 역할수행 능력을 향상시킬 수 있도록 그룹의 상호반응적 동작 경험을 환자에게 제공해 주는 무용 · 동작 심리치료 집단을 이용하는 것을 포함하고 있다. 집단 안에서 자기 자신의 표현적인 동작을 통해 효율적으로 다른 사람들을 '리드'함으로써, 환자들은 개인적 효율성과 독립심을 발전시켜 나갈 수 있게 된다. 다른 환자들의 동작을 따라함으로써 그들은 다른 사람들과 함께 하는 무언의 감정이입을 발전시킬 수 있다. 게다가 그룹 멤버들은 어떠한 동작 과제들을 수행하기 위해서 활발하게 협조를 하게 된다. 그들은 언어적 · 비언어적 자유연상을 도입하는 연속적인 동작을 창조하기 위해 애를 쓰기도 하는데, 이것들은 함께 산을 오르거나 리듬에 맞춰 다 같이 흔드는 것과 같은 창의적인 이미지들에 의해 수반된다. 무용 · 동작 심리치료 그룹은 사회화 기술들을 발전시키고, 모방(반영기법)을 통해서 학습할 수 있게 하며, 그룹의 결속력 안에서 참여할 수 있는 어떤 양식으로써 비언어적 영역을 제공해 준다.

유아 정신질환자들과 함께할 경우에는 동작이 성인들 · 동료들과의 관계를 형성시키거나 회복시킬 수 있는 어떤 채널을 제공해 줌으로써 고독감과 혼란스러운 행위를 감소시켜준다.

3) 동작으로 내적 감정을 명확하게 통합

무용 · 동작 심리치료 그룹들을 위한 세 번째 중요한 치료적 목표는 감정적 이슈들을 표현하기 위한 안정적이고 지속적인 하나의 무대를 제공해 주는 것이다. 이것은 그들의 어려움들에 대한 무의식적 뿌리를 깊이 탐구하는 것을 의미한다기보다는 그룹의 즉흥 동작의 배경 안에서 개인적이고 심리적인 경험들을 탐구하는 것을 뜻한다고 할 수 있다. 상담이나 치료과정에서 어떤 말이 환자를 그대로 비추어 주게 되는 것과 똑같은 방식으로 각각의 환자들의 동작이 나타나게 되면, 그룹과 무용 · 동작 심리치료사는 그것을 받아들여야 한다.

예술치료는 모두 환자에게 '실패가 없는' 경험을 제공한다. 실제로 환자가 무엇을 하든 간에, 만약 그것이 다른 사람들에게 너무 위협을 줄 만큼 기묘하거나 공격적이지만 않다면, 그것이 아무리 미미한 것이라 할지라도 그룹에게 받아들여지게 되는데, 그러한 이유로 해서 환자들은 어떠한 자신감을 가질 수 있게 되며, 다음에 자기 차례가 되었을 때는 더욱 정상적이고 재미있으며 다음 단계의 동작을 하기 위해서 노력하게 된다.

치료사는 환자가 분노나 좌절감과 같은 감정들을 잘 통제하여 분출할 수 있도록 그 구조를 용이하게 만들어 주어야 하는데 환자가 그룹이 '강하다'라고 표현하는 어떤 동작을 하는 것은, '자신이 리더십을 흔쾌히 받아들이고 있으며, 그들의 일상적인 사회 환경 안에서 행동하면서 기다리고 있을 수가 없다'는 느낌을 나타내기 위한 하나의 방식이라고 할 수 있다. 환자들은 종종, 자신들의 감정들을 단지 '말로 표현할 때'보다는 그것들에 관해서 '어떤 것을 행할 때'에 더 좋은 기분을 느끼게 된다고 보고하고 있다.

아마도 동작은 단순히 '춤을 추기' 위해서 행해지는 것이 아니라는 것을 인식하는 것이 가장 중요할 것이다. 동작 표현들은 어떤 통찰력이 그러한 동작으로 이끌어 갈지도 모르는 충동들이나 감정들에 포함될 수 있도록 언어 표현들과 연관된다.

어떠한 그룹 동작을 함께 하는 것은 환자로 하여금 다른 사람들과 마찬가지로 자신의 감정을 표현하고 인식할 수 있게 만들어 주며, 따라서 그러한 감정들이 위협적인 것이 아니라 다른 사람들도 똑같이 겪고 있는 것이라는 결론을 내리게 해 줄지도 모른다. 동작과 언어상징들을 이용하는 것은 '개인적인 선입관들로부터 멀어질 수 있도록' 만들어 준다(Schmais, 1985).

성적 학대를 받은 유아들과 작업할 경우에, 무용 · 동작 심리치료는 유아의 감정들을 명확하게 해 주고, 부모-유아와의 상호작용 패턴들을 재현시키며, 성적 학대에 대한 신체의 감각들과 기억들을 직접 표현할 수 있도록 만들기 위해서 동작 언어를 사용하는 유아의 능력을 이용하고 있다. 무용 · 동작 심리치료는 걱정, 환상, 충격적인 기억들에 대한 탐구를 촉진시키기 위해 유아의 감정적 삶에 대한 신체적인 요소를 이용한다. 유아들은 동작에 대한 무한한 사랑과 감정에 대한 표현능력을 지니고 있는데, 그들은 동작과 상징적 언어 연기에서 다른 사람들의 경험들을 함께 나누고 타당화 시키기를 원한다. 무용 · 동작 심리치료를 이용한 유아와의 치료 작업은 정신과 신체, 환상과 현실, 기억과 현재의 경험을 통합시킴으로써 정신건강에 대한 유아의 본질적 성향을 이용한다.

4. 예술치료로서의 무용 · 동작 심리치료

'신체와 마음의 재통합, 개인적인 역할수행 능력의 향상 그리고 동작, 상징, 심상, 은유를 이용함으로써 감정적인 이슈들을 표현할 수 있는 안정적인 무대의 제공' 등과 같은 광범위한 목표들은 예술치료의 치료적 역할에 대한 설명에서도 일반적으로 나타나고 있다(Zwerling, 1989). 지금까지의 연구들은 '창의적인 예술치료사들에 의해서 보다 직접적으로 응용된 비언어적 매체가 환자들에게서 나타나는 인지적 과정들보다 감정을 더 잘 꺼낼 수 있다'고 강조하고 있다. 무엇보다도 중요한 것은 그림, 삽화, 무용 · 동작, 음악, 드라마를 이용하는 것이 환자에게 자신의 선입관으로부터 도망칠 수 있는 탈출구를 제시해 주며, 언어 토론에서보다 감정적 표현을 덜 왜곡된 방식으로 수행할 수 있도록 어떠한 채널을 제공해 주고, 또한 환자가 자신의 직접적인 환경과 현실에 뿌리를 내릴 수 있도록 도와줄 수 있다는 점이다(Zwerling, 1989).

무용 · 동작 심리치료는 심리적 이론들을 도입할 뿐만 아니라 예술에 그 기초를 두고 있기 때문에, 전체로서의 문화와 연관을 맺고 있는 환자의 여러 가지 관계들을 표현할 수도 있다. 광범위하게 이해되고 있는 문화와 예술은 현대사회의 일반적인 혼란을 야기하는 투쟁과 관련이 있다. 예술은 한 개인의 삶이나 사회의 삶에 나타나는 어려운 이슈들을 표현하기 위해, 상징을 이용할 기회를 마련해 준다. 예를 들어, 출산, 죽음, 분리, 고독감, 관계들, 절망감, 희망 등에 관한 테마들을 표현할 기회를 제공해 주고 있는 것이다. 창의성은 생각, 행위 그리고 표현에 있어서 창의적인 소재들을 이끌어낼 수 있는 환자의 능력을 개발시켜 준다.

이러한 목표들은 외래 정신질환자 그룹들과는 약간 동떨어진 것처럼 보일지도 모르지만, 치료에서 사용되는 예술에서는 필수적인 것들이라 할 수 있다. 예를 들어, 무용 · 동작 심리치료 수업에 자신의 음악을 가지고 온 사춘기 환자들은 그들의 가족들로부터 감정적인 자치권을 얻는 것과 같은 심리적 성장에 관한 문제들을 표현할 수도 있지만, 보다 광범위하고 사회 · 문화적인 문제들을 다루고 싶어 할지도 모른다. 예를 들어, 그들이 치료 시간에 가지고 온 언어적 · 비언어적 소재는 아주 이상적인 로맨틱한 사랑에서 현실적인 사랑으로 돌아설 것인지에 대한 망설임, 약물, 폭력, 진학에 대한 걱정들, 지역적이고 세계적인 환경에 대한 관심들, 자기 자신과 세계, 그리고 미래에 대한 희망 등일 수도 있는 것이다.

'예술'은 카타르시스와 상징적 탐구가 예술작품이 창조되는 일부분의 수단으로써만 예술가에 의해서 이용되는 예술치료들과는 다르다. 무용 · 동작 심리치료의 목적은 환자 내부에 존재하는 예술가적 기질을 일깨워 주는 것이 아니라, 환자가 감정적, 사회적인 역할수행 능력을 높일 수 있도록 창의적인 과정 안에 내재하고 있는 치료적 잠재력을 이용하고, 심리적 성장을 위한 방식을 지적해 주는 것이다.

5. 임상의 실제와 과정

1) 공동 협력가들

정신과 간호사나 전문 치료사, 의사나 다른 정신건강팀 멤버일 수도 있는 공동 협력가를 가지는 것은 바람직하다. 이것은 무용 · 동작 심리치료가 환자들에게 무엇을 제공해 줄 수 있으며, 새로운 그룹들에 적절한 환자들이 누구인지를 치료진 전체가 이해하고 경험할 수 있도록 해 준다. 또한, 공동 협력가는 환자의 행동에 대한 최신 정보를 무용 · 동작 심리치료사에게 제공해 줄 수 있으며, 또한 무용 · 동작 심리치료사가 부득이 치료 시간에 빠졌을 때 그 주간 동안의 무용 · 동작 심리치료 그룹에서 관찰된 사항들을 팀의 다른 사람들에게 알려줄 수 있다.

공동 협력가는 그룹에 꾸준히 참여할 수 있어야 하며 개인적인 치료를 치료 시간에 사용하지 않아야 한다. 공동 협력가는 또한 자신의 감정적 과정을 억제할 수 있어야 하며, 그는 환자의 행위를 관찰하는 데 있어서 무용 · 동작 심리치료사를 도울 수 있고, 센터에서 다른 활동들에 참가함으로써 치료 시간 외에서 알게 된 행위를 그것과 비교할 수 있다. 공동 협력가들이 그룹 치료에서 실습을 하는 것은 도움도 되지만, 꼭 필요한 것은 아니다. 핵심적이고도 솔직한 방식으로 환자들과 의사소통하는 것과 새로운 행동을 환자들이 개척해 낼 수 있도록 장려하고 동작을 기꺼이 시험해 보이는 것 등은 가장 중요한 특성들이다. 공동 협력가가 정해진 그룹 시간(14시간의 수업들) 안에 모두 참여하여 치료적 일관성을 유지하는 것이 가장 결정적인 요소다. 서로를 더욱 잘 알고, 정보를 제공해 주거나, 과정이 끝나기 전 2주 동안 그룹의 생활에 대해 상세히 토론하기 위해서, 공동 협력가를 그룹 시간 외에 만나는 것도 유익하다.

2) 방, 보조도구 그리고 음악의 준비

매 치료 회기는 같은 방에서 매주 같은 시간에 운영되야만 하고, 제시간에 시작하고 끝마쳐야 한다. 모든 사람을 위한 충분한 공간이 있어야 하는데, 그것은 원 안에서 그룹이 서 있고, 누울 수 있는 충분한 공간을 남겨 주면서 뒤로 미뤄질 수도 있고, 옆 사람과 부딪친다는 두려움 없이 자유로운 동작을 하도록 허용해 줄 수 있다. 또한, 무용 · 동작 심리치료사는 방에 프라이버시가 제공되는지를 확인해야만 한다. 외부인들로부터 차단하기 위해서 커튼이 쳐져 있어야 하고, 다른 사람들이 방 안으로 걸어 들어오지 못하도록 방문 앞에 어떤 표시를 해 두는 것이 좋다. 방해받을 위험 없이 자유롭고 안정된 분위기로 감정들을 탐구할 수 있도록 해 주는 것이 가장 바람직하다. 무용 · 동작 심리치료사는 제시간에 치료를 시작하고 끝내야 한다. 감정적 지속감을 주기 위해 시간 내에서 안정성이 허용되어야 하고, 시간 외의 활동들과 시간 중의 특별한 공간과 시간을 구별시켜 주어야 한다. 무용 · 동작 심리치료사는 감독을 위한 방문을 받을 것이라는 사실에 대해서 최소한 1~2주 전에 환자들에게 알려 주어야 하며, 국경일과 같은 휴일이 있을 때는 최소한 여러 주 전에 알려 주어야 한다, 만약에 치료에 빠지려고 한다면, 환자들은 그룹에게 사전에 알려야 한다. 사전에 알려지지 않은 치료진의 변화와 환자들의 불참은 바람직하지 못하다. 개인적인 참여감을 가능한 안정적으로 제공해 주기 위해서는 그룹의 모든 요소가 잘 지켜져야 한다.

무용 · 동작 심리치료사는 그룹이 선택할 수 있는 여러 개의 음악 테이프를 제공해 주며, 민속 음악, 클래식, 재즈나 실험 음악 등이 혼합된 것을 가지고 오는 것도 좋은 생각이다. 무용 · 동작 심리치료사가 자신이 선호하는 음악을 가지고 오거나 특정한 어떤 것을 더 좋아한다고 말하는 것은 그리 좋은 생각이 아니다. 환자들이야말로 어떤 음악이 사용되어야 한다고 말할 수 있는 사람들이기 때문이다. 일단 그룹이 시작되면, 환자들이 적당하다고 여기는 음악을 가지고 오거나, 환자들이 요구하는 테이프들을 가지고 와서 환자들을 격려하는 것이 좋다.

탄력성이 있는 천들과 같은 보조도구들은 그룹의 초점을 모을 때 이용할 수 있는 유용한 도구들이다.

3) 만남의 이해와 그룹구조

최초의 그룹 만남에서는 무용 · 동작 심리치료사가 환자에게 무용 · 동작 심리치료 그룹에 대한 소개와 오리엔테이션을 제공해 준다. 이러한 첫 치료 시간은 환자들이 매주의 일정한 치료 시간(전형적으로 12시간에서 14시간)에 참가하는 데 동의하는 것이다. 우리는 한 명이나 두 명의 멤버들이 불참하거나, 남아있는 치료 시간들에 참가하겠다는 것을 원치 않거나, 치료 시간에 적합하지 않을 수도 있다는 것을 예상해야 한다.

환자들은 그룹이 매주 무엇을 하고 그룹의 목적이 무엇인지를 알고 싶어 할 것이다. 활동적이고 동기가 부여된 동작을 사용하고, 감정들을 공유하고 연구하기 위한 안정된 장소로써 그룹을 이용한다는 것에 대한 간단한 언급이 이루어지는 것이 좋다. 그룹 작업이 개인 치료를 대치하기에 충분하고, 그룹에 의해서 다른 사람들과 연관을 맺는 법과 다른 사람들이 자신들을 바라보는 방식을 배울 수 있는 좋은 기회가 제공되며, 그것은 그룹에 있는 모든 사람들로 하여금 가족, 직장 동료들, 그룹들 내에서의 친구들과 보다 명확하고 만족스러운 관계들을 맺을 수 있도록 도와줄 것이라는 사실을 언급하는 것도 도움이 될 것이다.

그룹의 다른 사람들과 관계를 맺는 방법들을 학습할 수 있는 특별한 장소로써 간주될 수 있고, 그곳에서는 새로운 것들을 시험해 보고, 감정들에 대해서 말하고, 지원을 받거나 누군가를 지원해 줄 수 있으며, 다른 사람들의 말을 경청함으로써 무언가를 배우고, 문제점들을 함께 나눌 수도 있다는 것을 계속해서 말할 수 있다. 그룹이 강제적인 것이 아니라, 매주 만나는 다른 사람들을 점점 더 잘 알게 됨에 따라서, 자신들이 느끼는 감정을 다른 사람들과 함께 나눌 수 있게 해 준다는 사실을 말하는 것도 도움이 된다.

모든 사람이 보편적으로 다른 사람들과 관계를 맺거나 감정들을 다루는 데에 있어서 어떤 문제점들을 가지고 있다는 것을 아는 것은 환자들의 초기불안감을 경감시켜 준다. 다른 사람들, 그룹의 리더들, 그리고 그룹이 공유하는 활동들에 대한 자신의 생각을 솔직하게 표현하는 것이 그룹 치료작업의 독특한 특성들 중의 하나라는 사실을 언급하는 것도 중요하다. 사회가 종종 어떤 감정의 솔직한 표현을 억제시키는 반면에, 그룹은 그것을 환영한다(Yalom, 1970).

그룹 구조가 매일 똑같다는 사실(초기의 토론, 워밍업, 주요한 그룹 동작을 차례대로 하는 것 그리고 끝맺음 토론)을 말하는 것도 바람직하다. 어떤 종류의 동작이 좋다는 것을 강조해 주어야 하고, 동작을 아름답고 우아하게 하는 것이 목적이 아니라 감정을 밖으로 표현하기 위해서 동작을 사용해야 한다고 말해야 한다.

4) 그룹 생활 과정

소개 미팅들 이후에, 그룹 작업은 진지하게 시작할 수 있다. 그룹 멤버들에게 말할 필요는 없지만, 무용·동작 심리치료사는 시간이 정해진 그룹의 생활에서 나타날 수 있는 어떤 단계들과 사건들을 예상해야 한다. 얄롬은 그룹에 세 가지 단계가 있다고 저술한다. '내부 혹은 외부, 위와 아래, 그리고 가깝고 먼' 단계들은 수용, 포함 그리고 배제에 대한 이슈들을 설명해 주며, 그 뒤에는 경쟁력, 갈등 그리고 저항과 같은 이슈들이 뒤를 잇고, 그룹이 친밀감, 결속력, 그리고 단절감에 대한 이슈들을 토론할 수 있는 마지막 단계가 이어진다(Yalom, 1970). 클레어 슈마이스의 견해에서는, 각각의 수업과 전체 그룹의 생활을 통한 그룹의 과제는 환자들을 상황 그 자체에 적응시키는 것, 일단 환자들이 그룹에 익숙해 지고 난 뒤에 차별화 과정(분명한 역할들을 설정해서 자기와 연관된 탐구와 상호작용적 탐구를 시작하는 것)을 시작하는 것, 그 뒤에 헤어짐에 대한 과제로써 결론을 맺는 것 등으로 이루어져 있다.

5) 초기의 토론

매주 그룹은 세션이 90분 동안 운영된다면 처음에 구두 토론을 15분이나 20분 동안 실시하고, 세션이 1시간이라면 구두 토론에 10분을 할애해서 세션을 시작한다. 환자들에게 차례대로 그들의 지난 일주일이 어땠는지를 말하게 하고, 그들에게 일어났던 긍정적인 일과 부정적인 일을 작성하게 한 후, 멋진 일주일이었으면 10, 끔찍한 일주일이었으면 0으로 표시하여 일주일을 1에서 10까지 분류하도록 하는 것도 유용할 것이다. 이것은 사람들이 매주 자신들의 경험들을 회상하면서, 그리고 다른 사람들의 경험들과 자신들의 경험을 비교하면서 수업을 시작할 수 있도록 해 준다.

공동 협력자와 무용 · 동작 심리치료사는 환자들의 수준보다 더 낮은 수준에서 자기 노출의 정도를 측정하도록 주의를 기울이면서, 자신들도 차례로 이러한 측정을 해야 한다. 환자들은 그룹의 리더들이 일반적으로 자기 자신들의 감정들을 다룰 수 있기 때문에 환자들이 리더들의 감정적 상태에 대해서 걱정할 필요가 없다는 어떤 확신을 가져야 한다. 무용 · 동작 심리치료 그룹은 환자들이나 내담자에게 어떤 도움을 줄 수 있지만, 치료진에게까지 도움을 줄 필요는 없다. 치료진 그룹들과 감독은 공동체 정신건강팀 시설의 이상적인 파트너이며, 그들은 그룹 작업자들이 자기 자신들의 문제점들을 그룹에 가져오거나, 환자들이 멋지게 수행해 내기를 기대함으로써 자기 자신의 감정적 이익을 위해 치료 그룹들을 이용하지 않도록 도와주어야 한다.

초기 토론의 중요 목적은 모든 사람이 그날의 그룹 분위기에 공감해서는 안 되며, 그룹에 대해서 긍정적인 발언을 하면서 중립적인 자세를 가지도록 노력해야 한다. 그 목적은 그룹의 '어떤 일이 발생했는가'를 어느 정도 충분히 알 만큼 편안하게 느낌으로 인해서 창의적인 경험을 수행할 수 있는 분위기를 제공해 주는 것이다. 시간이 지남에 따라, 새로운 아이디어들과 동작을 접할 수 있게 해 주고, 그룹이 어떤 소재라도 감당해 낼 수 있다는 자신감을 느낄 수 있도록 계획하는 것이 좋다. 놀랍게도 그룹 안에서의 공동 협력가와 무용·동작 심리치료사의 자신감은 그룹이 어떻게 진보해 나갈 것인지에 아주 큰 영향을 미친다.

6) 움직임을 통한 이완활동

치료자는 일상적인 워밍업을 시작한다. 그것은 원기를 불어넣어 주고 동기를 부여해 주며, 확장된 동작 표현의 새로운 구성요소들을 도입할 수 있게 해 주고, 몸 전체를 이용해서 통합적인 동작을 할 수 있도록 고안되어 있다. 만약에 워밍업이 라반의 에포트-쉐이브 요소들의 모든 동작 특성들을 포함하고 있다면 도움이 될 것인데, 이때에는 개인적 동작 취향이나 치료사의 프로필을 너무 많이 반영해서는 안 된다. 워밍업은 무게(강함과 약함), 공간(직접적인 것과 간접적인 것), 시간(지속되는 시간과 빠른 시간), 그리고 흐름(기초적 흐름과 자유 흐름)의 특징들을 이용하고 있는데, 그것은 환자들의 형태적 요소들(일어서고, 가라앉고, 자라고, 움츠리고, 넓고 좁은 것)을 가지고서 행해졌다.

전형적으로 워밍업은 무릎을 굽히는 것에서 시작하여 체중을 이쪽에서 저쪽으로 바꾸는 것, 다리뿐만 아니라 팔과 몸통을 이용하여 땅을 점차적으로 단단하게 내리누르는 것으로 이루어진다. 이러한 특정들을 수행할 수 있도록 도와주는 이미지들은 무용·동작 심리치료사가 환자들이 움직이게 되는 체중효과를 가질 수 있도록 발아래의 땅을 느끼라고 그들에게 요구할 때에 제공된다. 다음에는 위아래로, 옆에서 옆으로, 그리고 사선을 이용함으로써 움직이는 것이 그 뒤를 따른다. 동작의 모든 평면을 이용하는 이러한 의미 있는 작업은 신체영역이나 동작의 영역을 향상시킬 수 있도록 해 준다. 얼굴의 자기 메시지는, 신체의 모든 부분을 이용하지만 표정은 그대로 남겨두는 환자들의 경향을 중화시키기 위해서 포함된다. 게다가 시간이 흘러감에 따라, 보다 재미있고 흥미로운 동작들이 첨가되는데, 그들 중 어떤 것은 그룹의 멤버들이 보여 주는 특정한 에포트-쉐이브 결손들을 표현하도록 고안되었다. 예를 들어, A는 간접적으로 자유로운 흐름을 사용할 수 없었기 때문에, 치료사는 이러한 특성을 가지고 있는 동작 결합을 소개시켜 줄 수 있다. 워밍업은 보통 온몸의 체중을 실어서 움직이는 구르거나 흔드는 어떤 형태로 끝을 맺는다. 워밍업은 매주 정확히 똑같지는 않다. 그것은 너무 일정하게 계획되어서는 결코 안 된다. 만약 사람들이 움직일 준비가 되어있지 않았다면, 더 많은 워밍업에 기초한 동작을 함으로써 수동적인 방법으로 사용되는 동작 활동의 혼란을 방지해 줄 수도 있다.

다양한 동작 워밍업도 첨가될 수 있는데, 무용 · 동작 심리치료사는 이때 그룹의 스타일을 고려해야 한다. 일반적으로 워밍업에서는, 신체의 한 부분에서 전체 부분들로 발전해 나갈 수 있도록, 그리고 형태, 평면, 그리고 역동적인 색채에 있어서 다양한 안무가 곁들여진 동작을 발전시킬 수 있도록 목표를 정해야만 한다. 허리를 흔드는 것은 경직되어 있을 수 있는 신체 부위를 움직이도록 도와줄 수 있으며, 팔을 이용해서 공간을 휘젓는 것도 신체 부위나 내담자의 동작범위를 향상시킬 수 있는 좋은 방법이다.

7) 다음 단계로 가는 과정 단락

워밍업 이후에는 그룹이 원을 형성하면서 과정 단락을 시작한다. 팀 '과정'은 그룹의 이러한 부분이 멤버들의 상호작용과 그룹의 동작 단락 동안에 생겨나는 새로운 감정적 학습경험에 초점을 두고 있다는 생각을 뒷받침해 준다(Yalom, 1970). 개인들과 그룹이 어떤 소재(의식적이거나 무의식적인 소재)에 관심을 가지든 간에 그룹이 그것에 맞추어 행동을 펼쳐 나가는 것이 바로 이 중심단락이다. 이 단락에서, 각각의 사람은 차례로 어떠한 동작(큰 동작이나 작은 동작, 손만을 움직이는 작은 제스처, 점프를 하는 것과 같은 몸 전체의 행위 등)을 하도록 요구 받는다. 무용 · 동작 심리치료사는 환자들에게 그들이 무엇을 할지를 계획하지 말고, 어쨌든 무언가를 표현하라고 말한다. 원 안으로 걸어 들어가거나 앞쪽으로 무언가를 던지는 제스처, 혹은 무언가를 바깥으로 끄집어내는 것처럼 원의 중간으로 들어가는 등의 예들을 제시해 줄 수도 있다. 그룹에 있어서 동작을 사용하는 목적이 연기를 하거나 무용을 하거나 운동을 하려는 것이 아니라는 사실을 강조해 주는 것이 아주 중요하다. 대신에 무용 · 동작 심리치료사는 가치 있는 표현적인 측면의 동작 안에서 동작 탐구를 수행할 수 있도록 허용해 주는 창의적이고도 후원적인 분위기를 제공해 주려고 시도해야 한다. 무용과 연기로서의 동작이라는 아이디어는 그룹이 서로를 마주 보면서 일직선으로 있거나 관중과 연기자의 형태에 있기보다는 거의 항상 원을 형성하면서 움직이게 된다는 사실에 의해서 가장 잘 입증되고 있다.

원은 공공의 공간이며, 그것은 다른 사람들이나 자기 자신들과 조화를 느끼면서 움직일 수 있도록 허용해 준다. 이러한 구조는 소우주적이다. 어떤 사람도 더 높거나 더 낮지 않다. 개인적 차단이라는 공간적인 관습들을 제거함으로써, 원은 서로 눈을 많이 마주치거나 함께 둘 기회를 제공해 준다. 원은 새로 온 사람들을 수용할 수 있도록 확장시킬 수 있는 탄력성이 있다. 사람들은 원 내부나 그 바깥에서 원의 일부분이 되어 춤을 출 수 있다. 사람들은 원 안에 쉽게 들어올 수 있고 거기서 쉽게 빠져나갈 수도 있다. 원은 수레바퀴처럼 점점 더 빠르게 돌면서 활동적이 될 수도 있고, 혹은 그 경계선들 내에 있는 사람들을 보호하기 위해서 하나의 울타리를 형성하면서 정지해 있을 수도 있다.

원의 공간적인 구조 안에 내포된 이러한 장점들 외에도, 분담된 리더십 역할구조 또한 창의적인 동작으로 그룹을 이끌어 감으로써 개인적인 성공과 자율성을 얻을 수 있는 기회를 그룹 멤버들에게 제공해 주는 근본적인 장점을 가지고 있다. 시간의 마지막 부분에서 사람들은 처음에는 자신들이 아무 것도 할 수 없을 거라고 생각했지만, 나중에는 자기 자신의 단순하거나 복잡한 창의적인 동작과 구두 연상들을 이용할 수 있는 차례가 돌아오는 것이 기쁘다고 느낀다.

8) 동작을 통한 자유연상

가장 단순한 동작들이라 할지라도 일단 다양한 움직임이 그룹 멤버들에게 익숙해진다면, 연상을 부추길 수 있다. 어떤 의미들에서, 그것은 제스처가 무엇을 의미하는지를 알아맞히는 제스처 게임 과정과 유사하지만, 무용 · 동작 심리치료에서의 동작은 많은 의미를 내포할 수 있다. 예를 들어, 원 안으로 단순히 걸어 들어가서 다시 나오는 것의 의미는 '가장 좋아하는 발을 앞으로 내미는 것' '한 치료진은 앞으로, 그리고 한 치료진은 뒤로 가는 것' '발 도장을 찍는 것' '누군가에게 몰래 다가가는 것' '앞뒤로 가면서 어디에도 도착하지 않는 것'을 의미할 수 있으며, 혹은 그룹의 감정적 분위기나 걷는 동작의 특성에 따라서 어떤 물건들의 숫자를 뜻할 수도 있다.

다양한 색깔의 천에 대한 이미지가 나왔을 때, 많은 그룹 멤버들은 천으로 자기만의 방식으로 실험하기 시작했는데 날개처럼 해서 날고, 머리에 쓰고, 서로를 묶고, 펼쳐서 눕고, 각자 다른 특성들을 사용하여 동작에 참여했다. 무용·동작 심리치료사는 이러한 이미지와 상징이 그룹이 다 함께 참여하고 공감할 수 있는 것이라는 것을 알아야 한다. 치료사는 사람들이 자신만의 동작을 만들거나 자신만의 천 위에서 걷고, 그것을 가지고 자유로운 연상을 하게 된다. 그러나 모든 동작이 이미지를 수반하지는 않는다는 사실을 인식하는 것도 중요하다. 아마도 동작들의 절반은 환자들 개인만이 만들어 내는 연상적 상징들, 심상이나 은유에 의해서 생겨나게 된다. 그러나 어떤 동작들은 연상이 아주 풍부해서, 그룹의 상상력을 불러일으키고, 분담된 상징 경험을 할 수 있도록 도움을 준다. 한편, 동작이 심상이나 공통된 상징적 경험을 불러내지 못하는 경우는 그룹의 비언어적 동작이 너무 구체적이거나 분명하기(세수하는 동작이나 작별인사를 할 때의 손짓) 때문에 심상을 만들어 낼 수 없을 수가 있다. 어쨌든 그룹과 함께 이미지를 수반하지 않은 동작을 하는 것도 그 자체로 가치를 가지고 있다. 리듬의 일치와 공통된 동작은 그룹이 단결할 수 있도록 도와주며, 동작의 특징을 취함으로써 다른 사람들을 모방하고 인식하는 법을 배울 수 있기 때문이다.

9) 그룹접근의 이해

사람들의 질문들에 대한 직접적인 해석들은 피해져야만 하는데, 그것은 어떤 사람의 동작에 있어서도 마찬가지다. 특히 정신질환자들에게는 있을 때에는 그룹을 전체로써 간주하는 것이 일반적으로 보다 안전하다(Horowiz & Weisberg, 1966). 무용·동작 심리치료사는 '아마도' '혹은' '어쩌면'이라는 단어를 많이 이용해야 하며, 그룹에게 어떠한 제안을 할 때는 그룹의 두드러지는 무의식적 과정에 대한 분명한 언급을 하기보다는, 그들의 경험에 대해서 어떻게 생각하고 있는지에 대해서 부드럽게 물어보아야 한다. '혼자 있는 것이 두렵나요?'라고 묻는 것 대신에 '사람들은 혼자 있으면 어떤 생각을 하나요?'라고 묻는 것이 낫다.

최소한 그 후의 과정 단락과 토론이 일어나는 동안에는 그룹으로 하여금 자신들 분노의 감정들을 현재의 긴장, 현재의 삶과 연결시키지 않은 채로 아무런 생각 없이 신체적으로 분출할 수 있도록 허용하지 않는 것이 중요하다. 슈마이스의 작업과 플레쳐가 설명한 정신 역학적 작업이 제시해 주고 있는 것처럼, '동작만으로는 충분하지 않으며, 통찰력은 인지적 요소를 요구하고 있다.'(Schmais, 1985)

강한 감정들에 대한 동작의 분출은 환자가 실제로 이러한 테마들과 이슈들을 어떻게 다루고 있으며 혹은 이러한 감정들을 어떻게 처리하는가와 연관될 필요가 있다. 그러한 감정들을 탐구하거나 토론할 때에는 가능한 안전하고 이완된 분위기로 그룹을 유도하는 것이 중요하다. 개인 멤버들의 행동에 대해서 토의하는 것은 그리 좋은 생각이 아니다. 그렇게 하기보다는 이미지나 은유 혹은 동작을 이용하면서 아주 일반적인 이야기를 해야만 하며, 실생활이나 실제의 사건들과 일반적으로 연관을 지어서 이야기 해야 한다. 이미지와 연관된 직접적인 감정들을 창조하거나 소유하는 것에 대한 책임으로부터 개인을 해방시켜 주는 것은 그들에게 두드러지고 있는 감정적 이슈들과 심상을 보다 덜 위협적으로 탐구할 수 있게 허용해 줄 수 있다.

10) 동작의 상징과 은유

예술치료로써 무용·동작 심리치료는 창조적인 도구로 무용·동작 상징의 모든 것을 사용할 수 있다. 상징과 은유는 신체적·정신적 무의식에서 발생한다. 그러하기에 은유는 순수한 이성적 문장보다 우리의 감정을 더 잘 감동시키고, 또한 의미하는 바를 잘 느끼게 해 준다.

정신운동의 자유로운 연상은 동작, 심상, 상징이 서로 관련이 되는 무용·동작 심리치료 과정에서 핵심을 차지한다. 덧붙여서 상징과 심상에 초점을 맞추는 것은 전이해석을 공략하는 것보다 임상적으로 안전하다. 상징과 심상에만 관여하고, 환자의 일상생활에서 이의 근원이나 동기에 연관시키지 않으면, 그룹 원은 아마 자신의 정신적 상태에 적합한 수준의 그룹에서 일어나는 감정적인 요소를 소화해 낼 수 있다. 무용 · 동작 심리치료 그룹에서 장기 환자는 화난 동물들이 어떻게 움직이고, 어떻게 그들이 같이 움직이는가를 느끼고 볼 수 있는 반면에, 외래환자는 자신의 공격적인 심상을 이용해 질문하고 숙고할 수 있으며 이를 일상생활과 연계시킬 수 있다.

상징과 창조와 기능은 창조성, 철학, 언어학에 관한 이론적 논쟁의 중심이 되는 복잡한 과정이며, 경험, 의미, 전달에 관한 근본적인 질문들을 이야기한다. 쿠비는 그의 연구에서 "의식적인 상징과정은 우리가 서로에게 의미 자체를 전달하는 도구이며 이를 통해서 비판적으로 우리 자신의 생각을 재검토할 수 있고, 경험의 다양한 조각들을 모아서 비교할만한, 또한 중복되는 통합 형태로 만들고, 여러 단위를 응축하고, 이들을 논리적 또는 연대기적 목록으로 재배열하고, 이로부터 추상적 개념을 만들 수 있다. 의식적인 부분에서 상징기능을 제외한다면 인간의 철학적 기능은 지난 경험 조각들의 감각적, 감정적인 회상에 지나지 않는다는 점을 깨달아야 한다."고 말하고 있다(Kubie, 1958).

그룹 상징을 창조하는 데 사용되는 자유로운 연상이 환자를 혼란시키지 않는다면, 상징은 안전한 방법으로 대부분의 환자의 감정의 영역에 들어갈 수 있게 해 준다. 치료적인 관점에서, 무용 · 동작 심리치료는 상징을 사용해서 환자를 위한 통합적인 기능수행을 목표로 해야 한다. 슈마이스가 말하기를 '은유적 무용 상징은 내부 상태를 외부화시킬 수 있고 언어적 상징으로 내부 상태를 반영하고, 논의하고, 분류할 수 있다.'(Schmais, 1985) 의식적인 느낌, 행동, 생각이 제한적인 만성 정신과 환자에게는 그 자체로 상징적인 동작 표현의 창조연기가 그룹에 의해 만들어지거나 무용 · 동작 심리치료사에 의해 주어지는 심상과 결합해서 감정적인 생활을 그룹의 집단적 공간으로 이끌어낼 기회를 제공하여 환자의 내부세계에 대한 힘을 경감시킨다.

무의식적 느낌을 통합시키는 방법으로 나중에 해석되든지 단순히 외부

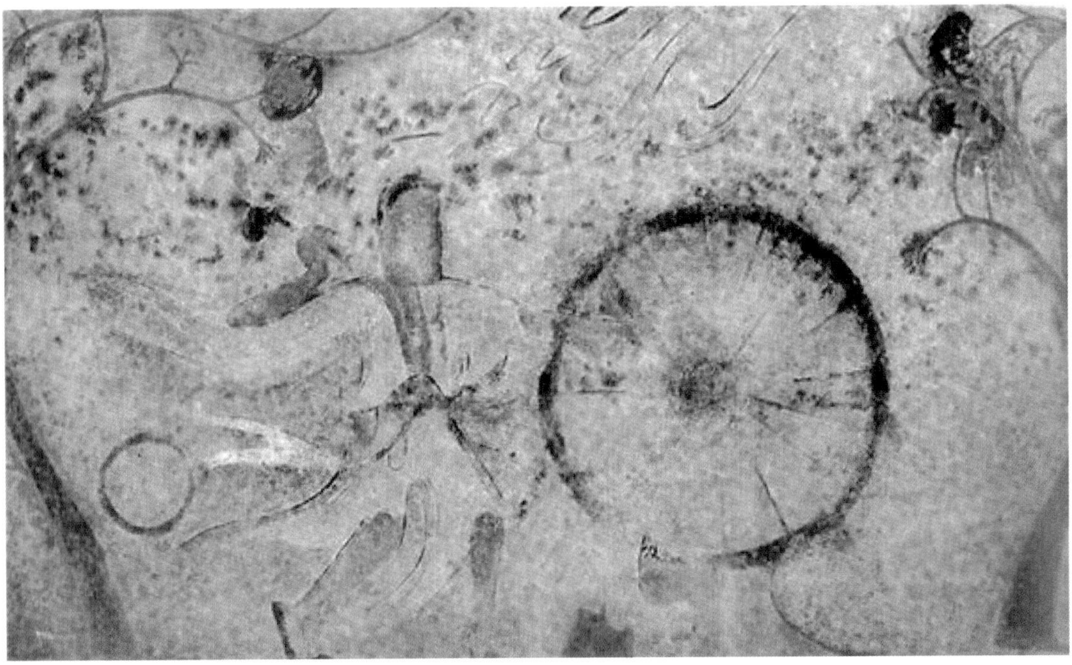

화되는 상징을 발생시키는 데 자유로운 연상을 이용하는 것은, 방어를 없애거나 모순을 분석하려고 하는 자아 정신분석 접근법이나, 활발한 상상과 원형의 노출을 통해 개체화시키는 것이 수단이거나 목표인 분석심리학파(Jungian) 접근법과 다르다. 이러한 모든 목적은 정당하다. 하지만, 특별히 정신질환자에게는 상상과 동작, 사진과 모션을 이용하는 것이 특히 더 적절하고 무용 · 동작 심리치료 실행에 있어 임상적으로 해가 되지 않는 주요한 점이다.

만약 전달에 있어서 환자의 무의식적인 느낌의 직접적 해석이 정신분석적 정신치료의 경우와 같이 가능하지가 않다면, 어떻게 정신질환자들을 보조해서 그들의 느낌을 더 효율적으로 다루게 할 수 있을까? 이런 경우에는 상징의 역할을 강조함으로써 가능해진다. 그룹적 상호작용인 동작에서 심상 또는 은유 그리고 해석으로 가는 무용 · 동작 심리치료 과정에서 환자의 내부세계를 전달해 주는 모션과 동작, 은유, 심상, 상징들을 형성할 수 있다. 샌들과 존슨이 말하기를 "차별화되지 않고 조각화된 상태의 그룹 조직은 공간적 배열이나 행동에서 즉각적으로 표현되고, 무의식적인 두려움과 상상은 동작에 수반되도록 창조되는 상징적 심상에서 표현될 수 있다."(Sandel & Johnson, 1983) 정신의학에서 무용 · 동작 심리치료의 기본적인 목표인 환자의 감정을 재통합하고 명확히 하는 것은 동작과 상징의 사용을 통해 시도될 수 있다. 폭탄이나 상징은 장기 그리고 외래 환자가 자기 자신의 화를 다룰 수 있게 하고, 이를 다루는 새로운 방법을 시도하게 할 뿐 아니라 이를 어떻게 인식하는가를 알게 해 준다. 성난 호랑이나 위험한 폭탄은 이에 수반되는 일치되는 동작과 함께 공격성을 지속적으로 방출하게 한다. 유아 그룹에서 어른 학대자를 나타내기 위해 괴물의 상징을 사용하는 것은 아이에게 경험을 직접적으로 말하는 것이 불가능한 상태에서 그들 마음의 상처에 의한 경험을 탐구할 수 있게 해 준다.

많은 무용 · 동작 심리치료사가 자신들의 치료에 은유와 상징을 이용하면서도 이런 점이 왜 유용한가를 말하기 위해 정신 치료적이고 심리적인 것에 기초한 이론을 지적할 수 있는 사람은 별로 없다. 정신치료 이론과 창조성에 관한 이론을 접목시키는 것뿐 아니라 무용 · 동작 심리치료의 실제적 과정에 대한 더 많은 이해는 무용 · 동작 심리치료에 대한 기술과 이해를 더 풍부하게 해주고 정신질환 환자의 관심을 지적하는 더 효과적이고 안전한 방법을 창조할 수 있게 한다.

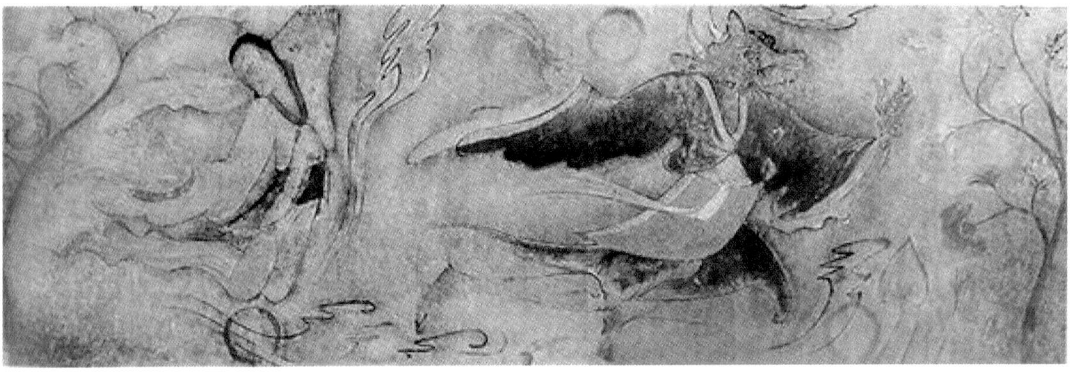

제12장

만성 정신과 환자, 외상 후 스트레스 장애, 소아 정신치료를 위한 무용 · 동작 심리치료

1. 만성 정신과 환자와 무용 · 동작 심리치료

1) 만성 정신과 환자의 문제와 현황

보건복지부(2017)의 보도자료에 의하면 2016년 정신질환 실태 역학조사 결과 주요 17개 정신질환에 대해 조사된 정신질환 평생 유병률은 25.4%로 성인 4명 중 1명이 평생 한 번 이상 정신건강 문제를 경험 하고 있는 것으로 밝혀졌고, 지난 1년간 정신건강 문제를 경험한 사람은 470만 명으로 추산되었다.

퇴원 후 환자들의 생활에 가장 많은 문제점은 병 증세 다음으로 대인관계를 지적하고 있다(Zigler & Philips, 1961). 만성 정신과 환자의 대인관계에 있어 특징적인 증세는 시선 접촉과 표정, 반응 시점의 부적절, 그리고 자발적 사회적응 또는 사회생활 참여가 상대적으로 낮은 점이다(Liberman, 1994). 또한 대인관계에 대한 정확한 판단이나 상대방의 감정을 파악하는데 큰 어려움을 겪는다(Liberman et al., 1980).

만성 정신과 환자들이 가지고 있는 보다 큰 문제점은 병원이나 기타 치료기관의 장기수용으로 인해 퇴원 후 정신질환이 재발될 경우 점차 퇴행 현상을 보인다는 점과 약물 치료만으로는 사회적 고립, 대인관계 기피, 자신감 상실, 사회적응 장애 등을 회복할 수 없기 때문에 보다 심각한 정신질환 상태에 이르게 된다는 점이다. 국립정신병원 임상연구에 의하면 퇴원 환자의 약 40%가 1년 내 재발하고 퇴원 후 5년 이내에 75%가 재발하며, 약물 치료를 통해서는 생활의 대응기술이나, 대인관계 개선을 가져다 줄 수 없음을 지적하고 있다(국립서울정신병원, 1994). 따라서 만성 정신과 환자를 위한 치료방법 가운데 약물 치료 외에 무용 · 동작 심리치료, 사이코드라마, 미술치료, 음악치료와 같은 예술치료와 집단정신치료, 가족치료, 사회기술훈련 등 정신 재활 치료방법이 적용되었다. 사회성 훈련프로그램이 만성 정신과 환자의 대인관계 기능향상과 불안감소에 미치는 영향에 관한 연구에서 이들 정신 재활 치료방법은 매우 긍정적인 결과(Monti & Curran, 1980; Finch & Wallace, 1977; Brown & Munford, 1983; Hansen, Lawrence & Christoff, 1985)를 보고하고 있다.

무용 · 동작 심리치료와 같은 예술치료 프로그램은 1940년대에 시작되어 1960년대 접어들면서 미국과 유럽에서 활성화되었다. 국내에는 1983년에 정신과 의사들이 만성 환자들의 정신치료에 대한 약물 치료의 한계를 인식하고, 예술치료를 적용시키기 위해 한국임상예술학회가 설립되었다. 이후 무용 · 동작치료 분과 및 다른 예술치료 분과와의 접목으로 예술치료가 진행되고 있고 임상연구를 통해 그 중요성과 효과를 증명해 가고 있으며, 1994년에 한국무용치료 연구회가 발족되어 무용 · 동작치료프로그램 개발, 무용치료사 양성 교육, 세미나 및 각 분야에서의 무용 · 동작치료 적용 등 활발한 활동을 펼치고 있다.

무용 · 동작 심리치료는 움직임을 통해 정신과 신체를 재통합시키는 개인과 집단의 정신치료(Malan, 1989)로써 무언의 상호작용 연구(Davis & Skupien, 1982; Davis, 1975; Scheflen & Scheflen, 1972) 발달심리학(Kestenberg, 1975)과 관련이 있다. 무용 · 동작 심리치료는 움직임 안에서의 정신질환자의 모습과 자세, 동작에서의 억제, 그리고 전체적인 부조화를 통해 정신병 상태를 진단할 수 있다. 나아가 무용 · 동작 심리치료는, 첫째, 사회성 복귀를 위한 신체와 정신의 통합, 둘째, 감성적 표현을 위한 창조적 표현, 셋째, 신체에 대한 인식과 자신감 향상, 넷째, 다양한 신체 부위와 근육의 긴장 · 이완의 조절, 다섯째 신경의 기능향상과 순환기 회복 등을 통해 내적 자기를 표현할 수 있고, 부정적 개념을 감소시키며 심신의 통합에 긍정적 효과를 가져올 수 있다(Jones, 1992).

무용 · 동작 심리치료와 관련된 다양한 연구(Bartenieff, 1980; Leste & Rust, 1990; Ling, 1983; Westbrook & Mckibben, 1989)에 의하면 무용 · 동작 심리치료가 정신치료 영역에 큰 효과가 있음을 밝히고 있다. 즉, 정서적 장애해소와 행동수정, 긍정적 자아상, 왜곡된 신체기능회복, 긴장감 해소에 효과가 있음을 증명하고 있으며(Ritter & Low, 1996), 정신질환자들의 자아를 증대시키고(Heber, 1993), 환경과의 관계를 연결시키며 타인과의 대화를 증진시켜 유리감을 감소시킨다고 하였다(Chace, 1953). 또 다른 연구에 따르면, 무용 · 동작 심리치료를 적용한 집단이 그렇지 않은 집단보다 불안과 우울증에서 현저한 감소를 보이고 있다(Brooks & Stark, 1989).

또한, 무용 · 동작 심리치료는 불안과 근육 긴장의 이완에 효과적임을 발견하였다(Kline et al., 1977). 즉, 무용 · 동작 심리치료를 통한 근육의 긴장 이완은 스트레스에 대한 신체 반응을 조절시켜 주고, 정신질환자 치료에 약물 치료가 효과가 없을 때 이완 요법(relaxation)을 통해 치료가 가능하다고 밝히고 있다(Reich, 1949; Lowen, 1967). 이와 같은 효과에도 불구하고 Landy(1993)는 전통적인 무용 · 동작 심리치료 연구의 한계를 지적하면서 더욱 과학적인 접근방법을 제안하고 있다. 다시 말해서, 무용 · 동작 심리치료의 효과를 보다 세밀하고 미세한 영역까지 관찰해야 함을 주장하고 있다.

국내의 정신질환자를 위한 무용 · 동작 심리치료 효과와 관련된 연구는 「신경증 환자를 위한 무용치료」(류분순, 1993), 「무용 · 동작 심리치료가 만성 정신과 환자의 불안과 대인관계에 미치는 효과」(류분순, 2000), 「조현병 환자의 사회성 변화」(류분순, 1996) 등에서 시작하여 발전되었다. 또한, 서구에서 시작된 무용 · 동작 심리치료는 환자들의 자기표현방법이나, 치료자와 환자들의 접근 방법 등이 동서양의 정서적 차이들로 인해 그대로 적용될 수 없는 한계가 있다. 따라서 무용 · 동작 심리치료 프로그램은 한국인 정서에 적합한 한국 민속춤 속에 내재된 종교성과 공동체성, 그리고 놀이성과 내적 표현의 치유성을 고려하여 자기 자신의 존재를 확인하고 불안을 감소시켜 대상들과 관계 맺는 삶을 살 수 있도록 개발할 필요성이 있다.

2) 만성 정신과 환자의 증상 및 요인

일반적으로 만성 정신과 환자란 진단명이 정신분열병이나 주요정동장애인 사람으로 정신질환을 지속적으로 앓고 있고 위생 청결, 대인관계, 직장, 학교, 사회생활에서 장애를 보이며 동시에 장기간 병원치료나 정신과 치료가 필요한 사람이라고 정의할 수 있다(Goldman, et al., 1981).

미국 국립정신보건연구소(National Institute of Mental Health)는 만성 정신과 환자를 지난 5년 동안 적어도 6개월 이상 입원한 경우와 지난 1년 동안 두 번 이상 입원한 환자로 정의하고 있다(Community Support Program Guidelines, 1977). 또한, Goldman 등(1981)은 어떤 정신질환(기질성 뇌 질환, 조현병, 재발이 잦은 정동장애, 망상 정신병)을 앓고 있으면서 동시에 만성적인 경과 때문에 일상생활의 주요영역인 개인위생, 자기관리, 목표지향, 대인관계, 사회적 관계, 학습 및 오락 중 세 가지 영역 이상에서 기능장애를 보이고 경제적으로 자립하지 못하는 사람(Goldman, et al., 1981)이라고 정의하고 있다. Goldman 등이 제안한 만성 정신과 환자에 대한 정의는 현재 폭 넓은 지지를 받고 있다.

Andreasen과 Olsen(1982)은 조현병의 증상을 양성 증상과 음성 증상으로 구분하는 것이 유용하다고 주장했다. 양성 증상(Positive Symptoms)은 정상적 기능의 과다 또는 왜곡을 반영하는데, 환각, 망상, 와해된 언어, 현저하게 기이한 행동을 포함한다. 음성 증상(Negative Symptoms)은 정상적 기능이 감소 또는 상실된 증상으로, 현저한 언어적 빈곤, 감정의 단조로움, 사회적 접촉 단절, 자발성 감소, 그리고 주의력 손상 등을 포함하고 있다.

조현병의 원인을 설명하는 여러 가지 이론들이 있지만, 여러 원인적 요인들이 복합적으로 작용하여 발병하는 증후군 내지 복합질병이라는 견해가 일반적이다. 취약성 모델(vulnerability model)에서는 각 개인은 조현병에 대한 취약성의 정도에 따라 어떤 환경 하에서 조현병에 걸릴 수 있다고 제안하며, 병적 요인-스트레스 모델(The diathesis-stress model)에서는 조현병을 물려받은 병적 요인이 있는 사람이 생활의 스트레스 상황에 직면했을 때 발병한다고 본다(Atwood & Chester, 1987).

조현병의 요인은 크게 생물학적 요인과 환경적 요인으로 나뉜다. 생물학적 요인에는 유전적 요인, 신체적 요인 등이 있는데, 유전적 요인이 조현병의 발병에 관여되어 있을 것이라는 연구들은 주로 환자 친족들 간의 이환율 조사, 쌍둥이 연구, 양자(養子)연구 등을 통해 이루어졌다(민성길, 1992). 이상의 연구에서 조현병의 병인으로 유전적 요인이 부분적으로 관여한다는 것이 인정되었지만 환경적 요인 또한 무시할 수 없다는 것이 이 유전학자들의 견해다.

또한, 조현병의 뇌를 포함한 신체 각 기관의 형태적·기능적 장애 때문이라는 전제 아래 각종 연구가 진행되어 왔는데 그중 도파민 가설이 가장 지배적이다(Atwood & Chester, 1987). 도파민 가설은 망상, 환각, 사고장애, 기괴한 행동과 같은 긍정적 증상과 관련되는 것으로 보인다. 그 외의 기질적 요인으로 체형, 화학적 유독물, 알코올, 뇌외상, 뇌종양, 감염 등 뇌 구조적인 결함에 대해서 신경해부학적 연구들도 있다. 이러한 뇌의 구조에서의 이상은 조현병의 인지, 동기, 정서 등 심리과정의 심각한 결함을 설명할 수 있다. 특히 조현병 환자들이 무감동(apathy)하며 상황과 관계없이 정서표현이 무미건조(flat)하여 행복하거나 즐거움의 표현이 없는 것과 같은 부정적 증상과 관련된다고 보고 있다.

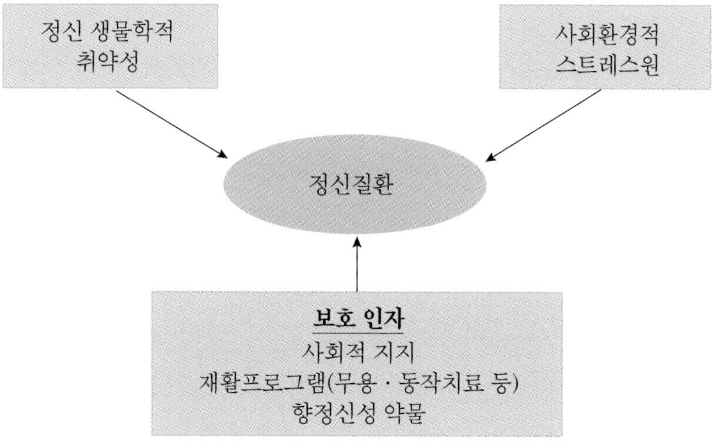

[그림 12-1] 정신질환에 영향을 미치는 요소

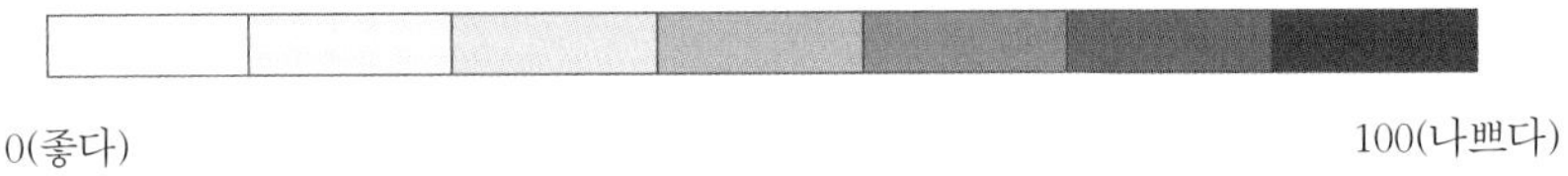

[그림 12-2] 재활 결과에 따른 정신질환의 손상 정도

3) 치료적 목표와 과정

초기의 동작 수준 목표들은 직접적인 방식이 아닌 동작 워밍업의 사용과 분담된 리더십 포맷을 통해서 환자에게 동기를 부여해 주는 것을 포함한다. 환자가 주도한 동작은 자율성을 북돋아 주며, 수동적으로 제도화된 행위를 깨뜨리는 방식들을 환자가 탐구할 수 있도록 어떤 작은 포럼을 제시해 준다.

만성 환자 치료의 중간 단계에서는 초기의 토론, 워밍업, 분담된 리더십, 그리고 마무리 토론으로 구성된 과정이 그룹에게 믿을만한 공간을 제시해 주면서 실시된다. 그룹의 마지막 단계들에서는 멤버들의 의식화된 상호작용을 초월할 수 있을지도 모르고, 다른 그룹 멤버들과의 자발적이고도 자기 주도적인 상호작용으로 한 걸음 내디딜 수 있게 될 것이다. 장기간에 걸쳐서 각각의 멤버들은 창의적인 공통 경험에 참가하고 다른 사람들과 연결됨으로써 무언가를 실재적으로 얻을 수 있게 된다.

근본적인 의미에서 만성 환자들과의 치료 그룹 작업의 목표는 그룹이 '그룹 안에서 정서적으로 따뜻하게 느껴지도록 해주는 것'이다. 이러한 종류의 작업에서, 그룹 치료사는 종종 그룹이라는 개념이 존재하지도 않는 고립된 개인들과 마주해야만 하는 경우를 받아들여야 한다(Sandel & Johnson, 1983: 131). 이 경우에 초기 단계에서 그룹의 주체성을 설정하기 위해 노력하는 사람은 치료사이며, 그렇게 함으로써 환자들은 점차적으로 이러한 생각을 내재화시킬 수 있고, 자기만의 세계에 속해 있고 타인들과 단절되어 있던 그룹 멤버들이 나중에는 자기 자신들을 하나의 그룹으로써 인식할 수 있게 된다. 샌들과 존은 다음과 같이 말했다.

> 심리적으로 그룹의 '멤버'가 된다는 것은 그룹의 내적 표현을 형성하는 것이다. 그룹 멤버들의 집중적이고도 상호적인 행위들은 그룹의 공통된

표현을 창출해 낼 수 있도록 해 준다.

이것이 처음에 시작하기에는 너무나 분명하고 너무 쉬운 목적인 것처럼 들리지만, 타인들과의 관계가 혼란스럽고 단편적이며 때때로 왜곡되어 있는 만성 환자들에게 있어서는 아주 필수적인 현실적 목표인 것이다. 게다가, 자신들이 그룹의 일부분인 것처럼 느낄 수 있게 되고, 그룹의 정체성을 내재화할 수 있게 된다면, 이러한 변화는 자신들에게나 그룹 멤버들에게 커다란 치료적 혜택을 가져다줄 수 있을 것이다(Sandel & Johnson, 1983).

만성 환자들과의 무용 · 동작 심리치료 그룹에 대한 또 다른 목표는 외래환자들을 위한 목표(상호작용의 향상, 동작을 통해서 감정들을 아주 조심스럽게 표현하는 것, 그룹에 의한 검토와 견제)와 유사하다. '무의식적인 두려움들과 환상들이 창조된 상징적 이미지들 안에서 그 표현을 찾을 수 있으며, 만성 환자들에 있어서 상징의 사용과 해석은 보다 역할수행 능력이 높은 환자들의 경우에 더 유용하다. 그러나 그룹들에서 파생되어 나온 상징적인 소재를 해석하는 것은 조심스럽게 행해져야 하며, 동작 행위가 생겨나자마자 명쾌하고, 직접적이며 간단하게 실시되어야 한다. 만성 환자들은 무용 · 동작 심리치료 시간 20분 후에는 그것을 잘 기억해 낼 수 없기 때문에, 행위에 대한 토론이 마무리 토론을 위해서 기다려질 수 없는 경우가 종종 있다(Liebowitz et al., 1989: 5). 이것은 만성 환자들이 동작을 상징적으로 사용할 수 없다는 것을 의미하는 것이 아니라, 동작이 이루어졌을 때, 보다 신속하게 토론이 이루어져야 한다는 것을 뜻한다. 최근의 논문은 환자들이 동작 언어를 표현하게 됨에 따라서, 그들이 예전에는 결코 개념화시키고 이야기를 할 수 없었던 방식으로 상호반응들을 탐구하고 감정들을 말로써 표현할 수 있게 되었다고 보고하고 있다(Higgens & McLean, 1990: 11). 이러한 견해는 환자들을 위해서 가장 필요한 치료과정을 끄집어내는 것이 움직임 과정 그 자체라는 것을 잘 설명해 주고 있다. 그 후에 움직임 경험들을 말로 설명할 수 있고, 또 필수적인 초기의 개인적 학습과 감정의 표현이 비언어적인 수준에서 발생해 온 이후에는 더 많은 이해로 이끌어 줄 수 있게 될 것이다. 무용 · 동작 심리치료 그룹에서 생겨난 모든 경험이 전부

말로 설명될 필요는 없다. 때때로 만성 환자들의 경우에는 동작 경험 하나만으로도 충분하다. 이상적으로 볼 때, 치료사는 환자들이 동작 수준에서 행하면서 이해한 것을 그룹에게 말로써 표현해 줄 수 있고, 그럼으로써 환자들은 그들의 행위를 자각하기 시작함으로써 다른 사람들과 언어적 상호작용을 더 잘할 수 있게 되며, 자신들의 감정들을 단어와 문장을 사용함으로써 나타낼 수도 있게 될 것이다.

(1) 시작 단계

시작 단계에서는 환자들에게 앞으로 해야 할 일들을 알려 줌으로써 치료목표를 제시해 주는 것이 도움이 된다. 다른 사람들과 함께하는 법을 익힐 뿐만 아니라 동작을 사용해서 어떤 감정들을 표현하기 위한 방식으로 동작과 음악을 사용할 것이라는 것을 설명해 주는 것이 그룹 세션을 시작할 때에 좋은 출발이 된다. 이것은 환자들의 역할수행 정도에 따라서 달라지지만 공동체에서 자기 방식대로 살고 있는 환자들도 그러한 설명들을 잘 이해할 수 있을 것이다. 입원 환자들의 경우에는 무용 · 동작 심리치료와 다른 전문 치료 간의 차이점을 설명해 주고 치료 시간에 정기적으로 참석해야 한다는 것을 강조해 두는 것이 중요하다.

그룹의 각 모임을 시작할 때, 멤버들로 하여금 자신들이 보낸 일주일이 어떠했는지를 차례대로 말하게 하면서, 자신들의 일주일에 0에서 10까지 점수를 매겨 긍정적인 면과 부정적인 면에 대해서 발표하게 하는 것이 좋을 것이다. 만약에 환자들에게 원 안에 있는 다른 멤버들의 점수 비율과 동작을 기억하고 있는지를 묻는다면, 기억 훈련을 초기 토론으로 병합시키는 데 도움이 될 것이다.

멤버들이 초기 토론에 참석할 수 있는 능력은 각각 다르겠지만, 매달 그러한 구조가 일관성 있게 지속된다면 빠른 성과들을 거둘 수 있게 될 것이다.

무용 · 동작 심리치료사는 입원 환자들의 나이와 신체적 상태 그리고 정신상태를 기억하는 것이 아주 중요하다. 그렇게 해야만 환자들의 상태에 맞게 효율적으로 과정을 진행시킬 수 있다. 어떤 사람이 비언어적인 활동과 참여에 있어서 모델이 될 수 있을 때, 무용 · 동작 심리치료사는 환자가 해낼 수 있고 편안하게 느낄 수 있는 일반적인 활동 수준으로 낮추어 주기 위해서 자신의 비언어적인 표현을 변용시켜야 한다(Silberstein, 1987).

(2) 음악의 선택

다양한 음악이 만성 환자들과 함께 사용할 수 있으며, 음악이 환자들 자신들에 의해서 선택되어지거나 제시된다면 그것도 좋은 방법이다. 전통음악, 혹은 민속 음악, 클래식 음악, 혹은 민족 특유의 음악이 유용하다. 가능하다면, 신나거나 따라하기 쉬운 리듬을 가지고 있는 음악을 선택하는 것이 좋을 것이다. 왜냐하면, 졸리거나 너무 느린 음악은 환자들이 움직일 수 있도록 만들어 주는 동기를 부여하지 못하기 때문이다. 환자들이 음악에 맞춰 춤을 추어야 하는 것이 아니라 음악이 활력성과 리듬성을 위해 필요하다는 사실을 인식시켜 주는 것도 필요하고, 환자들에게 그날의 기분을 반영시켜 줄 수 있는 음악을 선택하라고 요구하는 것도 유익할 수 있다. 무용 · 동작 심리치료사는 최소한 그룹 멤버들이 부드러운 음악을 선호하는지 아니면 활기 있는 음악을 더 좋아하는지를 식별할 수 있도록 도와줄 수 있는데, 이렇게 함으로써 워밍업을 어떻게 진행할 것인지에 대한 좋은 실마리를 얻을 수 있다.

(3) 몸 마음 이완

만성 환자들과 작업하고 있는 무용 · 동작 심리치료사들은 모두 특수화된 워밍업의 필요성과 그 이점들을 강조하고 있다. 이것의 목적들은 환자들이 과정 단락에서 움직일 수 있도록 준비시켜 주는 것이다. 안무에 의해서 고안된 워밍업들은 신체상을 재확립할 수 있도록 도와줄 수 있고, 환자들이 더 높은 수준의 자기 일치를 개발시킬 수 있도록 도와줄 수도 있다. 워밍업을 통해서 환자들의 팔, 다리, 그리고 몸통은 보다 통합된 모양으로 함께 움직이고 있는 것처럼 보인다(Christrup, 1978; Condon & Ogston, 1966). 워밍업을 실시하는 목적의 일부는 환자들로 하여금 올바른 감각이나 균형적인 감각으로 동작을 사용할 수 있도록 해 주는 것이며, 그것이 그룹의 즉흥 단락이나 과정 단락에서 어떻게 사용될 수 있는지를 환자들이 알 수 있도록 해 주기 위해서 각각의 특징에 맞는 다른 방식으로 이용하는 것이다. 환자들이 신체 동작에서 왜곡된 면들을 보이지 않도록 만들기 위해서는 그들에게 움직이는 새로운 방식들을 가르쳐 줄 필요가 있다. 이것은 워밍업이 신체상과 신체 에고에 영향을 미칠 수 있다는 것이다. 즉, 정지했을 때와 동작을 했을 때에 자신들이 어떻게 비추어지는지, 그리고 어떻게 느끼고 어떻게 행동하는지를 환자로 하여금 자각하도록 만들어 주는 것이다(Schilder, 1950).

만약에 환자들이 수업을 시작하기에는 너무 굼뜨거나 느리고, 그들이 조용하고 느린 음악을 원한다는 암시를 주고 있다면, 그리고 뒤처지는 멤버들이 자신들은 움직이기보다는 앉아서 다른 사람들을 관찰하는 편이 더 낫겠다고 말한다면, 환자들이 앉아 있을 때 워밍업을 시작하는 것도 좋은 생각이다. 앉아 있을 때 시작되는 워밍업은 무릎을 뻗거나 마룻바닥으로부터 다리를 들어 올려 원을 만들면서 발목을 돌리는 동작을 포함할 수도 있다. 발을 가지고 마룻바닥 위를 걷는 동작으로 전환될 수도 있으며, 몸통을 이리 저리로 가볍게 움직일 수도 있다. 만약 치료사가 그것을 먼저 시작한다면, 환자들은 비록 자신들이 걸을 때는 몸통을 뻣뻣이 세우고 있거나 거의 움직이지 않는 경향이 있다 할지라도 치료사의 동작을 따라하려고 할 것이다(Davis, 1970, 1988). 이렇게 걷는 것이 라반이 정의한 것처럼 힘이라는 강한 에포트 요소를 포함하고 있다면, 환자들로 하여금 마루에 발 도장을 강하게 찍도록 유도할 수도 있고, 그렇게 함으로써 그룹의 단합된 리듬을 창출해 낼 수도 있다(Laban, 1948; Schmais, 1985).

워밍업 과정

다음에는 리듬적으로 다리를 교차시키는 동작이 실시될 수도 있으며, 손을 앞으로 쭉 내뻗으면서 손목을 돌리게 하거나 손을 흔들게 함으로써 워밍업을 계속할 수도 있다. 그리고 새가 나는 동작으로 전체 팔을 이용하게 한다면, 환자들은 몸통과 연결시켜 움직임을 할 수 있도록 자극을 받을 것이다. 뒤로 수영을 하는 동작이나 뒤로 움직이는 것은 등을 가볍게 흔들어서 뒤를 볼 수 있게 해 준다. 종종 뒤쪽의 공간을 사용하는 것이 환자의 정신적 자각과 동작으로 상실된 면을 깨울 수 있다(Davis, 1970, 1988).

긴장 이완

어깨를 수축시켰다가 이완시키는 것도 좋은데, 긴장을 자각할 수 있도록 해 주고 횡격막 호흡을 할 수 있도록 고무시켜 준다. 무용・동작 심리치료사들은 특정한 호흡 훈련들을 실시하고 있는데, 그 전에 환자들에게 고혈압이나 빈혈이 있는지에 대한 여부를 세심하게 검토해야 한다. 그룹 멤버들은 앉은 상태로 될 수 있는 한 몸을 최대한 작게 움츠렸다가 그 이후에 가능한 몸을 쭉 내뻗게 하여 공간의 수평, 수직, 사선 면을 모두 이용하는 것은 공간을 형성해 주는 모든 요소를 알 수 있게 한다. 이것은 공간의 상관관계들을 지니고 있으며, 라반의 에포트-쉐이브와 연관이 있다(Kestenberg, 1975; Laban, 1948; Bartenieff, 1980). 안무적이고 확장적인 신체동작 시스템들에서 도출된 동작 훈련들을 포함시키는 것은 표현할 수 있는 동작범위를 넓혀주고, 성장적 경험에 근거한 신체상을 재확립시켜 주며, 공간과 시간을 통해서 비언어적인 표현을 만들어낼 수 있도록 도와준다.

움직임 확장

일방적으로 환자들이 가장 좋아하는 워밍업은 각자가 차례로 리더가 되어 신체 부분을 인식하고 조직화시키기 위해서 각각의 신체 명칭을 부르면서 리듬에 따라 자신들의 신체 부위를 움직이며 인사하는 것이다. 그러한 과정에서 그들은 자신의 발, 발목, 종아리, 무릎, 허벅지, 엉덩이, 허리, 가슴, 어깨 그리고 머리를 느낄 수 있다. 어떤 환자들이 계속해서 어떤 신체 부위를 빠뜨리고 지나가는지, 그들이 어떻게 성공적으로 해 내는지, 그리고 팔, 다리, 몸통이 공간적으로 어떻게 서로 연관이 되는지를 관찰해 보는 것도 중요하다.

워밍업은 리듬적으로 걷거나 발로 바닥을 치면서 이어지게 된다. 느리게 행진하고, 원 안쪽과 바깥쪽을 향해서 앞뒤로 걷고, 회전하고, 무릎을 굽혀서 스윙을 하고, 위아래로, 앞뒤로 움직이는 동작들은 모두 느리게 진행되어지며, 그룹의 일치적 동작을 향한 치료사의 지지와 함께 확장된다. 이렇게 함으로써 환자들은 다음 단계를 수용할 수 있는 준비를 하게 되는 것이다.

4) 무용 · 동작 심리치료사의 역할

무용 · 동작 심리치료사는 환자들이 제시하는 동작을 비언어적으로 반영해 주고, 확장해 주며, 명확히 해 주는 데에 책임이 있을 뿐만 아니라, 차례로 한사람씩 움직일 때, 그룹의 다른 단락들 사이에서 나오게 되는 동작과 언어적 전이들도 제시해 주어야 한다. 치료사는 멤버들이 다음에 무엇을 해야 하는지를 기억하고 시작할 수 있게 되기까지, 그룹의 활동을 위한 초기 역동성을 제시해 주어야 한다. 어떤 순서와 상호작용은 매주 그룹이 제시된 어떤 구조들에 상호작용적 행위를 첨가시킬 때, 점점 더 발전하게 된다. 이때 무용 · 동작 심리치료사는 그대로 내버려 두면 어떤 것을 시작하지 않고 서로 기초적인 의사소통만 할지도 모르는 멤버들 간에 보다 명확한 의사소통을 제시할 수 있도록 격려와 지원을 아끼지 않아야 한다.

그룹을 위한 이러한 역할 제시는 부분적으로는 '치료사로 하여금 그룹 정체성의 보유자가 되도록 만들게 하는 것'일 수도 있다(Sandel & Johnson, 1983: 133). 그러한 보유자가 되는 것의 다른 측면은 그룹의 심리적 이미지를 자각하고 그것을 지키는 것일 수도 있는데, 그러한 심리적 이미지는 무용 · 동작 심리치료사의 행동을 통해서 환자들에게 전달된다. 이러한 이미지는 치료사와 함께 그룹에 대해서 토의하고, 이론화하고, 수퍼바이저에게 영상 테이프들을 제공하여, 치료사 스스로 자각하고 수용하면서 생생하게 유지시킬 수 있다.

초기 단계들과 진보 단계에서의 그룹 정체성에 대한 무용 · 동작 심리치료사의 일관성은 심리적 · 신체적 수준들에서 모두 발생하게 된다(Skove, 1986: 73). 무용 · 동작 심리치료사는 이처럼 고립된 환자들에게 가능한 가장 높은 수준의 개인적인 연대감을 용이하게 만드는 방식(언어적 · 비언어적)으로 행동해야 한다. 이러한 그룹 정체성의 성취는 그룹의 의식들을 많이 반복하고 계속 진행시켜 나갈 수 있느냐에 의존하게 된다. 그것이 지속될 수 있다면, 환자들은 그룹 멤버들을 받아들이고 그룹에 어떤 기여를 하게 됨으로써 성장하게 된다. 구조의 용이성이 그룹에게 긍정적으로 이용되고 있는지, 혹은 멤버들의 의존적이고 고분고분한 행동에 대해 그것이 언제 어떤 강화를 제공해 주고 있는지를 알아야 한다(Liebowitz et al., 1989).

치료과정 안의 구조변형

그룹 멤버들이 그룹이라는 개념을 내재화할 수 있도록 그룹 정체성을 유지시키고 용이하게 만든다는 목적들을 지속시키는 데에 있어서, 치료사의 유용한 행동 안에 어떤 변용들이 있을 수도 있다. 치료사는 '모두 이것을 해 볼까요?' '우리는 무엇을 할 수 있을까요?' '다 함께 이것을 해 봅시

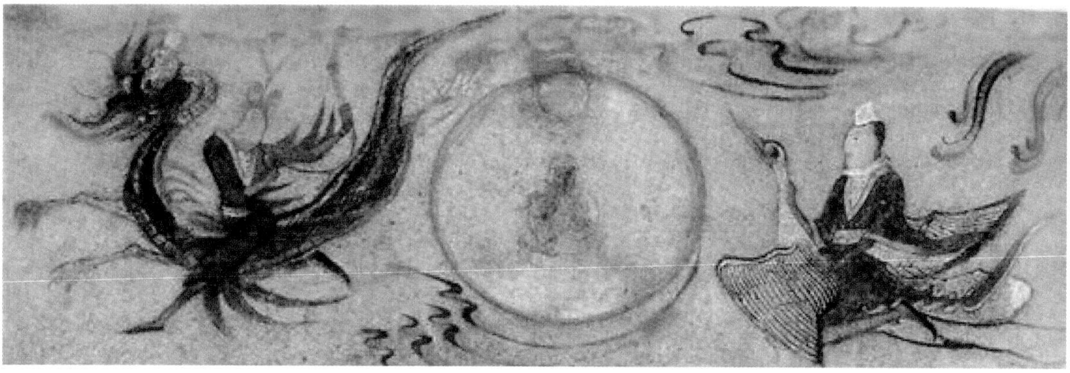

다.' '오늘은 어떤 음악을 원하나요?' 등의 말을 함으로써 그룹을 개인으로서가 아닌 그룹 전체로써 표현할 수가 있다. 이러한 분명한 언급은 그룹 멤버들에게 그룹 역할을 하는 데에 있어서 필수적인 '우리'라는 공통된 개념을 심어 줄 수 있다.

그 외에도, 유머의 사용과 핵심적이고도 솔직한 방식이 중요하다. '정신질환자들이 치료사에 의해서 변형된 두려움을 반영해 줄 것이라는 사실은 잘 알려져 있다. 이와 유사하게, 환자들은 긴장을 풀고 안정된 마음가짐을 갖고 있는 것처럼 보이는 치료사에 의해서 평안을 유지할 수도 있다.'(Kahn, 1984: 152). 뿐만 아니라, 전체로서의 그룹이나 다른 멤버들이 알아차릴 수 있도록 리더에게 간접적인 질문들을 하는 것은 각각의 멤버들이 스텝 멤버들에게뿐만 아니라, 서로에게 질문을 하거나 다른 사람들의 말을 경청할 수 있도록 해 준다. 만약 누군가가 날씨나 TV 프로그램 혹은 오늘이 무슨 요일인지 등에 대한 것을 묻는다면, 무용 · 동작 심리치료사는 그룹 멤버들 간의 상호작용을 용이하게 만들어 주기 위해서 '오늘이 무슨 요일인지 아는 사람 있어요?'라든지 혹은 '아마 누군가가 이 질문에 대한 대답을 해 줄 수 있을 거예요.'라고 말을 할 수도 있다(Kahn, 1984).

상호작용

만성 환자들을 위한 무용 · 동작 심리치료 그룹을 운영한다는 것이 상당한 에너지와 인내심을 요구한다는 사실은 의심할 여지가 없다. 그룹을 분열된 하나의 개인으로서가 아닌 그룹으로서 다루기 위해 정신적으로 투쟁해야 한다는 것에 가장 큰 주안점을 두어야 한다. 그러나 그룹 정체성에 대한 이러한 의식적인 조직화와 일관성 그리고 그 잠재적인 역할수행에 대한 신념은, 환자들이 상호작용, 자기 출발에 있어서 많은 성과를 보이고 있으며, 환자들이 무용 · 동작 심리치료사, 공동 협력가 그리고 간호 스텝들이나 다른 타인들과 함께 자기 자신에 대한 더 많은 부분을 공유할 수 있기 때문에 결국 그 보상을 받을 수가 있다.

똑같은 그룹의 환자들과 더 오랫동안 작업을 할 때는 오랫동안 정신병으로 고통을 받아왔고, 몇십 년 동안이나 정신병동에서 생활해 왔으며, 이제 공동체 생활로 다시 들어가야 하는 고무적인 상황에 직면한 이런 특이한 사람들에 대해서 어떤 호의와 존중감, 그리고 이해를 가지려고 노력해야 할 것이다. 만성 그룹들을 운영하는 과제는 힘들지만, 만약에 이러한 전이들이 무용 · 동작 심리치료사 자신의 직업적 성장과 자기 측정을 위해서 필수적이라는 사실을 인식하는 다른 사람들로부터 동등한 후원이나 감독, 그리고 인간 중심 치료가 뒷받침된다면 그 보상은 아주 클 것이고, 무용 · 동작 심리치료는 만성 환자들의 복귀에 커다란 도움을 줄 수 있을 것이다(Kahn, 1984: 152).

2. 외상 후 스트레스 장애(PTSD)와 무용 · 동작 심리치료

지난 시간 우리 사회에 일어난 세월호 참사를 비롯한 갖가지 사고들과 정치적 상황들은 많은 생명을 죽음으로 몰아갔고, 그로 인해 우리 사회는 국민적 집단 우울과 스트레스, 분노의 사회로 이어지고 있다. 강한 슬픔과 고통을 직접 경험한 사람들은 영혼과 신체 전체의 정보처리 시스템을 압도하여 연결을 방해하고, 결국 고통의 경험은 몸에 기억되어 비슷한 상황에서 지속적으로 튀어나오게 된다.

최근 하버드 대학교 정신과의 외상 후 스트레스 장애 연구에서, PTSD 증상 환자들에게 자신들이 겪은 사건을 자세히 말하게 하고, 동시에 PET 스캔으로 뇌의 반응을 기록하면서 외상 후 스트레스 장애(Post Traumatic Stress Disorder: PTSD) 증상을 가진 사람들에게 몇 분 동안 사건 당시의 충격을 다시 되살렸더니 뇌의 활성화된 부분과 그렇지 않은 부분을 스캐너로 관찰할 수 있었다(Schreiber, 2004).

트라우마 중에서 가장 강한 트라우마는 어릴 적 성폭행 피해자들로, 그들을 치료할 때 치료 목표는 무엇보다 안전하다는 느낌을 갖게 하고, 그들이 느끼는 공포감과 무력감을 정당한 분노로 변화시킬 수 있도록 돕는데 두고 있어야 한다(Schreiber, 2004).

무용 · 동작 심리치료의 경우 피해자의 멈춰있는 신체, 정서, 사고를 리듬에너지로 활성화 시키고, 호흡과 감정표현을 통해 자신의 내부로부터 이러한 변화를 느끼게 하고 여러 방향의 동작들과 표현으로 표출하고 조절하게 돕는다.

또한, 류분순(2002, 2006)의 연구를 통해 관찰한 성폭력 피해 청소년들도 외상 후 스트레스 영역이 두드러지게 나타났는데, 그것은 수치심, 분노, 적대감, 공격성, 자존감, 회피 등으로 Keane, Kolb와 Kaloup(1998)의 연구에서 외상은 외상의 신호와 대면했을 때 희생자의 스트레스 반응체계를 활성화 시킨다고 보고한 것과 Perry와 Pollard(1998)가 외상 후 고통의 반응으로 긴장과 해리의 방어를 사용한다고 연구한 것, Dodge(1993)가 장기적 폭력에 노출된 청소년들은 폭력, 적대감, 공격성의 특성들이 존재한다고 밝히고 있는 연구와 같은 맥락이다(류분순, 2010).

DMT의 기본 요소는 신체와 공간, 시간, 에너지, 흐름 등의 고유 요소들이 잘 융화되고 조화되어 치유적 관계를 맺고 있으며, 한가지의 변화가 다른 영역에 연쇄적인 변화를 낳는 형태 심리로서 정신과 신체의 통합을 가져온다고 보고 있다. 거기에서 리듬과 움직임은 치유적 변화와 감정 변화, 뇌지도의 변화 및 신경 생리적 반응을 일으킨다.

1) 감정 뇌의 이해

우리 뇌의 내부에는 '뇌 안의 뇌'라고 불리는, 감정을 조절하는 부분이 있다. 이 부분을 감정 뇌라고 하는데, 그곳은 세포 조직이나 생화학적 성분 면에서 볼 때, 뇌의 가장 '발달된' 부위로서, 언어와 사고를 지배하는 신피질과는 구분된다. 이 감정 뇌는 신피질과는 독립적으로 활동하므로 언어와 인지능력 쪽으로는 미미한 영향만을 끼칠 뿐이다. 우리는 감정 자체에게 억지로 사라지라고 명령할 수는 없기 때문이다. 나아가 이 감정 뇌는 심리적 안정뿐만 아니라 심장 기능, 혈압, 호르몬, 소화계, 심지어 면역체계 등 대부분의 생리현상도 조절한다.

우리의 감정이 혼란을 겪는 것은 감정 뇌의 기능에 문제가 있기 때문인데, 이런 경우 대부분은 현재의 상황과는 아무런 상관이 없다. 감정 뇌에 강하게 인식된 끔찍하고 강한 고통스러운 기억이 때로는 수십 년이 지난 후에도 갑작스럽게 우리의 감정과 행동을 지배할 때가 있다.

최근 보스턴 트라우마 센터의 연구에서, 트라우마 치료는 지금까지의 방식인 인지, 생각, 감정을 바꾸는 것보다 몸을 먼저 변화시켜야 감정과 생각을 변화된다고 말한다. 즉, 이미저리(Imagery)로 새로운 신경회로와 새로운 기억의 저장고를 만들어야 한다는 것이다. 경험에 대한 느낌은 무언가 시각에 들어오면 후두엽에서 형상의 정보를 처리하고 뇌의 다른 영역으로 즉시 보내진다. 해마는 전의 위험목록과 비교하고, 경고를 편도체에 보낸다. 편도체는 경고 벨처럼, 주의를 뇌 전체에 보내고, 싸움이나 도주에 관여하는 신경 호르몬 체계로 보낸다. 동시에 전전두엽이 장기기억 속의 정보를 끌어 모아 진상을 파악하는 것이다.

DMT는 바로 이 감정 뇌가 과거의 경험에 지배받지 않고, 현재에 적응할 수 있도록 도와주고, 새로운 경험으로 새로운 신경회로로 기억을 저장 하게 한다. 이를 위해 통제가 어려운 언어나 인지능력에 의존해 치료하기보다 직접 감정 뇌에 작용하는 현재의 신체 중심 치료로 접근하는 것이 더 효과적이다.

감정 뇌는 스스로를 치료하는 능력을 지니고 있다. 이것은 상처 회복이나 균을 퇴치하는 자가치료 기능처럼 몸속에 내재해 있는 균형과 안정을 회복하려는 능력을 말한다. 신체를 직접 다루기 때문에 이 치료는 자가치유 기능의 장점을 최대한 활용한다.

그러므로 DMT 프로그램은 그 과정을 통해서 외적 기능의 상호성, 움직임과 감정의 관계, 정신적 측면에 관련된 뇌기능, 그리고 리듬운동과 치료적 응용에 대한 생리학과 연관되어 있다고 볼 수 있다.

2) 복합 외상장애의 회복과 생명력 회복 무용 · 동작 심리치료

트라우마는 일반상태보다 매우 활성화된 뇌의 변연계 작용으로 시간이 지난 자극에 대한 신체적 감각 반응과 정서적 반응이 여전히 같은 반응을 일으켜 머리의 이해로는 가라앉지 않으며 변연계의 각성 상태를 분류하고 분석하는 전두엽의 통로가 차단되어 있다. 그러므로 언어적 심리치료로는 한계가 있고 전전두엽과 연결되고 활성화시키는 DMT 심리치료 프로그램으로 회복에 도움을 주게 된다.

① 들숨과 날숨의 인식과 신뢰성, 신체-마음 이완 작업(지금 현재의 몸 자각)

② 안전지대를 찾기
- 신체 이미지와 몸의 기능 회복
- 감정과 정서에 대한 신체 반응과 느껴지는 신체 감각의 위치
- 몸의 구조에 초점을 맞춘 움직임의 접근으로, 신체의 긴장을 풀고, 동작의 습관을 바꾸고, 몸의 자연적인 능력을 회복시키는 것을 도움 받게 됨

③ 감정 표현
- 트라우마를 꺼내어 한곳에 집중된 에너지를 몸 전체로 보내어 기억을 통합: 신체 깨우기-마음 깨우기, 나의 생각, 감정, 표현

④ 긍정적인 경험을 체화하기
- 소리와 언어화: 정서적 표현에서 소리를 자유롭게 내는 것은 매우 중요함. '행동화된 단어들'은 의미 있는 내용을 끌어내기 위해 특정한 언어적 표현을 즉흥적으로 하는 것임

⑤ 회복 탄력성
- 가슴 아픈 문제에 직접적으로 초점을 두지 않고, 감정과 몸의 상태를 표현할 수 있게 함
- 정서적 반응, 기억 그리고 근 감각적 구성요소와 사고를 포함한 인간의 경험이 적용되며, 몸의 움직임은 정신의 직접적인 배출구로, 동작을 통해서 정신과 신체의 통합을 경험함

⑥ 삶의 의미와 창조성
- 움직임을 통한 역동 탐구 Body, Space, Time, Weight를 통한 왜곡된 인지 변화. 내면의 보호자 불러내기
- 리듬, 공간, 감정, 몸의 움직임 그리고 탐색을 통한 몸 인식의 증대

와 움직임의 표현 형식을 넓히기 위해 구체적으로 움직이고, 확장시키고, 발전시킴
- 천천히 호흡하면서 자신의 중심과 고유성을 발견하게 함

⑦ 자신의 고유성과 내적 강인함을 키우기
- 현실과 안정 애착에 대한 의식 키우기
- 자기 긍정감, 효용성
- 소통과 새로운 자기 발견

3. 소아 정신치료와 무용 · 동작 심리치료

소아 정신치료에 대한 무용 · 동작 심리치료의 목적은 유아 정신치료나 놀이치료와는 다르다. 하지만 이 세 가지 목적은 넓은 의미에서는 비슷하다. 놀이치료에서는 많은 수의 장난감을 이용해서 아이가 상징적 이야기를 만들어 내도록 하고, 이를 치료사가 해석하여 외상적 장애로부터 벗어나도록 시도하거나, 아이의 감정적 장애를 나타내게 할 수 있다. 치료사는 그의 해석을 아이와 공유할 것인지를 선택할 수 있다. 이야기들은 놀이 치료사에 의해서 평가되고, 치료사는 아이가 자신의 경험을 느낄 수 있도록 도와준다. 놀이 치료사는 종종 처음에는 전문적 치료사로서 훈련을 쌓고, 그 이후 2년간 놀이 치료사 교육을 받는다. 이는 프로이트(Freud), 융(Jung), 클라인(Klein)이 그 시조이다. 이들의 목적은 전달을 이용해서 유아의 심리적 상태를 재구성하는 것이다. 아이는 1년이나 몇 년간에 걸쳐서 1주일에 1~2회의 상담을 하게 되기 때문에 치료는 매우 집중적이다. 아이는 심리치료사와 유아기 상호작용을 재연할 수 있는 공간과 시간을 가지게 된다. 치료사는 아이의 내부세계를 지적할 수 있도록 아이에게 반응하는 법을 훈련받는다. 아이는 기본적인 움직임 놀이나 장난감을 가지고 놀 수 있다. 하지만 이 치료방법에서는 심리적인 관계가 기본적인 과제다. 유아 심리치료사는 성격발달 모델, 자아 방어구조, 클라인에 의해 설명된 심리투사확인과 침뱉기와 같은 무의식적 현상에 대한 광범위한 지식을 가지고 있다.

1) 소아 무용·동작 심리치료의 목적

소아에 대한 무용·동작 심리치료에서, 기본적인 목표는 동작을 아이들의 현재 감정 장애에 대한 상징적 의사소통수단으로 사용하는 것이다. 그 과정에서 장애를 찾아내고 이해함으로써, 아이는 자신의 걱정과 대처할 수 있고, 행동적 장애를 감소시킬 수 있다. 두 번째 목표는 더욱 적절한 상호작용을 위해서 아이의 행동을 반영하고 되 비춰 주는 것이다. 그리하여 부모와 아이의 손상된 관계를 회복시키는 것이다. 마지막으로, 소아 환자에 대한 무용·동작 심리치료는 신체 심상과 신체 자아를 회복시키는 방법으로써의 동작 경험에 초점을 맞추고 있다. 뿐만 아니라, 무용·동작 심리치료사는 아이의 발달적 신체·심리를 평가하고, 아이의 비언어적인 행동에 기초해서 심리적인 상태를 관찰하고 치료 목표를 세울 수 있다.

무용·동작 심리치료는 인간 내부 기능에 초점을 두고, 원초적인 언어 이전의 심리적 경험을 지적한다(Goodwill, 1987: 62). 상호작용적인 관점이 무용·동작 심리치료와 놀이치료를 구별시켜 준다. 이것은 부분적으로 방안에 장난감 수가 많지 않고, 아이 행동의 심리발달적 측면에 주력하기 때문이다. 실제의 경우에 있어서, 소아에 대한 무용·동작 심리치료의 주요 관심사는 치료적 협력을 할 수 있는 아이의 능력과 그 동작과 말을 통해서 자신의 장애들을 표현하게 하는 능력을 성장시키는 것이다.

아이와 함께 동작을 사용하는 기능을 효율적으로 수행하기 위해서는 무용·동작 심리치료사가 자격을 갖춘 숙련된 전문 무용·동작 심리치료사로부터 감독과 보조를 받아야 한다.

무용·동작 심리치료사는 의사소통이 제한적이거나 전통적인 접근법이 효과가 없는 아이에 대한 치료에 있어서 중요한 기회를 제공할 수 있다. 유아 정신의학팀에 일하는 무용·동작 심리치료사는 팀의 다른 멤버들에게 치료사-유아, 부모-유아 사이의 상호작용에서의 비언어적 요소를 중요하게 키워줄 수 있다.

2) 공동 협력자

무용 · 동작 심리치료사가 공동 협력자를 가지는 것은 필요하다. 자세하게 말하자면, 공동 협력자는 특히 움츠리거나 주저하는 아이들을 더 잘 보조할 수 있고, 파괴적인 아이들을 신체적으로 감당할 수 있다. 그는 다른 환경에서 아이들이 행한 행동에 관해서 핵심적인 정보를 제공할 수 있고, 아이가 보내어지게 되는 다른 기관에 필요한 기초 자료를 만드는 데에도 도움이 되며, 그룹을 위한 준비에도 도움이 된다. 공동 협력자는 무용 · 동작 심리치료사로부터 그룹에서 무엇을 하려고 하는지에 대한 설명을 들어야 한다. 공동협력자는 그룹에서의 활동적인 행동 중에서 놓치기 쉬운 일들을 볼 수 있는 유용한 눈 역할을 한다.

그룹이 사용할 방은 수업 중 일정해야 하고, 프라이버시가 보장되고, 조용하며, 깨질만한 것이 없어야 한다. 이런 신체적인 안전은 아이로 하여금 그들의 화난 공격과 감정의 강도가 모두 분출되도록 할 수 있다. 가구가 적거나 아예 없는 방이 적당하다.

3) 보조도구

보조도구는 다양한 목적으로 사용될 수 있다. 하지만 장난감이 그룹의 관심 대상이 되어서는 안 된다. 사용 목적은 친구나 다른 사람들과의 관계를 만들고, 개인과 그룹 동작 행동이 감정을 잘 표현할 수 있도록 만드는 데에 있다. 아이의 수만큼 탄력적인 천을 준비하는 것도 좋은 생각이다. 이것은 많은 용도로 사용될 수 있다. 담요, 줄다리기 로프, 배트맨 망토, 동물신 복장, 안에 숨을 수 있는 텐트로 만들어질 수도 있다. 또는 다양한 패션으로 아이를 꾸밀 수도 있다. 길이가 긴 탄력적인 천은 매우 쓸모 있다. 특히 충분히 큰 경우에는 치료사와 공동 협력가가 양 끝을 잡고 그룹 전체가 안으로 뛰어들어가서 갇히거나 부드럽게 뛰어나오게 할 수 있다.

더욱 구조화된 그룹에서는 어떻게 생각하는지를 아이가 설명하도록 만드는 데에 보조도구가 아주 효과적이다. 한 그룹에서 원으로 둘러앉은 채 한 명씩 일주일 동안에 가장 좋은 일과 가장 나쁜 일을 말하고 0부터 10까지의 점수를 매기게 했다. 광대의 찡그린 얼굴(0)에서 웃는 얼굴(10)까지 슬픔과 기쁨의 단계를 가지는 얼굴이 있는 카드를 사용해서, 다른 아이들과 비교해서 자신이 어떻게 느끼는지를 확실히 표현하게 만들 수 있다. 이 방법은 그들이 행복한지 아닌지를 정확히 반영할 수는 있지만, 그룹의 상태나 각자의 경험을 비교할 수 있게 만들어 주지는 않는다. 이런 시각적인 절차는 각자에게 그룹의 숫자를 알리는 것으로 끝을 맺는다. 그리고 어느 아이가 남의 말에 귀를 기울이고 어느 아이가 이기적인지를 알게 해 주며, 그들에게 서로 비슷해야 한다는 점도 상기시켜 준다.

어떤 아이들은 메테리얼을 얻지 못하거나, 얻으려고 다투지 않을 수도 있고, 그것을 부수려고 하는 아이도 있다. 이 점 때문에 무용 · 동작 심리치료사는 물건들이 잘 깨어지지 않는 것으로 준비해야 한다. 매우 화가 나 있는 아이라도 그룹을 위해 가져온 것을 실제로 깨트리게 되면 매우 당황한다. 무용 · 동작 심리치료사의 경향에 따라서 다른 보조도구가 사용된다. 예를 들어, 고무공, 가면, 부드럽거나 거친 천, 신체 곡선을 그리기 위한 큰 종이들이 있다. 끝맺음에서는 아이들을 원으로 둘러앉게 해서 무용 · 동작 심리치료사와 공동 협력가가 차분하게 돌아오게 한다. 그러나 아이에 대한 무용 · 동작 심리치료의 과정 안에서는 일반적으로 매우 활동적이고 생기가 있다.

처음 시작할 때가 아니라면 그룹 구성원과 치료사의 신체적인 안전과 그룹 안전에 대한 규칙을 말할 필요가 있다. 그들이 서로를 상하게 하거나 치료사를 다치게 하거나 도구에 손상을 입힐 수 없다는 것을 이해시키는 것은 간략하고 단순한 규칙에 의해서도 충분하다. 무용 · 동작 심리치료사와 공동 협력자는 아이들이 서로에게 공격적일 때 이들을 멈추게 해서 지금 무엇을 하고 있는지 깨닫도록 만들어야 한다. 그렇지 않으면 일상적인 폭력이 그룹에 영향을 미칠 것이다. 또한, 아이들은 신체적 활동에 알맞은 옷을 입도록 해야 한다. 치료사도 편안한 옷을 입어야 하며 장신구는 아이들과의 신체적인 상호작용에서 떨어지거나 부서질 수 있으므로 달지 않도록 해야 한다.

4) 치료적 목표

소아들에 대한 무용 · 동작 심리치료 그룹의 목표는 주로, 유아 그룹 치료와 그 접근법을 사용할 때와 일치한다. 무용 · 동작 심리치료이나 언어 심리치료에서는 정신 역학적 면에서 유아 그룹에 대해 쓴 것이 놀랄 정도로 적다. 이 사실은 이 일의 어려움을 나타내 준다. 기본적인 부모와의 관계가 아주 어려웠음을 경험한 아이들은 교제하기에 즐거운 사람이나 친구, 유용한 타인은 물론이거니와, 다른 사람을 개별적인 사람으로 생각하지 못한다. 어떤 면에서 그룹의 임무는 내부세계로 싸인 각각의 단편적인 개인들보다 아이들이 그룹이라는 것을 느끼게 하는 것이다. 교사들은 가끔 상처받은 아이들이 놀지를 못하거나 다른 사람과 어떻게 노는지 알지 못한다는 사실을 발견하게 된다. 이런 점에서 독립적인 행동, 일관된 고립이나 공격적인 접촉이 설명된다.

행동을 변화시킬 수 있다는 생각을 명확하게 인식시켜 주는 것은 아이들에 대한 그룹의 목적에 포함된다. 정신의학적으로 그룹의 목적은 아이가 전달하고자 하는 것에 귀를 기울이고, 이에 반응을 보이는 것이다. 학대받은 아이에게 있어서 중요한 일은 성인과의 관계를 치유하는 것이다. 어른들이 그들을 이해할 수 있고 그들의 생각을 체계화하는 것을 도울 수 있고 그들의 공격성을 포용할 수 있다는 느낌을 가지게 하는 것은 이를 경험해 보지 못한 아이들에게는 아주 중요하다.

학대받은 아이들이 고맙다는 반응을 하는 경우는 자신들이 버려지거나 무시되는 대신 자신이 이해되어지고, 공감받고 있다는 것을 알 때이다. 그리고 아이들이 무언가를 할 때 어른이 이를 중단시키는 것이 아이를 벌하기 위해서가 아니라 아이를 위해서 그렇게 한다는 사실을 경험시켜 줄 필요가 있다. 무용 · 동작 심리치료사는 놀이를 할 때, 어떻게 학대받은 아이에게 접근해야 하는지를 정확히 알고 있어야 한다. 만약 너무 빠르게 접근한다면 움찔하거나 놀라게 되는데, 이는 어른이 하려는 일이 자신에게 해가 될 거라는 생각 때문이다.

그룹에서 종종 아이들은 무용 · 동작 심리치료사와 공동 협력자를 갈라놓으려고 한다. 그들은 성인이 공동으로 행동하는 상황에 대해서는 접해 보지 못했다. 또 폭력가정에서 자라난 아이들에게 있어서는 어른들이 사이좋게 지내고 있다는 사실이 아주 새로운 경험이 될 것이다. 무용 · 동작 심리치료 그룹에서 동료와의 관계를 개선하는 것은 중요한 목표다. 그룹에 의해 받아들여지는 것은 나중에 학교에 입학을 할 때나 생활을 하는 데에 있어서 어떤 그룹에서 사회적으로 적응하는 데에도 도움을 준다. 그룹은 또한 가족을 재연하고 아이를 양육한다. 양육가정으로부터 버림을 받았다고 느끼는 아이들은 그들이 인정받고 보살핌을 받는 상상 속의 가족에서 어떠한 역할을 가진다. 무용 · 동작 심리치료사와 공동 협력자의 반영적인 언급을 통해서, 아이들은 다른 친구와 의미 있고, 성공적인 방식으로 관계를 맺는 것을 방해했을지도 모르는 자신의 행동을 이해하기 시작한다. 또한, 가족 활동을 재연하게 되는데, 여기서 그들은 학대를 받거나 무시당하지 않게 된다. 아이들은 자신의 행동에 정직하다. 치료사의 감독하에서 아이들은 다른 아이들이 자신을 싫어하도록 만드는 자신의 행동이 무엇인지를 배우게 된다. 뿐만 아니라, 비슷한 문제들을 가지는 아이 그룹에서는 서로 사회적으로 덜 고립되고, 고통을 적게 받고, 덜 비난하게 되는데, 특히 성적으로 학대받은 아이에게서 이런 점이 두드러진다.

5) 상호작용에서의 비언어성의 특성

무용 · 동작 심리치료에서 아마도 가장 중요한 특성은 무용 · 동작 심리치료사가 아이들의 표현에서 비언어적인 요소들에 대해 민감할 수 있도록 특별히 교육을 받는 것이다. 소아 그룹 심리치료사는 이것을 아주 가치 있는 것으로 인정하고 있다. 아이의 비언어적인 행동은 그의 내부세계에 대해 접근을 할 수 있도록 만든다. 아이에게 자신을 언어로 표현하라고 시키는 것은 스스로 치유하라는 말과 똑같다.

우리의 이해와 수용을 상징적인 면에서 판단할 수 있게 해 주는 비언어적인 측면에 대비함으로써, 결국 자신들의 생각과 문제점들을 솔직하게 말할 수 있게 하는 환경을 만들어 준다.

치료사들은 언어적 대화에 능숙하기 때문에 언어로만 진행되는 그룹이 다루기 편하고 더 깊게 성찰할 수 있을 거라고 가정하고 있지만, 우리는 대화가 아이의 내부세계로 들어가는 것을 필수적으로 도와주지는 않을 거라는 사실을 잊고 있다. 그리고 자아 개발에서 심각한 결여를 가진 아이들의 성장에 따른 욕구를 직접 관찰할 수 없다는 사실도 잊고 있다(Riester & Kraft, 1986: 35).

6) 혼란에서 회복으로

그룹의 주된 치료적 목적은 아이가 그들의 생각, 두려움, 상상을 안전한 환경 안에서 표현하도록 만드는 것이다. 즉, '창조적인 동작은 아이의 생각을 표현할 수 있게 만들어 준다. 또한, 억압된 분노와 적대가 처벌되지 않은 채 표출될 수 있다.' 이것이 공격의 정화적 표출을 의미하지는 않지만, 호전적인 아이들을 회복시키고 그들의 약한 면과 의존적인 면을 보여주는 것도 감정표출의 중요한 형태다. 보아스는 벨레브 정신 병원에서의 연구에서, "아이들은 처음에 단지 '자아 방종과 혼란된 행동'으로 동작을 한다. 그러나 이런 에너지를 방출한 후에는 상상의 형성을 위한 경험들을 통해서 조정능력과 신체를 사용할 수 있게 된다."라고 말했다(Boas, 1952: 261). 초기의 혼란 현상은 아마도 그룹에서 생겨나는 두려움을 피하기 위한 일종의 광란적인 방어일 것이다.

그룹에서 아이들의 처음 행동은 보통 산만하고, 싸우고, 명령하고, 도발적이며, 상식에 맞지 않는다. 이러한 행동 뒤의 감정을 받아들이고 상대적으로 규칙을 느슨하게 하는 것(신체 안전을 위한 규칙은 제외)은 아이의 감정을 받아들이고, 이에 의해 긍정적 에너지가 나올 수 있게 하며, 행동이 더 목적성을 띄도록 만들 수 있는 치료적 환경을 설정해 줄지도 모른다.

치료사가 그룹이 에너지를 혼란된 방식(연속적인 동작이 방어를 위해 사용된다)으로 소모할 때와 치료적으로 동작이 쓰이는 때를 구별하는 것이 중요하다. 상징의 사용은 방어적인 면과 전달적인 동작을 구별시켜 준다. 더욱 많은 환자에 대한 무용 · 동작 심리치료 영상 비디오를 통해서 교육받은 무용 · 동작 심리치료사는 의미 없고 공간적으로 분열된 방어 동작을 알아차릴 수 있다. 손댈 수 없을 정도로 자신의 감정으로 혼란된 각각의 아이들이 가득한 방 안에서 무용 · 동작 심리치료사와 공동 협력자가 느끼는 생각은 종종 그룹에서 일어나는 일의 명확한 지침이 된다. 때때로, 동작 소재가 매우 혼란스러울 수도 있고, 아이가 이해하는 측면에서 그것을 재현시켜 주기보다는 마음의 상처를 다시 입히게 만드는 경우가 있다. 이런 때에는 소품이나 상징적 메테리얼이 이런 경험으로부터 어느 정도의 거리를 유지하게 해준다. 아이가 지금 하는 일을 설명하고 이름 붙이는 것은 경험을 가르치기 위해서 어느 정도의 거리를 두게끔 도와주고, 이 경험은 아이의 정신을 사로잡고 있는 것의 정도를 약하게 만들어 준다. 단순히 현재의 상황을 말하는 것(모든 사람이 사방으로 뛰어다니고 있다)은 적어도 아이가 가지고 있는 마음의 혼란이 방 안에 있는 어른에게 이해되고 있다는 느낌을 아이로 하여금 갖게 한다.

또한, 그룹의 치료적인 목적은 그룹이 갖고 있는 특정한 문제와 아이들이 일반적으로 갖고 있는 문제의 다양성에 맞춰서 설정해야 한다. 예를 들면, 학대받은 아이들에게서 나타나는 일반적인 감정적 문제는 어른에 의한 반복적인 성적 학대의 기억에서 자신을 어떻게 보호할 것인가와 어떻게 어른을 믿을 것인가 하는 것일지도 모른다. 또한, 학대의 경험과 연관되어 있는 혼동, 분노, 흥분을 어떻게 다룰 것인지에 관한 내부 정신적 감정 문제가 나타날 수 있다. 필자의 임상적 경험으로 전반적인 발달 장애를 가진 소아환자들은 언어치료와 특수치료 등, 보통 두세 개 이상의 치료를 3~4세 때부터 받고 있고 이들 부모는 정상의 아이들과 비교하고 조급해 한다. 이런 경우 소아들에게 무용 · 동작 심리치료를 실시하면서 중간면담에 부모들의 생각과 태도를 같이 바꾸게 하고 있다. 일반적으로 8~9세까지 언어적, 인지적, 사회적 장애가 있는 아이들은 무용 · 동작 심리치료 6개월 안에 아주 분명한 언어적, 인지적, 사회적 변화가 일어나고 있다.

부록 1

동작 관찰 척도

회기 대상명

BODY What: 신체적-무엇을 움직이는가?

Body Posture (신체 자세)		Gesture
Narrow	____________	____________
Neutral	____________	____________
Wide	____________	____________
Sunk	____________	____________

Energy Level (에너지 수준)

1__________5

Amount of Expressiveness (quantitative expression of feelings through movement)

Limited 1__________5 Extensive

Kind of Expression (qualitative) (표현적인 능력)

1__________5

Frequency of Spontaneity (자발적인 능력)

1__________5

Relating to Others (관계성의 능력)

Unresponsive 1__________________5 responsive

Does Not initiate 1__________________5 Initiates

Eye Contact (상호작용)

None 1__________________5 Total

Tension Areas (신체 긴장)

Face ____________________ Mouth ____________________ Jaw __________________

Neck ________________________

Shoulders ________________________

Chest ________________________

Back ________________________

Mid-Section ________________________

Pelvic ________________________

Arms ________________________

Hands ________________________

Fingers ________________________

Legs ________________________

EFFORT How: 질적, 동적-어떻게 움직이는가?
환경에 대한 내부의 반응 on-drive
내부의 태도와 내면적 충동-질적인 측면

Space: 주의력의 기능과 관련을 갖는다.

Direct (straight, undeviating, chanelled) 1__________________5

Indirect (spiraling, flexible) 1__________________5

Time: 결단을 내리는 것을 의미한다.

Slow (sustained, lingering) 1__________________5

Quick (sudden, instantaneous) 1__________________5

Force: Weight는 의지의 표현을 의미한다.

Strong (forceful, vigorous) 1__________________5

Light (weightless, buoyant) 1__________________5

Effort-Flow (tension of the movement) 감정과 관계성을 의미한다.

Bound 1__________________5 Free

Free 1__________________5 Bound

SHAPE Where: 형태적-어떻게 환경과 관계하는가?

Shape Flow ____________________

Shaping ____________________

Directional Shape Ark like ______________ Spoke like ______________

SPACE: 공간적-어떻게 환경과 관계하는가?
How related to environment?

Personal Space (Kinespere)

near space ____________________

middle space ____________________

far middle space ____________________

General Space ____________________

Inner Space ____________________

'신체적 자아' 등급 항목

문항	항목	매우 그렇다	그렇다	그저 그렇다	아니다	매우 아니다
1	나는 건강한 몸을 가지고 있다.					
2	나는 언제나 멋지고 깨끗해 보인다.					
3	나는 매력적인 사람이다.					
4	나는 아픔과 고통으로 가득 차 있다.					
5	나는 나 자신을 단정치 못한 사람이라고 생각한다.					
6	나는 병들어 아픈 사람이다.					
7	나는 너무 살이 찌지도 너무 마르지도 않다.					
8	나는 키가 너무 크지도 너무 작지도 않다.					
9	나는 나의 보이는 그대로의 내 모습을 좋아한다.					
10	나는 만족스러운 상태이면서도 그것을 느끼지 못한다.					
11	나는 나의 신체의 어떤 부분을 바꾸고 싶다.					
12	나는 지금보다 좀 더 성적 매력을 갖추어야 한다.					
13	나는 신체적으로 나 자신을 돌봐야 한다.					
14	나는 대부분의 시간에 기분이 좋다.					
15	나는 외형에 신경을 쓰려고 노력한다.					
16	나는 스포츠와 게임에는 취약하다.					
17	나는 '두서없이 일을 처리해서 일을 망치는 잘못'을 하곤 한다.					
18	나는 숙면을 취하지 못한다.					

움직임 영역 등급

제한된		자연스러운
제한된	─┼─┼─┼─┼─	자연스러운
통합되지 않은		균형적인(통합된)
통합되지 않은	─┼─┼─┼─┼─	균형적인(통합된)
반복성의		변화 있는
반복성의	─┼─┼─┼─┼─	변화 있는
모이는		외부로 확장
모이는	─┼─┼─┼─┼─	외부로 확장
동적인		정적인
동적인	─┼─┼─┼─┼─	정적인

1 • 제한된: 결심이 수반된 행동의 특성—심지어 미리 정해버린 것도 있다. 누군가가 이것을 실행할 때 주체(mover)의 주의 깊은 고려하에서, 행동은 '심사숙고하기' 위한 것으로 나타난다. 행동은 제한적인 범위 없이 검사되고 유지된다.

• 자연스러운: 내면으로부터 나오며, 개방되고, 자유로운 행동. 명백하지는 않지만 지각 있는 생각과 자의식의 조절하에 강제성이 없는 행동으로 전달된다. 주체와, 즉 행동인과 행동은 하나로 나타난다.

2 • 통합되지 않은: 리듬 없이 어색하고, 서툴고, 산발적인 행동. 몸의 어떤 부분들의 행동은 몸의 총괄적인 움직임과 일치하지 않는다.

• 균형적인(통합된): 통일된 리듬과(그러나 이 리듬은 아마도 불규칙적일 것이다) 조화로운 행동. 몸의 다양한 부분들은 모든 다른 부분들과 일치해서 움직인다.

3 • 반복성의: 형식 또는 특징 속에서 변화 없이 일정한 기간이 흐른 후 공간상에서 반복적으로 일어나는 행동. 이러한 행동은 어떤 일정한 기간을 넘어서부터는 증가되고 축적된다.

• 변화 있는: 행동은 시간을 넘고 공간상에서 또한 형식이나 특징 속에서 변화를 보여 주며, 일정한 기간이 넘어도 축적되지 않는다.

4 • 모이는: 머리와 수족의 움직임들은 몸통을 향해 명령한다. 내부로 집중되고, 안

으로 굽혀지고, 관절이 굽혀지는 '신체 또는 몸의 부위와 비슷한 움직임 형성'

• 외부로 확장: 머리와 수족의 움직임들은 몸과는 관계없이 명령을 받는다. 움직임들은 외부로 확대되고, 뻗어 나가며, 확장된다.

5 • 동적인: 움직임은 몸의 하나 또는 두 부위에서 제한되고 이것은 생성되고, 발생하며, 그리고 오직 제한되었던 몸의 부위에서 끝난다. 움직임을 위한 부분적인 자극은 이러한 부위(하나 또는 둘로 제한한)에서 발생하고, 몸의 나머지 부위들은 관련되지 않는다.

• 정적인: 신체 부위들의 움직임은 몸통의 움직임도 포함한다. 근본적인 자극은 몸통의 중심적인 축으로부터 나오거나 또는 이러한 자극은 몸의 부속기관으로부터 나와 퍼지게 되며 여기에는 몸통까지 포함된다.

Yalom의 Q-Sort 단축형

* 다음의 문항들은 집단 무용·동작 심리치료에서 경험할 수 있었던 일들입니다. 다음 문항들이 당신에게 얼마나 도움을 주었는지에 대해 각 문항 옆에 있는 번호에 ○표 해 주십시오.

매우 도움이 되었다고 생각하면	5
도움이 되었다고 생각하면	4
보통이라고 생각하면	3
도움이 안 되었다고 생각하면	2
전혀 도움이 안 되었다고 생각하면	1

1) 나 자신이 다른 사람에게 도움을 주었고, 이를 통해 보람을 느꼈다.	5 4 3 2 1
2) 나는 집단에 대한 소속감을 느꼈으며, 집단 내에서 나의 부끄러운 부분을 표현했을 때에도 다른 구성원들이 이해하고 받아 주었다.	5 4 3 2 1
3) 내가 느끼고 생각하는 것이 다른 사람들과 비슷하다는 것을 알았다. 다시 말해 내가 특별히 잘나지도 않았고 특별히 나쁜 사람도 아니라는 것을 알았다.	5 4 3 2 1
4) 나에 대해 다른 사람들이 어떻게 생각하는지 또는 내가 다른 사람들에게 어떤 인상을 주는지 집단을 통해 알게 되었다.	5 4 3 2 1
5) 집단의 다른 구성원들과 사귀는 방법을 배웠고, 사람들과 어울리는 기술을 향상시켰다.	5 4 3 2 1
6) 집단 리더나 구성원들이 나의 문제에 대해 방향을 제시해 주거나 해결방법을 제시해 주었다.	5 4 3 2 1
7) 마음속의 괴로움을 시원스럽게 말로 표현할 수 있었다. 그리고 나의 감정을 어떻게 표현해야 하는지를 배웠다.	5 4 3 2 1
8) 리더나 집단구성원들 중에 행동이나 태도를 그대로 본받고 싶은 사람이 있었다.	5 4 3 2 1
9) 집단에서 나의 가정과 같은 분위기를 느꼈다. 그리고 예전에 있었던 나의 가족관계를 이해하는 데 도움이 되었다.	5 4 3 2 1
10) 예전에 몰랐던 나를 발견하였고, 내가 왜 이런 식으로 생각하고 느끼게 되었는가를 이해하게 되었다.	5 4 3 2 1
11) 나와 비슷한 문제를 해결하여 변화된 사람들을 보고 나도 희망을 갖게 되었다.	5 4 3 2 1
12) 다른 사람들로부터 많은 도움과 지지를 받는다 하더라도 결국 인생은 혼자 마주쳐야 하며, 최종적인 책임은 스스로 져야 한다는 것을 깨달았다.	5 4 3 2 1

PANNS

이름 __________ 성별/나이 _____/_____ 시행일: _______년 _____월 _____일

Positive scale	ABS	MIN	MILD	MOD	M–SEV	SEV	EXT
P1. 망상 delusion	1	2	3	4	5	6	7
P2. 개념의 와해 conceptual disorganization	1	2	3	4	5	6	7
P3. 환각 행동 hallucinatory behavior	1	2	3	4	5	6	7
P4. 흥분 excitement	1	2	3	4	5	6	7
P5. 과대성 grandiosity	1	2	3	4	5	6	7
P6. 의심/피해 suspiciousness/persecution	1	2	3	4	5	6	7
P7. 적개심 hostility	1	2	3	4	5	6	7

Negative scale	ABS	MIN	MILD	MOD	M–SEV	SEV	EXT
N1. 둔마된 정동 blunted affect	1	2	3	4	5	6	7
N2. 감정적 위축 emotional withdrawal	1	2	3	4	5	6	7
N3. 빈약한 신뢰감 poor rapport	1	2	3	4	5	6	7
N4. 수동적 · 무감동적 사회적 위축 passive apathetic social withdrawal	1	2	3	4	5	6	7
N5. 추상적 사고의 장애 difficulty in abstract thinking	1	2	3	4	5	6	7
N6. 대화의 자연스러움과 흐름의 결여 lack of spontaneity and flow of conversation	1	2	3	4	5	6	7
N7. 상동적 사고 stereotyped thinking	1	2	3	4	5	6	7

General psychopathology scale	ABS	MIN	MILD	MOD	M–SEV	SEV	EXT
G1. 신체적 관심 somatic concern	1	2	3	4	5	6	7
G2. 불안 anxiety	1	2	3	4	5	6	7
G3. 죄책감 guilty feeling	1	2	3	4	5	6	7
G4. 긴장 tension	1	2	3	4	5	6	7
G5. 반복적 동작과 자세 mannerism and posturing	1	2	3	4	5	6	7
G6. 우울 depression	1	2	3	4	5	6	7
G7. 운동지체 motor retardation	1	2	3	4	5	6	7
G8. 비협조성 uncooperativeness	1	2	3	4	5	6	7
G9. 이상한 사고 내용 unusual thought concert	1	2	3	4	5	6	7
G10. 지남력 장애 disorientation	1	2	3	4	5	6	7
G11. 주의장애 poor attention	1	2	3	4	5	6	7
G12. 판단과 병식의 결여 lack of judgement and insight	1	2	3	4	5	6	7
G13. 의지의 장애 disturbance of volition	1	2	3	4	5	6	7
G14. 충동조절장애 poor impulse control	1	2	3	4	5	6	7
G15. 몰두행동 preoccupation	1	2	3	4	5	6	7
G16. 능동적 · 사회적 회피 active social avoidance	1	2	3	4	5	6	7

Scale	Total	Percent	Range
양성(Positive)	________	________	________
음성(Negativ)	________	________	________
종합(Composite)	________	________	________
일반정신병리(General psychopathology)	________	________	________
Number of Positive Scale Symptoms rated 〉 3	________		
Number of Negative Scale Symptoms rated 〉 3	________		
Syndromal	Classification		

부록 2

The Tenth International Panel Choreographing Health: Our Vision Now*

Boon Soon Ryu ph. D. BC-DMT Korea

한국 민족 고유의 정신이며 오래된 지혜서인『천부경』은 대략 6,000년 이전의 기록서다. 이『천부경』의 핵심은 천지인은 '하나'라는 것이다. 인간은 스스로 하늘과 땅을 가지며 그 중심에 하나가 있다는 원리다.

이 경전에서는 대우주의 순환과 원리를 소우주인 인간 몸의 순환과 원리로 설명하고 있다. 몸의 안과 밖, 근육의 수축과 이완, 좌우, 상하, 내장기관과 각 장기의 역할에 대한 (간-담, 심장-소장, 위-비, 폐-대장, 신장-방광) 음양 법칙과 역기능을 Chaos의 개념으로 풀어서 설명하고 있다.

인간의 존재는 곧 몸이며 인간의 몸을 중심으로 세계와 역사가 시간, 공간이 예술, 문화가 몸의 의미를 안고 있다. 또한, 그 의미는 정지된 몸이 아니라 움직이는 몸과 표현하는 몸짓이다.

오늘날 우리가 연구하는 D/MT는 표현하는 몸짓인 Dance Movement로서 기본적인 인간의 감정인 기쁨, 슬픔, 노여움, 사랑, 미움, 공포, 욕망 등을 표현하며 그 표현을 바탕으로 인간의 부정적인 정신상태를 바로잡는다.

또한, 인간의 힘으로 극복할 수 없는 한계상황에 부딪쳤을 때, 춤은 ecstasy를 이끌어내 억압된 감정을 격렬한 몸짓으로 발산시킨다. 그러므로 D/MT의 본성은 다른 어떤 심리치료와는 확연히 다르다고 볼 수 있다.

---

*출처: American Dance Therapy Association. Annual Conference. 2004. New orleans.

D/MT에서는 몸짓을 분석하고 파악해야 하므로 몸짓이 만들어 내는 움직임의 문법을 알아야 하는데 그것은 몸짓을 통한 소통이 의사소통에서 가장 근본적인 층이기 때문이다.

나의 몸과 사물의 몸 간의 소통과, 나의 몸과 타인의 몸 간의 소통은 근본적일 수밖에 없다.

우리가 연구하는 D/MT는 비단 인간관계의 형성과 사회 형성의 근본적인 구도를 탐색하는 문제일 뿐만 아니라 그것들의 존재론적인 기반을 탐구하는 것이다.

그러므로 미래는 D/MT를 통해서 몸이 전해 주는 그 의미를 좀 더 깊이 느끼게 될 것이라 본다.

한국에서 Clinical D/MT의 시작은 1991년 류분순에 의해서 국립서울정신병원의 정신분열증 환자들을 대상으로 시작되었다. 지난 16년간 약 400회 이상의 국내외 워크숍과 세미나 학술발표를 통해 D/MT의 효과를 알려왔으며 신문, 방송, 잡지 등에 수십 회 소개되었다.

또한, 최초로 전문대학원에 D/MT 석·박사 과정을 만들었고, D/MT 치료사 프로그램을 만들었다.

그러나 D/MT가 사회적 이슈가 되자 임상경험 없이도 누구나 춤을 추면 D/MT가 되는 것처럼 여겨 제대로 된 훈련을 받지 않은 많은 사람이 나타났고, 기공 훈련, 다양한 Body Therapy 등과 혼란을 빚기도 했으며, 임상경험도 없고 심리학적 지식도 쌓지 않은 사람들이 우후죽순 생겨나게 되었다. (이 문제는 무용치료사의 사회적 지위 보장과 질적 차원에서 문제가 될 수 있다.)

나는 1995년 First International Panel에 Dr. Miriam Roskin Berger의 초청으로 참석하게 되었고 한국의 무용치료 프로그램의 질적인 확대와 국제적 교류라는 차원에서 지금까지 큰 애정을 가지고 바라보고 있다.

올해로 10년을 맞아 한 차원 높은 단계의 성장을 기대해 보고 있으며 각 나라의 훌륭한 국제 패널들을 통한 아이디어와 활약을 기대하면서 미흡하나마 나의 소견을 말하고자 한다.

먼저 뿌리와 문화로 인한 몸짓의 상징은 나라마다 다르다. 그러므로 각 나라의 상징적 전통 춤을 실제적인 시연을 통해서 보여 주고 그 문화와 상징을 통한 치료적 접근 방향이 어떻게 다른지 토론해 보는 것은 흥미로운 일이 되리라 본다.

그리고 국제상호적인 협력안으로(Global Cooperation) 국제적인 D/MT의 저널 창간에 관한 협력을 말하고 싶다. (그동안 일본에서 Yukari 선생이 수고해 온 JADTA News 형태를 논문 형식으로 보완하고, 각 나라의 소식과 협력을 아끼지 않는다면 가능할 것이다.)

또한, 'International D/MT Association'의 설립도 지금쯤은 생각해 보았으면 한다. 나라별로 가능한 대로 Conference와 Work shop을 돌아가며 개최했으면 한다. 이제는 미국 외의 여러 나라에도 많은 무용치료사가 있어 국제적인 개최가 필요한 때이며, 각 나라의 정서를 이해하는 것이 무용치료사들에게는 중요한 일이라 생각된다.

나의 개인적인 삶을 돌아보면, 무용치료를 공부하면서 환자들과 함께하고 학생들을 가르치며 많은 내적 성장을 하였다. 그 후 ADTA에서 동료들을 만나고 교류하면서 참으로 귀한 마음과 정신들을 만나게 되었다. ADTR 동료들의 인격과 사랑을 보면서 어떤 만남보다도 소중했고 행복함을 느꼈으며, 그들이 나를 비추는 거울이었다.

그리고 넓은 만남과 교육을 위해 ADTR 동료들을 한국에 초빙했을 때, 그들은 자신들이 평생 쌓은 지식과 기술을 한국의 예비 무용치료사들에게 아낌없이 내어 주는 것을 보았으며 모두들 하나 되어 진정한 한마음의 사랑을 나누는 것을 보았다.

한국의 고(古) 도시 '경주'에서는 요즘 '달빛'을 팔고 있다. 천년의 오래된 고성에서 달빛을 온몸으로 받으며 걷는 것이 상품이 되고 있다.

무용치료사들의 귀한 마음과 정신, 지식과 기술이 함께 조력할 때 춤의 정신으로 세상을 바꾸고, 마음을 변화시키는 우리의 직업이 자랑스럽고 가치 있는 직종이 되리라는 것을 믿는다.

부록 3

The Twelfth International Panel Dance Forms as a Force in Dance Therapy Practice and Education*

Boon Soon Ryu Ph.D. BC-DMT Korea

1. Moon Dance

관습과 풍속, 종교, 신앙 등의 전승된 보편성을 지니고 남아 있는 집단표상으로서 한국의 Moon Dance('gang gang sul-le')는 우주와 자연의 주기와 사철의 변화, 달의 차고 기움에 따른다. 이것은 우주와 자연 그리고 달에서 경험한 한국인의 삶 그 자체로 차고 기울고, 기울었다 다시 차는 자연의 삶, 인간의 삶의 이치가 한국인이 경험한 원초적인 시간이며 움직임이다.

달춤은 달 같은 원을 그리며 추는 원형 춤으로 둥글다는 것은 하늘에서 시작해서 해, 달, 우주, 자연에 걸친 가장 기본적, 원초적 도형으로서 원만, 풍족, 발전, 생명력 등을 상징하고 화합과 단결을 의미하며 자연과 우주 그리고 삶의 주기를 의미할 수 있다.

'강강술래'는 춤과 노래, 놀이로 어우러진 한국의 대표적인 집단 무용이며 고대인들에게 향유되었던 놀이문화 중 최고 형태다. 강강술래는 노래 춤으로 주술성이 강하게 표현된다. 이러한 주술성은 장면의 형상화, 행위의 지시, 분위기 조성 등의 역할을 하는데 치유적인 신명성과 예술성, 놀이성이 들어 있다.

달은 한국의 여성들에게 특별한 의미로 남아 있다. 달은 정화수를 떠놓고 소원을 비는 친근한 대상이었다. 달춤은 신의 기운을 받아서 추는 춤으로 예술적 즉흥이고 자유,

---

* 출처: American Dance Therapy Association. Annual Conference. 2006. California.

해방 그리고 절정의 성취다.

2. 춤의 구조형태

움직임은 서클에서 시작되며 선도자에 의해 놀이의 방향이 결정되고 놀이의 시작과 끝이 자연스러우며 놀이와 놀이 사이에 일정한 차례가 없는 구조로 독자성을 지니고 있다.

춤의 구조는 원형으로 손을 잡고 느린 리듬으로 왼쪽으로 돌아 들어가서 오른쪽으로 풀고 다시 왼쪽으로 도는 것을 기본으로 한다. 생명에서 시작되어 죽음으로, 다시 생명으로 윤회하는 재생, 무한부활을 상징하는 것으로, Moon dance는 달의 거듭나는 생명력으로 충만한 채 인간 생의 공간을 거룩하게 정화하는 원으로 도는 춤이다.

달춤 속에는 달의 운행을 따르는 밀물, 썰물의 움직임과 바람의 움직임이 함께 있다. 이 주기에 따라서 농사가 지어지고, 여성의 달거리가 진행되며, 잉태하고, 생산이 영위되며, 봄의 첫 초승달을 보면서 씨를 뿌리면 풍년을 기약할 수 있고, 잉태한 여성의 배는 달이 차는 과정과 같다고 보는 것이다.

강강술래는 달의 리듬, 우주의 리듬, 생명 창조의 리듬 그리고 삶의 리듬을 포함한 춤이다. 보름 달밤, 달에 들려서 달빛에 신들린 듯 느린 가락으로 불러들이고, 중 가락으로 돌고, 다시 빠른 가락으로 부르짖고 휘몰아가는 춤으로 그 안에 즉흥성과 자유, 해방, 불기운 같은 절정의 성취가 담겨 있다.

3. 무용치료의 실제와 교육으로의 영향

강강술래(Moon Dance) 안에서 풀어내는 놀이 과정에서는, 단순한 가락과 소리의 반복으로 자신의 갈등과 소망을 창의적으로 드러낸다.

자손, 번영, 다산(多産)을 의미하는 춤, 다수확의 기쁨인 춤, 성적 행위를 은유적 놀이로 표현하여 주술에 의한 결실기원 춤, 풍요 주술로 남성을 맞이하여 풍요 다산을 비는 춤 등으로 종교적 주제, 사회적 주제, 가정적 주제를 주술적으로 기원하고 있다.

오늘날의 무용치료사 교육과 치료의 실제에서도 Moon Dance에서와 같이 서클로 시작하여 공동체 의식과 소속감, 정서를 이해하고, 춤의 표현과 놀이와 소리로 억제된 감정에너지를 방출시키며, 창조적이고 자발적 활동들이 상징의 영역에서 행해지게 하여 의사 소통과 자기 통찰이 이루어지는 것이다.

즉, 해소되지 않았던 갈등과 신명을 한꺼번에 표출시키고, 인간 심성의 에너지를 신체 에너지와 덧붙여서 응축, 집약, 확산, 발산을 연출하는 강강술래의 춤은 원한과 신명이 맺힘과 풀이로 상징화되어 있다. 이렇게 발산과 풀이를 하며, 신과 인간과 자연이 화합하려는 종교성과 풍자적이고, 공동체적인 정신과 개인과 단체의 치유성이 들어 있는 것이다.

진정한 감정을 느끼는 것은 존재하는 것 그 이상이며 그것은 자신으로서 존재하는 한 방식을 발견하는 것이다. 또한, 자기 자신으로서 다른 대상들과 관계하는 삶을 사는 것이다.

부록 4

현재의 D/MT 국제적 성장과 발전*

2001-2004 ADTA(미국무용치료협회) 국제회의에 참석한 국제위원회 패널들을 중심으로 D/MT의 발달 과정과 더불어, 무용·동작 치료학자들의 개인적인 경험을 바탕으로 무용·동작 치료(D/MT)가 국제적으로 어떻게 성장, 발달하였는지를 잘 이해하기 위한 37개국의 무용치료사들의 설문자료다.

다음의 표는 다양한 나라들에서 일하는 무용·동작 치료학자들에 대한 정보를 나타내고 있으나, 그 수에는 많은 외부요소가 있다. 어떤 조직체가 없는 경우에는 그 나라에서 일하고 있는 치료학자들의 숫자를 파악하기란 매우 어렵다.

Group A는 D/MT를 실습하는 개인이 100명 이상 있는 국가들을 나타내고, Group B는 50~100명, Group C는 D/MT를 실행하고 있는 개인들이 50명 이하인 나라들을 나타낸다.

D/MT나 창작예술 치료요법 또는 스터디 그룹이 있는 국가들 역시 기재되어 있다. 조사한 국가들 중 52%가 조직을 가지고 있었고, 22%가 스터디 그룹을 가지고 있었으며, 29%는 어떤 D/MT 조직도 없었다.

조직의 크기와 발달 정도는 항상 비례하지 않았다. 무용·동작 치료학자들이 50~100명인 나라들이 모두 발달된 조직들을 가지고 있었듯이, 치료학자들이 50명 이하인 나라에서도 발달된 조직을 가지고 있는 경우가 있었다.

캐나다, 아일랜드 그리고 스코틀랜드와 같은 경우, 대부분의 무용·동작 치료사들이 실용적인 용도를 위해 근접 국가들에서도 멤버십을 가지고 있었다. 아일랜드의 Francesca Burns는 현지의 무용·동작 치료사들이 Irish Creative Arts Therapy

* 출처: American Journal of Dance Therapy, vol 26.

무용 · 동작 치료학자들의 숫자에 따라 그룹 지어진 설문 응답자들의 국적

Group A	Group B	Group C	댄스 또는 창작예술 치료 협회가 있는 국가들
호주	핀란드	아르헨티나	아르헨티나
독일	프랑스	브라질	호주
이스라엘	캐나다	벨기에	캐나다
이탈리아	멕시코	크로아티아	체코 공화국
일본	스페인	체코 공화국	영국
영국		그리스	핀란드
미국		홍콩	독일
		헝가리	그리스
		인도	헝가리
		아일랜드	아일랜드
		한국	이스라엘
		네덜란드	이탈리아
		나이지리아	일본
		노르웨이	한국
		필리핀	네덜란드
		폴란드	노르웨이
		러시아	폴란드
		슬로바키아	스웨덴
		슬로베니아	대만
		남아프리카 공화국	
		스웨덴	
		대만	
		스코틀랜드	
		중국	

Association(ICATA)의 일환으로 모인다고 보고했다.

어떤 나라에서는 D/MT 협회와 동시에 창작예술 치료요법 조직까지 있다. 일반적으로 이런 조직들은 정부의 규제적인 기관들과 함께 예술 치료요법 서비스를 옹호하고, 법률 제정을 위해 활동한다.

Yael Barkai는 이스라엘의 협회로 댄스, 음악, 시각 예술, 연극, 음악, 사이코드라마 그리고 독서요법 등을 포함하는 창작예술 치료요법 협회이다.

네덜란드에는 협회가 없지만, 무용 · 동작 치료학자들은 Dutch 정신운동 치료학자 협

회(NVPMT)에 등록할 수 있고 창작 치료요법 협회(NVCT)에도 등록할 수 있다. 캐나다는 나라가 크고 행정 구역이 확실하게 나뉘어 있어서 언어를 포함해 통제하기 쉬운 초점을 제공한다.

캐나다의 가장 큰 두 행정 구역 Ontario와 Quebec에는 그 구역의 협회가 있다. 그리고 나라 전역에 공식적, 비공식적 그룹들이 존재하고 있다. 캐나다에 있는 대부분의 무용·동작 치료사들은 ADTA(American Dance Therapy Association)의 회원들이다.

한국 임상 무용치료의 시작은 Ryu Boon Soon ADTA(Korean Dance Therapy Association 회장)이 1991년 국립정신병원에 있는 환자들에게 신체의 긴장에서 벗어나는 방법과 몸을 이완시키는 방법 그리고 그룹 상호작용의 즐거움과 대인관계 증진을 체험하는 방법을 시도하면서부터다. 움직임을 통해 치료사가 조언을 줄 수 있을 정도로 잘 분석하고 해석하기 위한 치료사 자격과정 교육과 더불어 언론과 정부 문화부처의 프로젝트에 무용·동작 치료 프로그램을 적용시켜 그 이해를 위해 계속 노력하고 있다.

전문 직종으로서의 D/MT는 20세기에 분명하게 부각되었고, 일반적으로 대부분의 문화에서 춤은 수 세기 동안 치료로서의 중재 역할을 해 왔다.

핀란드의 Riitta Parvia는 "핀란드에서 나의 치료요법적인, 교육적인 작업은 역동적인 발달과정을 거쳤다. 이것은 작업을 지지하던 문화적인 사회 기구들과의 상호작용과 작업을 의미 있게 만든 사회의 문화적 분위기와의 상호작용으로 이루어졌다." 그 과정은 창조적이고 실용적인 코스 작업으로 시작해서 치료요법적인 특별 교육, D/MT 교육으로 이어졌다.

춤의 독특한 특징들을 치료법의 양식에 적용시킨 미국에서의 경험은 세계 다른 곳에서의 경험과 비슷하다. 그러나 국경 너머로 D/MT 경험을 교환한 것이 이 직종의 성장을 촉진시키는 데 큰 영향을 미쳤다. 몇몇 응답자들은 이 과정을 설명해 주었다.

프랑스의 Jocelyne Vaysse 박사는 범 유럽적인 댄스 치료법 네트워크를 만들기 위해 European Dance Therapy Association(EDTA)이 결성되었다고 응답했다. 이것은 벌써 국제적 회의와 수준 높은 연구 모임에 매우 중요한 영향을 끼쳤다.

핀란드의 Riitta Parvia는 "D/MT 입문 수업과 강의, 세미나들을 통해서 D/MT에 대해 알게 되었다. 그것들은 또한 무용동작 치료사가 치료적이고 교육적으로 다양한 환경에서 어떻게 자기 자신을 창조적으로 사용할 수 있는지 보여 주었다. 이 수업들은 온 나라로 퍼져나갔다. 많은 사람이 D/MT와 그 가능성에 관심을 나타내었고, D/MT에 대해 더 많은 것을 알고 싶어 했다. 이 작업은 D/MT가 핀란드에서 설립되고 공공시설에 수용될 수 있도록 큰 도움을 주었다."

인도를 대표하는 Sohini Chakrabory는 전통 무용수들, 안무가들 그리고 한 명의 훈련된 무용·동작 치료사 등 다섯 명을 현지 D/MT 그룹의 전부라고 소개했다. 남아프리카 공화국의 Anlenor Fiske는 "우리(4~5명의 무용·동작 치료사들)는 모두 남아프리카 공화국의 Health Professions Council에 등록되어 있다. 댄스나 Biodanza와 같은 행동을 사용하는 사람들이 몇 명 있기는 하지만, 등록된 치료사들만이 정신병원 시설에서 일할 수 있다."라고 응답했다.

호주의 Linda Murrow는 "호주에 있는 대부분의 무용·동작 치료사들은 심리학, 사회복지학, 물리요법, 작업요법, 교직, 가족 요법 등에 대한 자격증을 가지고 있다."라고 우리에게 알려주었다.

치료요법에 관해서 국가에서 규제들을 정하는 경우, 일치된 입장을 표명해야 한다는 압박감이 무용·동작 치료사들을 조직화시킨다. 대부분의 응답자들은 D/MT를 위한 협회들이 소모임으로부터 출발해서 점점 커졌다는 사실에 동의했다.

조사 대상 중 40%보다 약간 많은 국가에는 정식적인 훈련 프로그램이 있고, 18.9%의 나라들에서는 프로그램이 개발 중에 있으며, 35%의 국가들이 증명서 제도 혹은 협회 프로그램을 실행하고 있다. (어떤 나라들은 두 카테고리에 나타난다.)

많은 응답자가 프로그램 개발에 많은 관심을 나타냈지만, 29%의 국가들에는 훈련 프로그램이 없다. 우리는 훈련 프로그램이 크게 두 가지 방법으로 만들어진다는 사실을 알아냈다.

훈련 프로그램은 치료사들이 다른 곳에서 훈련을 받고 돌아와서 개발하거나, 외국에서 무용·동작 치료사들을 초빙해서 현지 훈련을 실행시키면서 만들어진다.

어떤 곳에서는, 기본적인 정신건강 학위가 수업과 워크숍을 통한 D/MT 훈련으로 보충되는 현상을 나타내는 용어 'alternate route'가 사용된다. 이런 상황들은 특히나 훈련 프로그램이 없거나 훈련을 받기 위해 먼 거리를 이동해야 하는 나라들에서 빈번하게 일어난다.

미국에서의 alternate route 훈련은 ADTA에서 발표한 권고들을 따른다. 각 나라에서 치료사가 많은 경우, 그 많은 치료사가 정부 기구들과 상호작용을 많이 하는 나라일수록 높은 수준의 D/MT 교육이 대학원 과정에서 이루어졌다. 그리고 타 학과들이 D/MT를 수업 과정의 일부로 받아들이고 있었다. 무용학과, 교육학과, 심리학과 그리고 사회복지학과에 포함된 경우가 가장 많았고, 받아들이는 정도는 정부의 규제, 대학의 방침 또는 D/MT를 바라보는 사회적 시선에 따라 달라지는 경향을 보였다.

예를 들어, University Dance College의 Dance Therapy Program의 원로강사인 Birgitta Jarkonen이 보고했듯이, 스웨덴에서의 프로그램은 무용학과 안에 포함되어 있다.

현재 프로그램이 있거나, 정식으로 훈련 과정을 개발하고 있거나, 증명서 제도나 협회가 있는 나라들은 다음과 같다.

정식 훈련과정이 있다	훈련과정을 개발 중이다	증명서 제도나 협회가 있다
호주	아르헨티나	아르헨티나
독일	인도	캐나다
그리스	일본	체코 공화국
헝가리	노르웨이	독일
이스라엘	러시아	한국
이탈리아	남아프리카 공화국	인도
일본	대만	이탈리아
한국		슬로바키아
네덜란드		스위스
슬로베니아		멕시코
스페인		영국
스웨덴		핀란드
영국		헝가리
미국		벨기에
핀란드		

훈련과정이 없는 나라에서 D/MT 훈련에 관심을 가지고 있는 사람들은 다른 나라로 가서 훈련을 받아야 하는데, 대부분이 미국, 영국, 독일 그리고 스페인으로 간다. 그러므로 당연히 언어가 결정적인 변수로 작용한다.

ADTA 회의에서 매년 열리는 International Panel(Miriam Roskin Berger 박사에 의한 패널)의 발달은 D/MT 정보의 국제적인 교류를 증진시키는 데 큰 공헌을 했다. 1980년대의 훈련은 대부분 미국과 영국에서 행해졌고, 영어로만 이루어졌다. 자국어와 영어를 모두 하거나 영어를 따로 배운 우수한 학생들만이 이런 나라에서 공부할 수 있었다.

스페인과 독일에서 자국어로 책을 출판하는 것과 같이, 이런 현상은 변하고 있다. 수년동안 정신의학, 예술 저널들에 다양한 언어로 선구자들의 소개 글들이 실렸다. 이제는 훨씬 빈번하게 저널과 논문들이 다양한 언어들로 출판되고 있다.

이탈리아의 Marvin Plevin은 ADTA의 'crossing boundaries'의 중요성과 가치를 강조했다. 그것은 D/MT 세상에서 일어나는 문제들과 해결 방안에 대한 접근성을 높였다. Plevin은 훈련 규제들의 범위를 정한 National Didactic Committee에서 일했고, 그 후에는 그녀의 조국에서 Accreditation Committee의 수장을 역임했었다. 그녀의 일에는 까다로운 이념적 협상들과 D/MT 규제들이 벌써 설립된 나라들에 있는 동료들과의 협동이 포함되어 있었다.

설문조사를 통해 훈련에 반영될 규제들을 개발한 나라들(61%)과 규제를 현재 개발하고 있는 나라들(10%)이 훈련과정을 공유하고 있다는 사실이 드러났다. 다음에 기재된 과정들은 언급이 가장 많은 과정에서부터 언급이 가장 적은 과정까지 순서대로 나열되었다.

- D/MT에 관한 개인적인 경험이나 실습 과목 그리고 D/MT 이론
- 감독, 다양한 사람들과의 경험, 훈련의 개시 그리고 연관성 있는 현장 실습 또는 수업들
- 행동 관찰 및 분석, 연습 · 인턴십, 연구 방법과 논문
- 개인 치료요법, 졸업 시험, 윤리, 해부학 수업 그리고 교육학 이론

규제가 없거나 정부 기구가 지원을 해 주지 않는 나라의 경우, 수준 이하의 훈련, 규제들에 대한 우려의 표명이 많았다. 활동하고 있는 조직과 실행되고 있는 규제가 있거나, 계속적인 정부의 협력이 있는 나라들의 경우, D/MT는 정부의 규제적 기구들로부터 인정을 받고, 이어서 사회로부터 인정을 받는다.

영국 대표 Sarah Holden은 다음과 같이 보고했다. "올해 초 Association for Dance Movement Therapists United Kingdom(ADMTUK)은 Health Professions Council(HPC)에 참석해서 예술 치료사, 음악 치료사 그리고 연극 치료사와 같이 D/MT도 주 정부에 등록된 전문 직종으로 격상시키는 것을 지지한다는 입장을 표명했다.

HPC로부터 만장일치로 승인을 받았고, 이어서 다음 단계인 의회로 넘어갈 수 있었다. 의회로부터 승인을 받는다면 Dance Movement Therapist의 직함이 보호받을 수 있다.

모든 치료사는 법률로 정해진 바와 같이 등록해야 할 것이고, HPC가 훈련과정에 대한 신임장 발부 과정을 총괄하게 될 것이다. 나중에 보수에 대한 협회 결정에 의해 건강 전문가로서의 지위가 상승할 것이고, 이것은 보다 나은 보수로써 인정받을 것이다."

이스라엘에서는 "건강 부처(Health Ministry)는 필요조건들을 정하는 동시에 인정된 훈

련 과정들에 이런 조건들을 통보하는 역할을 수행한다. 또 인증된 훈련 과정들을 이수한 사람이거나, 필요조건을 충족시키는 외국 훈련 과정들을 이수한 사람에게 증서를 발급하는 역할도 수행한다."라고 Yael Barkai는 말한다.

한국의 Ryu Boon Soon은 균형 있는 무용치료사들을 양성하기 위해 다른 예술 치료사들과 함께 예술 치료사들의 매뉴얼에 따른 훈련과 교육, 임상, 슈퍼비전의 중요성을 강조하였다.

미국은 국가적인 차원에서 다뤄지면서, 동시에 주 정부에서도 다뤄지는 인증과 면허에 관한 제도를 가지고 있다. 교육적 인증은 국가적인 차원에서 대학교들이 적절한 규제와 자격을 가지도록 규제하면서 이루어지고 있다.

정신의학 전문분야들은 각 주의 규제에 부합하는 개별적인 규제 관습이 있다. 그 전문 직종에 대한 인식은 국가적인 차원과 주 정부적인 차원에서 협동이 이루어질 때 나타난다.

1990년에 ADTA는 ADTR(교수자격 임상학자)이 정신의학 분야에서 석사학위를 받거나 ADTA가 인정한 석사학위를 받는 경우에 카운슬러와 대등한 지위를 얻을 수 있도록 National Board of Certified Counselors와 협상했다. ADTA가 무용 · 동작 치료사들에게 National Certification이라고 알려져 있는 National Certified Counselor 직위를 얻을 수 있는 기회를 제공해 준 것이었다.

슬로베니아의 Breda Kroflic은 자신들의 프로그램이 Univ. of Ljubljana와 슬로베니아 정부로부터 인정을 받았다고 보고했다. 또, 2001년도에는 Arts therapies Education으로 European Consortium으로부터 인정받기도 했다.

독일의 Susanne Bender 역시 지난 20년 동안의 변화를 회상했다. "나는 미국으로부터 무용치료법 과정에 대한 장학금을 처음으로 받은 독일인이었다. 독일로 돌아와 직장을 구하기 위해 나를 고용하고 싶어 했던 한 정신 신체 클리닉의 관리자와 만났다. 그러나 그는 다른 직원들에게 내가 환자들에게 무엇을 해 줄 수 있는지 설명할 수 없었다." 그 후 20년 후에 "댄스 치료법 프로그램 지도, Laban과 KMP(Kestenberg Movement Profile)에 관한 지식들로 연구 프로젝트를 지원받았고, 집필 그리고 개인 치료소의 일들을 하고 있다.

무용 · 동작 심리치료사들의 대부분은 병원(25%)과 학교(25%)에서 일한다. 그 외 개인 치료소(19%)에서 일하고, 나머지 소수는 노인들, 복지센터, 감옥 그리고 NGO에서 일한다. 많은 응답자가 지위를 어떻게 획득했는지, 아니면 기존의 작업을 통해 어떻게 지위를 획득해 나가고 있는지에 대해 의견을 나누었다.

세계적으로 정신적, 정서적으로 건강하지 못한 사람들이 무용 · 동작 치료사들로부터 도움을 받고 있다. 장애를 가진 어린이들은 위와 같은 치료들에 의존하면서 그들의 능력을 개발해 나가고 있다. 나이 든 사람들은 지지를 받고, 투옥 중인 사람들은 인생을 바라보는 새로운 시각을 얻으며, NGO들은 전쟁이 일어나고 있는 나라에 희망을 전달해 준다.

암스테르담의 Josette Rutgers van der Loeff와 Irina Cleff는 대학 클리닉인 Erasmus Medical Centre의 정신병동에서 일한다. 환자들이 서로 다른 신드롬을 가지고 들어오는 관찰과 진찰 부에서 Josette는 다음과 같이 말했다. "동작 치료사로서 나는 많은 요구와 직면해 있다는 느낌을 받는다. 어떤 사람들은 행동을 선호하고, 다른 사람들은 휴식을 원한다. 또, 다른 사람들은 신체를 인식하고, 자신의 기분 상태에 빠져드는 사람들도 있다. 무용치료법은 환자들이 자기 자신 또는 자신의 기분 상태와 접촉할 수 있도록 해 주고, 그것들을 다양한 동작들로 표현해 낼 수 있도록 도와준다. D/MT의 가장 아름답고도 굉장한 점은 사람들과 함께 안전한 공간에 있으면서 동시에 개인적인 욕구들을 표현할 수 있는 공간을 마련해 준다는 것이다."

극동아시아, 서 · 동 · 중앙 유럽, 스칸디나비아와 러시아 그리고 중앙 · 남아메리카 등지에서의 무용 · 동작 치료사들의 노력과 역경은 사람들의 응답에서 가장 잘 나타난다. 홍콩에서 팅퐁컨은 다음과 같이 응답했다.

"홍콩 사회에 서구 문화에 기반을 둔 무용 · 동작 치료요법을 전파하는 것은 쉽지 않았다. 예를 들면, 문화적 차이 때문에 의사소통과 표현의 스타일에 대한 내 전문 지식을 이용하는 것이 매우 힘들었다. 또, 환자들이 큰 효과를 볼 수 있도록 많은 노력을 기울였다. 결과를 볼 때, 결국에는 환자들의 변화와 긍정적인 피드백을 볼 수 있다. 이와 같이, 사회적으로 의미 있는 일을 하는 것이 좋다."

중국 본토에 있는 치료사 왕춘홍은 장애가 있는 베이징 시민들을 치료하는 일을 하고 있고, 중국 문화에 기반을 둔 댄스 치료요법을 개발했다.

가까운 대만의 이청친의 응답은 다음과 같다.

"대만에서 댄스 치료사로서의 내 역할은 매우 크다. 나는 대만의 댄스 치료요법 협회 회장이고, 다양한 상황에서의 댄스 치료요법을 개발한다. 초등학교와 중학교 수업시간에 댄스 치료요법을 가르치기 위해 이곳 선생님들로부터 댄스 치료요법을 가르쳐 달라고 부탁받기도 한다."

Brigitte Zueger는 스웨덴에 있는 Rehaklinik Rheinfelden의 음악과 무용치료의 부장 역할을 하고 있다. "나는 주로 신경 회복 분야에서 일하고 있고, 클리닉에 대한 팀의 관심을 대표한다. 음악 치료사와 협동으로 중풍 환자들을 보는 일, 파킨슨병 환자들과 복합 경화증 치료, 경미한 정신적 외상과 그 외 신경성 불구나 병에 대한 치료 등이 이 일에 포함된다." 그녀의 동료 Iris Braeuninger는 Psychiatric University Hospital에 있는 물리-무용 · 동작 치료부의 부원장으로 있다. 그녀는 보통 의무와 함께, 자신의 팀에게 통합적인 행동 언어를 소개하는 일을 책임지고 있고, 계속적으로 무용과 행동 치료법의 발달을 도와주고 있다.

브라질의 Teresa Pacchiega는 당면해 있는 어려움들에 대해 말해 주었다. "이곳 브라질에서 D/MT는 전문 직종이 아니기 때문에 이 분야에 대한 정식적인 직업이 없다. D/MT를 설명해 줄 그 어떤 책자도 없기 때문에 D/MT 임상효과의 필요성과 D/MT 관련 자료의 출판이 시급하다. 그래서 나는 세 편의 기사를 썼다. 하나는 온라인 잡지에 실렸고, 하나는 편집 과정에 있으며, 나머지 하나는 그 글을 올릴 웹사이트를 현재 찾고 있는 중이다.

벨기에의 Tine Missine는 워크숍을 열어서 그녀의 일을 발표할 수 있게 되었다. 그 후 내 일을 존중해 주고 있고, 관리자는 센터에서 더 오랜 시간 동안 치료를 행할 수 있는 방법을 찾고 있다.

크로아티아의 Gondana Horvat Mahne 역시 자신의 전문분야를 발달시키는 데 많은 우려가 있었다. "내 나라에서 D/MT 분야의 위치를 정리하려고 하는 도중에 전화가 왔다. 유명한 텔레비전 프로그램인 "We Talk About Health"의 진행자였다. 그녀는 나에게 댄스와 댄스의 치료법적인 측면들에 대한 스페셜을 제작하고 싶다고 말했다. 나는 그 주제에 대해 말할 기회가 주어져 더 많은 사람에게 우리의 전문 분야를 소개할 수 있어서 매우 기뻤다."

Alexia Margariti(그리스 Association of Dance Therapists의 회장)가 Universite de Paris-Sorbonne에서 댄스 치료법 공부를 마치고 그리스로 돌아가자마자, 그녀는 아테네에 있는 가장 큰 정신병원을 찾아갔다. 17년 동안 자신을 채용해 달라고 직원들을 설득한 끝에, 그녀는 환자들의 반응으로부터 영감을 받을 수 있었다.

"환자들이 나를 바라보는 시각이 가장 큰 보상이었다. 나를 기다릴 때의 즐거움, 움직이고 표현하고 창작하면서 느끼는 즐거움 그리고 그것을 나와 나누고 싶어 하는 마음들이 가장 감동적이었다. 이것이 내가 가지고 있는 가장 소중한 기억과 경험이다. 이것은 댄스 치료법 분야에 계속 남아 있을 수 있도록 나에게 희망과 용기를 준다."

행동 요법으로 유명한 스코틀랜드의 Kedzie Penfield는 비관적인 목소리를 냈다. "나의 일은 이제 점점 D/MT와 결합된 언어 정신 요법 쪽으로 기울고 있다. 새로운 환자들이나 조직들이 나를 볼 때, 관심보다는 호기심 어린 눈빛으로 쳐다보는 것이 느껴진다. 그러나 사람들은, 비록 이런 말을 하기에는 너무나도 예의와 격식을 차리지만, 속으로 댄스 치료가 의사나 약물보다 효과가 떨어지는 것으로 본다.

The Autonomous University in Barcelona에 있는 프로그램의 지도자인 스페인의 Heidrun Panhofer는 "세 유럽 국가(영국, 독일 그리고 스페인)에서 D/MT로 활동해 보니, 일반적으로 사람들이 많은 호기심과 관심을 가지는 것을 보았다. 그들은 시도를 해 볼 용의가 있으며, 전체적인 새로운 접근 방식들을 찾아내려고 노력한다.

스페인의 다른 응답자, University of Barcelona의 MA 프로그램 관리자인 Hilda Wengrower 박사 역시 "전문직과 교직에 있는 사람들이 서서히 우리 전문 분야를 인정하기 시작했다. 아직도 정보를 교환하고 이미지를 구축하려면 할 일이 많이 있다. 내가 나를 격려해 주고 지지해 주는 정신과 의사와 MD 전문가를 만난 것은 행운이었다. 나는 될 수 있으면 문화의 특성, 현지에서의 발달 과정 그리고 미래의 일에 대한 통찰력에 집중하려고 한다.

아일랜드에서 응답한 무용 · 동작 치료사는 국민의 교육 정도를 최고로 중요한 요소로 꼽았다. Fran Burns는 서비스를 요하는 자들에게 서비스를 제공해 주고, 동시에 건강 시설과 학교들을 위해 힘을 조금 아껴두고 있다.

폴란드의 Zuzanna Peadzich는 무용 치료법과 관련 있는 분쟁에 대해 말해 주었다. "나는 Warsaw Institute for Psychiatry and Neurology 안에 있는 Department for Psychotherapy and Neurotic Disorders에서 5년을 일했다.

정신과 의사들은 내 일을 좋아했으나, D/MT를 가르치는 것은 별로 좋아하지 않았다. 나는 개인 치료소에서 가르치고 있고, Oncology Hospital에서 일하면서 나와 내 동료들은 D/MT를 위한 폴란드 조직을 만들었다. 우리는 폴란드의 D/MT에 대한 규제도 만들고 훈련과정도 개발하기로 마음먹었다."

노르웨이의 Nina Kihle도 전문성 인지도의 필요성에 대해 말했다. "나는 같이 일하는 사람들이 댄스 치료법 때문에 나를 존경한다는 것을 느낀다. 보통 나는 직원들에게 창작 예술 치료요법을 가르친다. 나는 병원에서 일종의 특별한 사람으로 인식된다.

경험의 교환, 이론적인 의견교환 등은 보통 전문인의 모임에서 이루어진다.

러시아에서 클리닉 정신과 의사와 Expressive Arts Therapy에서 트레이너로 훈련받은 Irina Biryukova는 임상 실습을 위해 모스크바 중심에 위치한 아름다운 무용치료실은 중요했다고 하였다.

슬로바키아의 Veronika Urbanikova는 Zuzana Ocenasova와 협동하면서 "학교 특수 교사로서, 나는 개인적으로 일하거나 창조적인 워크숍을 이끌어 나간다."

어떤 경우에는 응답자들이 동료들의 보호에 신경을 많이 썼다. 이와 같이, 우리의 뿌리와 규제를 존경하는 것은 힘든 싸움이다. 우리 전문 분야의 선구자들은 다행히 성실했고, 학생들에게 발달과 성장을 위해 일하라고 가르쳤다. 비록 발달이라는 주제에 공통점이 있어도, 그 내용과 정도는 국가마다 매우 큰 차이를 보이고 있다.

Charlotte Sjostrom-Flanagan은 아프리카에서 일하면서 사회로부터 인정받기 위해 염소를 희생하는 의식에 참여했던 경험을 말해 주었다. "이 경험은 현재에 살아 있다는 것을 새롭게 경험시켜 주었다. 이것은 다른 문화에서 온 사람들을 이해하는 것이 얼마나 중요한지 가르쳐 주었고, 서로에게서 얼마나 많이 배울 수 있는지를 보여 주었다. 추장으로부터 허가를 받은 후, 나는 2년 동안 주민들과 친해질 기회를 얻었고, D/MT 프로젝트에 참여할 기회를 얻었다.

체코 공화국의 Radana Sourkova는 훈련의 부재에 따른 어두운 면에 대해서 말했다.

"D/MT가 '단순히 춤추고 재미있게 노는 것'에서 '나는 무엇을 하는지는 모르겠지만 당신은 아는 것 같고, 효과가 있어 보이는' 과정으로 넘어가는 상당한 발전이 있었다. 또, 자신을 댄스 치료사라고 말하는 사람들 때문에 혼란이 있다. 사회성 치료를 위해 사교적인 댄스를 주최하면서도 자기 자신을 댄스 치료사라고 말하고 다니기 때문이다. 이런 행위는 체계적인 D/MT의 가치를 떨어뜨린다. 그러나 우리는 전문가들의 신뢰를 얻어 가고 있다. 그것은 정말 기분 좋은 느낌이다."

필리핀의 Dinghy Baracro-Sharma는 "필리핀인들은 본능적으로 춤에 대한 재능이 있으며, 상당한 숫자의 '직관적인' 댄스 치료사들이 등록을 하지 않은 채 치료를 하고 있다. 나는 배울 것이 참 많다고 생각하고, 때때로 선도자와 감독이 필요하다고 느꼈다. 아무래도 그래서 나는 조국의, 나의 생활의 D/MT를 위해 싸우는 것 같다. 할 일이 아주 많이 남아 있고, 아직 치료하지 않은 사람들이 많이 있기 때문이기도 하다."

멕시코에서 미국인 Gloria Sinocha Ruben은 1980년대부터 많은 시설에서 가르쳐 왔다. "대부분의 학생들은 멕시코에서 유명하지 않은 모던 댄스를 모른다. 그래서 모던 댄스는 원시 춤과 함께 내 수업의 일부에 들어가 있다. 나는 이 새로운 전문 분야를 키웠고 발전시켰다. 멕시코가 나에게 준 신뢰와 지지에 감사한다. 멕시코에서 무용치료법은 살아있고, 그렇게 남기를 바란다."

아르헨티나의 Diana Fischman은 "춤을 추는 것이 건강을 지켜주면서 기분을 좋게 한다는 사실을 사람들이 쉽게 받아들이는 것과 연관 있다고 생각한다. 많은 무용치료사들은 모든 사람이 춤을 출 수 있고, 몇몇 잘 추는 사람들이 못 추는 사람들을 도와줄 수 있다는 생각에서 이 일을 시작했다."

이상의 개인적인 의견을 보면, 공통된 감성, 직면해 있는 문제들 그리고 앞으로 해결해야 할 과제들에 대한 의견들에는 공통점이 있다. 세계의 무용 · 동작 치료사들은 주변에서 상처받은 사람들을 치료해 주고 싶다는 마음을 공통적으로 가지고 있고, 무용 · 동작을 통해 건강의 과학으로 통합시킨 독특한 방법을 사용하는 무용 · 동작 치료사들은 그들의 일을 고결하고, 가치 있으며, 더 많은 발전을 위해 노력할 만한 가치가 있는 것으로 생각한다.

참고문헌

강경미, 최종혁(1996). 정신분열증에서의 우울증상. 국립서울정신병원 임상연구논문집.

김열규(1994). 한국 임상예술학회 춘계 무용치료 세미나 자료집.

김열규(1997). 산조가락이 우리문화에 미치는 영향. 한국 임상예술학회 추계학술대회 자료집.

김유광(1986). 정신과 입원 환자에 대한 정신치료극의 치료적 효과. 고려대학교 의과대학 논문집, 24, 397-410

김정택(1978). 특성불안과 사회성과의 관계. 고려대학교 대학원 석사학위 청구논문.

류분순(1993). 신경증 환자를 위한 무용치료의 실제. 무용교육학회, 3, 93-106.

류분순(1994). 무용치료 입문. 서울: 중앙적성출판사.

류분순(1996). 무용・동작 치료가 만성정신분열증환자에게 미치는 영향. 대한무용학회, 19, 170-189.

류분순(1998). 무용・동작 치료관찰과 해석을 위한 KMP 연구. 임상예술, 9.

류분순(2000). 무용・동작 치료가 만성정신질환자의 불안과 대인관계에 미치는 효과. 한국체육대학교 대학원 박사학위논문.

류분순(2006). 성폭력 피해자를 위한 상담기법과 실제적용. 한국 여성 상담 센터, 151-161.

류분순(2006). 무용동작 치료가 성폭력 피해 청소년들의 자존감 향상에 미치는 효과. 임상예술, 13, 35-40.

류분순(2008). 무용동작 심리치료가 성폭력 피해 청소년의 외상후 스트레스, 뇌파 및 자아 정체감에 미치는 효과. 홍익대학교 일반대학원 상담심리전공 박사학위논문.

류분순(2010). 무용동작 심리치료가 성폭행피해 청소년의 외상후 스트레스, 뇌파 및 자아정체감에 미치는 효과. 홍익대학교 교육학과 박사학위 논문.

민성길(1991). 양성 및 음성증상척도 평가지침서. 서울: 한국얀센메디칼부.

민성길(1992). 최신정신의학. 서울: 일조각.

박강규, 곽영숙(1988). 주요정신장애의 사회정신의학적 연구. 국립서울정신병원 임상연구논문집.

박강규(1994). 주요정신장애의 증상변화에 관한 연구. 국립서울정신병원 임상연구논문집.

박강규, 이충경(1994). 정신과적 재활의 이론과 실제. 국립서울정신병원 임상연구논문집, 187.

박광식, 한성희(1988). 정신질환의 이완요법에 관한 연구. 국립서울정신병원 임상연구논문집, 599.

박수천(1999. 4. 1.). 정신질환자 편견. 동아일보.

보건복지부 보도자료(2017). 2016년도 정신질환 실태 역학조사. 정신건강 정책과.

성광수, 조광제, 류분순(2003). 몸과 몸짓 문화의 리얼리티. 서울: 소명 출판.

안범희(1986). 대인관계 적절성과 성향검사의 타당도 연구. 연세대학교 대학원 박사학위청구논문.
유제민, 김정휘(2004). 아동과 청소년의 발달정신 병리학. 서울: 시그마프레스.
용인시정신보건센터(1997). 용인시 지역사회 정신보건 시범사업 실행보고서.
윤성철, 이후경(1998). 집단정신치료와 싸이코드라마. 임상예술, 9, 55.
이근후 외(1988). 최신 임상정신의학. 서울: 하나의학사.
이두현(1979). 한국가면극. 서울: 일지사.
이부영(1978). 분석심리학-CG Jung의 인간심성론. 서울: 일조각, 197-232.
이부영(2002). 자기와 자기실현. 서울: 한길사.
이정균(1988). 정신의학. 서울: 일조각.
이충경(1994). 주요정신장애의 임상적 고찰. 국립서울정신병원 임상연구논문집, 1.
이후경, 오병훈(1987). 집단정신치료. 최신의학, 30, 25-32.
조용래, 김종술(1992). 정신분열증, 경계선 인격장애, 우울증 환자의 자아기능 장애정도 비교. 신경정신의학, 18(1), 36-45.
정수경(1992). 한국정신분열증 환자가족의 특성에 관한 분석적 고찰. 사회복지, 92(겨울). 127-147.
조성진, 이형영(1992). 양성, 음성정신분열증입원환자에 있어서 우울증의 성질과 정도. 신경정신의학, 31(1).
최명희(1996). 혼불. 서울: 한길사
최연자(1994). 가족치료과 정신분열증 환자의 상호작용 증진에 미치는 효과분석. 대한간호학회지, 17(3), 177-182.
하정혜(1994). 상담과정에서의 내담자 대인관계 패턴변화에 관한 시계열 복수사례 연구. 한국카운슬러협회, 제29호, 179.
한국여성소설연구회 문학세미나(1997). 혼불 바로읽기. 경기: 한길북하우스.
한국정신건강복지연구소 편(1994). 만성정신장애와 사회복지서비스. 서울: 인간과복지.
한국정신사회재활협회 편(1995). 한국 정신사회재활 협회 제1차 추계학술 대회 초록집. 미발행.
홍강의(2005). 소아 정신의학. 서울: 중앙 문화사.
홍강의, 정도언(1982). 사회재적응 평가 척도 제작. 신경정신의학, 20.
홍강의, 김선미(1990). 소아의 정신분열증. 신경정신의학, 29(1), 34-42.
황상종, 박강규(1996). 인간의 성격에 관한 연구. 국립서울정신병원 임상연구논문집, 30.
홍진표, 정혜신, 이부영(1996). 한국의 정신질환자를 위한 주간재활 및 직업재활프로그램의 현황에 관한 연구. 정신보건, 1(1).

American Psychiatric Association. (1994). *Diagnostic and Statistical Manual of Mental Disorders(DSM-IV).* Washington: American Psychiatric Association Publications.
American Psychiatric Association. (1994). *DSM-IV Sourcebook.* Vol. Ⅰ. Washington: American Psychiatric Association Publications, 434-349.
American Psychiatric Association. (1997). *Diagnostic and Statistical Manual of Mental.* Washington: American Psychiatric Association Publications.
Anderson, C. M., Horgarty, G. E., & Reiss, D. J. (1981). The Psychoeducational Family treatment of Schizophrenia. In M. J. Goldstein (Ed.), *New developments in Interventions with Families of*

Schizophrenics (New directions for Mental Health Services No. 12: 79-94), San Francisco.

Andreasen, N. (1986). Schizophrenia. *Annual review Vol. 5*. Washington DC: *American phychatric press*.

Anthony, W. A. (1972). Social rehabilitation, Changing society's attitudes toward the physical and mentally disabled. *Rehabilitation Psychology, 19*. 117-126.

Anthony, W. A., & Liberman, R. P. (1986). The practice of psychiatric rehabilitation, historical, conceptual, and research base. *Schizophrenia Bulletin, 12*. 542-559.

Anthony, W. A. (1979). Explaining "Psychiatric rehabilitation" by an analogy to "physical rehabilitation". *Psychosocial Rehabilitation Journal, 5*, 61-65.

Arieti, S. (1974). *Interpretation of Schizophrenia, 2nd ed, compeletely revised and expanded*. New York: Basic Book Inc.

Arieti, S. (1976). *Creativity*. New York: Basic Books.

Arieti, S. (1979). *Understanding and Helping the Schizophrenic*. London: Penguin.

Atwood, J. D., & Chester, R. (1987). *Treatment Techniques for Common Mental Disorder*. Northvale, New Jersey, London: Jason Aronson Inc.

Bartenieff, I. (1975). Dance therapy: A new profession or rediscovery of an ancient role of the dance?. In H. Chaiklin (Ed.), *Marian Chace: Her Papers*. Maryland: American Dance Therapy Association.

Bartenieff, I. (1980). *Body movement: coping with the environment*. New York: Gordon & Breach.

Bartenieff, I., & Lewis, D. (1980). *Body movement: Coping with the environment*. New York: Gordon and Breach Publishers.

Bemporad, J. R., & Pinsker, H. (1974). *American Handbook of Psychiatry* (2nd ed.). *revised and expended*. New York: basic books, Inc., 533-541.

Bernstein, P. L. (1972). *Theory and methods in dance-movement therapy* (3rd ed. 1981). Dubuque: Kendall Hunt.

Bernstein, P. L. (1979). *Theroy and methods in Dance-Movement therapy* (2nd ed. 1982). Dubuque: Kendall Hunt.

Bernstein, P. (1984). *Theoretical Approaches in Dance-Movement Therapy*, Vol. 2. Dubuque: Kendall Hunt.

Bernstein, P. L. (1984). *Theoretical approaches in dance-movement therapy*, Vol. 2. Kendal: Hunt Publishing Company.

Bion, W. R. (1961). *Experiences in Groups*, London: Tavistock Publications.

Birdwhistell, R. (1970). *Kinesics and Context: Essays on Body Motion- Communication*. London: Penguin.

Black, D. W et. al. (1920). *Textbook of Psychiatry*. Arlington, VA: The American Psychiatric Press.

Bleuler, E. (1911). In: *Handbuch der Psychiatrie*, spezieller Teil 4, Ed, G Aschaffenburg, Deuticke, Leipzing.

Bleuler, E. (1950). *Dementia praecox or the Group of schizophrenias* (originally published 1911). New York: international Universities press.

Bleuler, M. (1972). *Die schzophrenen Geistesstoruxngen im Lichte Iangjähriger Kranken-und Familiengeschichten*. Thieme, Stuttgart 1972 Ciompi L: Brit. J. Psychiat. 1980, 136, 413.

Bloch, S. & Reibstein, J. (1980). Perceptions by patients and therapists of therapeutic factors in group psychotherapy. *British Journal of Psychiatry, 137*, 274-278.

Brooks, D., & Stark, A. (1989). The effect of dance/movement therapy on effect: A pilot study. *American Journal of Dance Therapy, 11*(2), 101-111.

Brown, J., & Avstreih, A. (1980). Art and dance as treatment modalities. In A. Robbins (Ed.), *Expressive therapy: A creative arts approach to depth-oriented treatment*. New York: Human Sciences Press

Brown, M. A., & Munford, A. M. (1983). Life Skills Training for Chronic Schizophrenics. *Journal of Nervous and Mental Disease, 17*, 1466-1476.

Bruch, H. (1978). *The Golden Cage: The Enigma of Anorexia Nervosa*. Boston: Harvard University Press.

Bruch, H. (1979). *The Golden Cage. The Enigma of Anorexia Nervosa*. New York: Vintage Books.

Bruno, C. (1981). Applications and implication of Structural Analysis of Movement Sessions (SAMS) for dance therapy. *Arts in Psychotherapy 8*.

Chace, M. (1953). Dance as an adjunctive therapy with hospitalized mental patients. *Bulletin of Menninger Clinic, 17*, 219-225.

Chaiklin, H. (Ed.). (1975). Marian Chace: Her papers. Columbia: *American dance therapy association*.

Chaiklin, S., & Schmais, C. (1979). The Chace approach to dance therapy. In P. Bernstein (Ed.), *Eight Theoretical Approaches in Dance-Movement Therapy*. Dubuque: Kendall Hunt.

Chodorow, J. (1984). Dance/movement and body experience in analysis. In M. Stein (Ed.), *Jungian Analysis*, London: Shambhala.

Clarkson, P. (1989). *Gestalt Counselling in Action*. London: Sage Publications.

Condon, W., & Ogston, M. (1966). Sound film analysis of normal and pathological behaviour patterns. *Journal of Nervous and Mental Disease*, 143, 338-347.

Condon, W. (1966). Linguistic-Kinesic Research and Dance therapy. *In the proceeding of the Third Annual conference of the American Dance therapy Association*.

Curran, J. P. (1977). Skills training as an approach to the treatment of heterosexual- social anxiety. *Psychological Bulkletin, 89*, 140-157.

Davis, M. (1966). *Methods of perceiving patterns of small group behavior*. New York: Yeshiua University.

Davis, M. (1974). Movement as patterns of process. *Main Currents in Modern Thought 31*.

Davis, M. (1975). *Towards Understanding the Intrinsic in Body Movement*. New York: Arno Press.

Davis, M. (1985). Nonverbal behaviour research and psychotherapy. In G. Stricker & R. H. Keisner (Eds.), *From Research to Clinical Practice*. New York: Plenum.

Davis, M., & Skupien, J. (1982). *Body movement and nonverbal communication, an annotated bbliography*. 1971-1980. Bloomington: Indiana University Press.

Deutsch, F. (1952). Analytic posturology. *Psychoanalytic Quarterly, 21.*

Deutsch, F. (1962). *Body, mind and the sensory gateways. In Advances in Psychosomatic Medicine*. New York: S. Karger.

Dick, B., & Woof, K. (1986). Anevaluation of a time-limited programme of dynamic group psychotherapy. *British Journal of Psychiatry.*

DiPalma, E. (1993). *Liljan Winifred Espenak, pioneer: Her life and work in the profession of dance therapy*. Ann Arbor: UMI Dissertation Service.

Dodge, K. (1993). Social-cognitive mechanisms in the development of conduct disorder and depression. *Annual Review of Psychology, 44*, 559-584.

Dulicai, D. (1973). Movement therapy on a closed ward. *Journal of the Bronx State Hospital, 1*(4), 150-154.

Ellenberger, H. (1970). *The Discovery of the Unconscious: The History and Evolution of Dynamic Psychiatry* (2nd ed.). New York: Basic Books.

Espenak L. (1989). Movement diagnosis tests and the inherent laws governing their treatment: An aid in detecting the lifestyle. *American Journal of Dance Therapy 11*(2), 77-83.

Espenak, L. (1981). *Dance Therapy: Theory and Application*. Illinois: C. Thomas.

Espenak, L. (1979). The Adlerian approach in dance therapy. In P. Lewis (Ed.), *Theoretical approaches in dance-movement therapy* (Vol. 1, pp. 87-107). Dubuque: Kendall/Hunt.

Evan, B. (1978). *Packet of pieces by and about Blanche Evan*. San francisco, CA: Blanche Evan Foundation.

Finch, B. E., & Wallace, C. J. (1977). Successful Interpersonal Skills Training with Schizophrenic Inpatients. *Journal of Consulting and Clinical Psychology, 45*(5), 885-890.

Fish, B. (1975). Biological antecedents of psychosis in children in D.Freeman(ed.). *Biology of the Major Psychoses*, New York: Raven.

Fletcher, D. (1979). Body experience within the therapeutic process a psychodynamic orientation. In Bernstein, P. L. (Ed.), *Eight theoretical approaches dance movement therapy*. Debugue, IA: Kendall/Hurt Publishin Co.

Fraenkel, D. (1983). The relationship of empathy in movement to synchrony, echoing, and empathy in verbal interaction. *American Journal of Dance therapy 6*: 31-48.

Freud, S. (1900). *The Interpretation of Dreams, Standard Edition,* Vols. Ⅳ-Ⅴ, London: Hogarth Press.

Gilman, S. (Ed.). (1976). *The Face of Madness: Hugh W. Diamond and the Origins of Psychiatric Photography.* New York: Brunner Mazel.

Gilman, S. (Ed.). (1985). *Seeing the Insane: A cultural History of Psychiatric Illustration*, London: Wiley.

Goldman, H. H., Gattozzi, A. A., & Taube C. A. (1981). Defining and Counting the Chronically Mentally Ill. *Hospital Community Psychiatry, 32,* 22.

Goodwill, S. (1987). Dance/Movement therapy with abused children. *Arts in Psychotherapy.*

Grinberg, L. (1975). *Introduction to the Work of Bion.* London: Karnac/Roland Harris Educational

Trust.

Guntrip, H. (1971). *Psychology for Ministers and social workers.* London: Allen & unwin.

Hansen, D. J., Lawence, J. S., & Christoff, K. A. (1985). Effects of Interpersonal Problem-Solving Training with Chronic Aftercare Patients on Problem-Solving Component Skills and Effectiveness of Solution. *Journal of Consulting and Clinical Psychology, 53,* 167-174.

Hawkins, A. (1971). Work with patients. *Proceedings of the Sixth Annual Conference of the American Dance Therapy Association*.

Heber, L. (1993). *Dance Movement: A therapeutic program for psychiatric clients. perspectives in psychiatric care*, 22-29.

Hinshelwood, B. (1989). *A Dictionary of Kleinian Thought.* London: Free Association Books.

Holmes, P., & Karp, M. (1991). *Psychodrama: Inspiration and Technique.* London: Routledge.

Horney, K. (1950). The genetics of mental illness. In S. Arieti (Ed.), *American handbook of psychiatry.* New York: Basic Book.

Horowitz, M., & Weisberg, P. (1966). Techniques for the group psychotherapy of acute psychosis. *International Journal of Group Psychotherapy.*

Huber, G., Gross, G., Schüttler, R., & Linz, M. (1980). *Schizophr. Bull. 6*, 592.

Jaspers, K. (1923). *General Psychopathology.* J. Hoenign (trans.). The University of Chicago Press.

Johnson, D., & Sandel, S. (1977). Structural analysis of group movement sessions: preliminary research. *American Journal of Dance Therapy, 1.*

Jones, K. S. (1992). *Dance/Movement Therapy in Psychiatry.* New York: Routledge.

Jung, C. G. (1923). *Psychological Types.* R. F. C. Hull and H. G. Baynes (trans.), *Bollingen Series X X, Vol. 6 of collected Works of C.G. Jung* (3rd ed. 1977). Princeton: Princeton University Press.

Jung, C. G. (1965). *Memories, Dreams, Reflections*, A. Jaffe (ed.), C. Winston and R. Winston (trans.). New York: Vintage.

Karon, B. & Vandenbos, G. (1981). *Psychotherapy of Schizophrenia: The Treatment of Choice*, New York: Janson Aronson.

Kastner, I. (1988). 'The emphasis of creativity in DMT', unpublished M.A. thesis, *Laban Centre for Movement and Dance*, London.

Kay, S. R., Fiszbein, A., & Opler, L. A. (1987). The Positive and Negative Syndrome Scale(PANSS). for Schizophrenia. Schizophrenia Bulletin.

Keane, T., Kolb, L., & Kaloupek, D. (1998). Utility of psychophysiology measurement in the diagnosis of posttraumatic stress disorder: Results from a department of Veteran's Affairs cooperative study. *Journal of Consulting and Clinical Psychology, 66*, 914-923.

Kendon, A. (1979). Movement coordination in social interaction: Some examples described. In S. Weitz (Ed.), *Nonverbal Communication.* New York: Oxford Univeraity Press.

Kernberg, O., Burnstein, E., Coyne, L., Applebaum, A., Horowitz, L., & Voth, H. (1972). Psychotherapy and psychoanalysis: Final report on the Menninger Foundation Psychotherapy Research Project. *Bulletin of the Menninger Clinic, 36,* 1-275.

Kestenberg, J. S. (1975). *Children and Parents: Psychoanalytic studies in development*. New York: Jason Aronson.

Kestenberg, J. S. (1985a). The flow of Empathy and Trust between Mother and Child. In E. J. Anthony & G. H. Pollack (Eds.), *Parental influences: In health and disease* (pp. 137-163). Boston:Little Brown.

Kestenberg, J. S. (1989). What are the ingredients of bonding preatally and postnatally. Paper presented at the International Congress on Pre and Perinatal Psychology and Medicine, Jerusalem.

Kestenberg, J., & Sossin, K. (1979). *The Role of Movement Patterns in Development*. Volume II. New York: Dance Notation Bureau.

Klein, M. (1959). *Our adult world and its roots in infancy. In Envy and Gratitude and Other Works 1946-1963*. London: Virago Edition 1988.

Kline. F., Burgoyne, R. W., & Staples, F. (1977). A report on the use of movement therapy for chronic. *The Art in psychotherapy. 4*.

Koch, N. (1981). An interview with Liljan Espenak. *American Journal of Dance Therapy, 4*, 4-20.

Kreapelin, E. (1919). Dementia praecox and paraphrenia. In R. M. Barclay & G. M. Robertson (Trans. and Eds.). Livingstone, Edinburgh.

Kubie, L. (1958). *Neurotic Distortions of the Creative Process* (2nd ed. 1961). Kansas: University of Kansas Press.

Laban, R. (1948). *Modern Educational Dance,* revised by Lisa Ullman (3rd ed. 1980). London: Macdonald & Evans.

Laban, R. (1960). *The Mastery of Movement* (2nd ed.). London: Macdonald & Evans.

Laban, R., & Lawrence, F. C. (1947). *Effort*. London: Macdonald & Evans.

Laing, R. D. (1975). *The Divided Self: An Existential Study in Sanity and Madness*. London: Pelican

Lamb W., & Turner, D. (1968). *Management Behaviour*. New York: International Universities Press.

Lamb, W. (1965). *Posture and Gesture*. London: Duckworth.

Landy, R. J. (1993). Introduction: a research agenda for the creative art therapies. *The Art in psychotherapy, 20*, 1-2.

Laplanche, J., & Pontalis, J. B. (1973). *The Language of Psycho-Analysis* (2nd ed. 1980). London: The Hogarth Press.

Lemon, J. (1990). The use of Dance/Movement therapy in Professional Sport: A Kestenberg Movement Profile of Joe Montana. Unpublished master's thesis, Antioch New England Graduate School, Keene, NH.

Leste, A. & Rust, J. (1990). Effects of dance on anxiety. *American Journal of Dance therapy*, *12*(1), 19-26.

Levy, F. (1988). *Dance Movement Therapy: A Healing Art*. Reston: AAHPERD.

Lewis, P., & Bernstein, P. (1972). *Theory And Methods In Dance/Movement Therapy* (A Manual for Therapists, Student, And Educators). Dubuque: Kendall Hunt Pub.

Lewis, P. (1979). *Theoretical approaches In Dance/Movement Therapy,* Vol. I, Dubuque: Kendall

Hunt Pub.

Lewis, P. (1986). *Theoretical Approaches in Dance Movement Therapy,* Vol. 1, Dubuque: Kendall Hunt Pub.

Liberman, R. P. (1994). Psychosocial therapies for schizophrenia. *Comprehensive Textbook od Psychiatry* (6th ed.). Baltimore, MD, 792-896.

Liberman, R. P., Kopelowicz, A., & Young, A. S. (1994). Biobehavioral Treatment and Rehabilitation of SPR. *Behavior Therapy, 25*, 89-107.

Liberman, R. P., Wcllace, C. J., & Vaughn, C. E. I. (1980). *Social and Family Factors in the Courses of Schizophrenia. Toward an Interpersonal Problem-Solving Therapy for Schizophrenics and Their Relatives.* In Strauss. J. S., & Bowers, M. (Eds.), *Psychotherapy of Schizophrenia.* New York: Plenum.

Ling, F. (1983). In Touch With Self: In Touch With Others, *Prison Services Journal,* V.51. 18-20.

Loman, S. (1980). Attunement. Child Development Research News. New York.

Loman, S. (1990). Introduction to the Kestenberg Movement Profile. In P. Lewis & S. Loman (Eds.), The Kestenberg Movement Profile: It Past, Present Applications and Future Directions. Keene: Antioch New England Graduate School.

Loman, S. (1991). Refining Movement Interventions in Dance/Movement Therapy: A Model of Nonverbal Interaction Utilizing the Kestenberg Movement Profile (KMP). system of movement analysis. In Shadow & Light: Moving toward Wholeness. Columbia, MD: American Dance Therapy Association.

Loman, S. (1994). Attuning to the fetus and the young child: Approaches from Dance/Movement Therapy. *ZERO TO THREE Bulletin of National Center for Clinical Infant Programs, 15*(1 August/September).

Loman, S. (1995). In F. Levy (Ed.). The Case of Warren: A KMP Approach to Autism. *Dance and other Expressive Arts Therapies*. New York: Routledge Publicaions.

Loomis, R., & Loomis, L. (1957). *Medieval Romances*, New York: The Modern Library.

Lowen, A. (1967). *Betrayal of the Body.* New York. The Macmillan Company.

Luborsky, L., & Christoph, P. (1990). *Understanding transference: The CCRT method*. New York; Basic Books.

Luborsky, L., Barber, J., & Christoph, P. (1990). Theory-based research for understanding the process of dynamic psychotherapy. *Journal of Consulting and Clinical Psychology*, *58*, 281-287.

Mahler, M., Pine, F., & Bergman, A. (1975). *The Psychological Birth of the Human Infant.* New York: Basic Book.

Malan, D. (1989). *Individual Psychotherapy and the Science of Psychodynamics,* London: Butterworths.

Manschreck, T. (1986). Motor abnormalities in schizophrenia. In H. Nasrallah & D. Weinberger (Eds), *Handbook of Schizophrenia,* Volume 1. *The Neurology of Schizophrenia.* New York: Elsevier Science Publishers.

Mantegazza P. (c. 1925). *Physiognomy and Expression*, contemporary Science Series, H. Ellis(ed.), London: Walter Scott.

Martin, E. (1989). The Woman in the Body: *A cultural Analysis of Reproduction*, Boston: Beacon Press.

Mayer-Gross, W., Slater, E., & Roth, M. (1954). Clinical Psychiatry,3rd edn 1969, London: balliere, Tindall.

Merman, H. (1986). The Development of a Dance/Movement Therapy Assessment too. *Certification Project*. New York: Lanban Institute of Movement Studies.

Merman, H. (1990), The use of Precursors of Effort in Dance/Movement Therapy. In P. Lewis & S. Loman (Eds.), *The Kestenberg Movement Profile: Its past, Present applications and futuredirections.* Keene, NG: Antioch New York: Basic Books. Inc.

Miller, A. (1981). *The Drama of the Gifted Child.* New York: Basic Book.

Miller, L., Rustin, M., Rustin, M., & Shuttleworth, J. (1989). *Closely Observed Infants.* London: Gerald Duckworth and Co.

Mittelmann, B. (1954). Motility in infants, childern, and adults: patterning and psychody-namics. *Psychoanalytic Study of the Child.*

Mittelmann, B. (1957). Mobility in the therapy of childern and adults, *Psychoanalytic Study of the Child, 12.*

Monti, P. M., & Curran, J. P. (1980). Effects of Social Skills Training Groups with Sensitivity Training Groups with Psychiatric Patient. *Journal of Consulting and Clinical Psychology, 48*(2), 241-248.

North, M. (1972). *Personality Assessment Through Movement.* London: Macdonald and Evans.

Northrup's, C. (1994). *Health wisdom for women newsletter.* New York: Bantam Books.

Paul, G. L. (1984). *Residential Treatment Programs and After Care for the Chronically Institutionalized.* New York: SP Medical and Scientific Books.

Perls, F. (1973). *The Gestalt Approach and Eyewitness to Therapy.* California: Bantam Books.

Pesso, A. (1969). *Movement in Psychotherapy: Psychomotor Techniques and Training.* New York: New York University Press.

Perry,B. (2001).The neurodevelopmental impact of violence in childhood. In D. Schetky, & E. Benedek (Eds.). *Textbook of child and adolescent forensic psychiatry*, 221-238. washington, DC: American Psychiatric Press.

Perry, B., & Pollard, R. (1998). Homeostasis, stress, trauma and adaptation - A neuro developmental view of childhood trauma. *Child and Adolescent Psychiatric Clinics of North America, 7*, 33-51.

Polhemus, T. (1978). *The Body Reader: Social Aspects of the Human Body.* New York: Pantheon Books.

Reich, W. (1949). *Character Analysis.* New York: Orgone Institute press.

Reichmann, F. (1954). Psychotherapy of schizophrenia. *American Journal of Psychiatry* III.

Reichmann, F. (1955). *Principles of Intensive Psychotherapy.* Chicago: University of Chicago Press.

Ritter, M., & Low, K. G. (1996). Effects of Dance/Movement therapy: A Meta Analysis. *The Arts in Psychotherapy 23*(3), 249-260.

Rogers, C. (1951). *Client-Centred Therapy.* Boston: Houghton Mifflin.

Rogers, D. (1985). The motor disorders of severe psychiatric illness: A conflict of paradigms. *British Journal of Psychiatry*.

Samuels, A., Shorter, B., & Plaut, F. (1986). *A Critical Dictionary of Jungian Analysis.* London: Routledge.

Sandel, S. (1980). Countertansference stress in the treatment of schizophrenic patients. *American Journal of Dance Therapy*, *3*, 20-32.

Sandel, S., & Johnson, D. (1983). Structure and process of the nascent group: Dance therapy with chronic patients. *Arts in psychotherapy, 10.*

Sargant, W. (1957). *Battle for the Mind.* London: Pan Books.

Scheflen, A., & Scheflen, E. (1972). *Body Language and Social Order. Communication as Social Control*. New Jersey: Prentice Hall.

Schilder, P. (1950). *The Imahe and Appearance of the Human Body: studies in the constructive Energies of the Psyche* (3rd ed. 1978). New York: international Universities Press.

Schmais, C. (1985). Healing processes in group dance therapy. *American Journal of Dance Therapy, 8,* 17-36.

Schmais, C. (1986). Introduction to dane therapy. *American Journal of Dance Therapy 9*: 23-30.

Schmais, C., & White, E. Q. (1968). *Introduction to dance therapy,* CORD.

Schilder, P. (1950). *The image and appearance of the human body*. New York: international unversities press.

Schoop, T. (1973). Dance and delusions, In B. F. Govine & J. C. Smullwood (Eds.), *What is dance therapy really?* Proceedings of the *7th Annual Conference of the American Dance Therapy Association.*

Schoop, T., & Mitchell, P. (1979). Reflections and projections: the schoop approach to dance therapy. In P. Bernstein (Ed.), *Eight Theoretical Approaches to Dance-Movement Therapy.* Dubuque: Kendall Hunt.

Schreiber, D. (2004). *Instinct to heal*: Rodale Inc. Library of Congress Cataloging in Publication Data. U.S.A.

Segal, H. (1964). *Introduction to the Work of Melanie Klein*, enlarged edn 1988, London: Hogarth Press.

Semba, Z. (1995). Mental health and psychosocial rehabilitation in Japan. In: *Proceeding of international symposium on psychosocial rehabilitation for the mentally disabled,* Korean Association of Psychosocial Rehabilitation, 37-56.

Shapiro, S. A. (1981). *Contemporary Theories of Schizophrenia.* New York: McGraw Hill.

Sharon, C. (1972). *Dance Therapy in Arieti and American Handbook of Psychiatry.* New York: Basic books.

Shealy, N. (1988). *The Creation of Health.* Indianapolis, IN: Stillpoint publication.

Showalter, E. (1987). *The Female Malady: Women, Madness and English Culture, 1830-1980*. London: Virago Press.

Siegel, E. (1974). The treatment of depressive states during movement therapy. *American Dance Therapy Association Monograph, 3*, 76-85.

Siegel, E. (1984). *Dance/Movement Therapy*. Human Sciences Press.

Silberman, L., & Komisaruk, R. (1985). Theating psychogenic somatic disorders through body metaphor, *American Journal of Dance Therapy, 8,* 37-45.

Silberman, L. J. (1985). Treating psychogenic somatic disorders through body metaphor. *American Journal of Dance Therapy, 8*, 37-45.

Silberstein, S. (1987). Dance therapy and schizophrenia: vision of the future. *The Arts in Psychotherapy, 14,* 143-152.

Simon-Dhouailly, N. (1986). *La Lecon de charcot: Voyahe dans une toile*. Paris: Imprimerie Tardy Quercy.

Sossin, K., & Loman, S. (1992). Clinical Applications of the Kestenberg Movement Profile. In S. Loman & R. Brandt (Eds.), *The Body Mind Connection in Human Movement Analysis*. Keene: Antioch New England Graduate School.

Sossin, K. M. (1987). Reliability of the Kestenberg Movement Profile. *Movement Stundies: Observer Agreement, 2*, 23-28. New York: Laban/Bartenieff Institute of Movement Studies.

Sossin, K. M. (1994). Personal Communication.

Sparshott, F. (1988). *Off the ground: First Steps to a Philosophical Consideration of the Dance,* Princeton: Princeton University Press.

Spitz, R. (1942). Anaclitic depression: an inquiry into the genesis of psychiatric conditions in early childhood. *Psychoanalytic Study of the Child, 2,* 313-342.

Stanton, K. (1988). Temples or prisons? *Times Higher Education Supplement, 3*, June, 26.

Stark, R. (1975). *Social Problem*. CRM/Random House, Inc., University of Washington.

Stern, D. N. (1985). *The Interperonal World of the Infant: A view form Psychoanalysis and Developmental Psychology*. New York: Basic Book.

Stiver, I.P. (1992). A Relational Approach to Therapeutic Impasses. *Work in Progress* (No. 58). Wellesley, MA: Stone Center Working Paper Series.

Sullivan, H. S. (1932). *Schizophrenia as a Human process.* New York: Norton.

Sullivan, H. S. (1940). *Conception of Modern psychiatry*, 1953 edn, New York: Norton.

Sullivan, H. S. (1953). *The interpersonal theory of psychiatry*. New York: WW Norton company.

Sutherland, J. (1980). The British object-relations theoris: Balint, winnicott, Fairbairn, Guntrip. *Journal of the American psychoanalytic Association, 28: 4*.

Szasz, T. (1974). *The Myth of Mental Illness: Foundations of a Theory of Personal Conduct* (rev. ed.). New York: Harper & Row.

Timble, M. (1981). *Neuropsychiatry*. Chichester: Wiley.

Timble, M. (1986). *A Study of Movement Disorders.* Wantage: Janssen Pharmaceutical Limited.

U. S. Department of Health and Human Services (1992). *Mental Health.* United States.

Warner, R. (1987). *Recovery From Schizophrenia: Psychiatry and Political Economy.* London and New York.

Weitz, S. (1979). *Nonverbal Communication: Readings with Commentary.* New York: Oxford University Press.

Westbrook, B. K., & Mckibben, H. (1989). Dance/movement therapy with groups of outpatient with Parkinson's disease. *American Journal of Dance Therapy, 11*(1), 27-38.

Wilson, H. B. (1988). *A case study of an autistic girl in movement therapy.* unpublished Master's in Creative Arts Therapy thesis.

Winnicott, D. (1971). *Playing and reality*. New York: Basic Books.

Winnicott, D. W. (1953). Transitional objects and transitional phenomena: A study of the first not-me possession. *International Journal of Psychoanalysis,* 34(2), 89-97.

Yalom, I. (1983). *Inpatient Group Psychotherapy.* New York: Basic Books.

Yalom, I. D. (1970). *The Theory and Practice of Group Psychotherapy* (1985 ed.). New York: Basic Books.

Yalom, I. D. (1986). *Group psychotherapy*, forward, In: Annual Review (Vol. 5), A. J. Frances & R. E. Hales (Eds.). Washington DC: American Psychiatric Press, 655.

Zigler, E., & Philips, L. (1961). Social Competence and Outcome in Psychiatric Disorders. *Journal of Abnormal and Social Psychology, 63,* 264-271.

Zwerling, I., & Wilder, J. F. (1964). An evaluation of the applicability of the day hospital in treatment of acutely disturbed patients, *Israel Ann Psychiatry, 2.*

Zwerling, I. (1989). The creative arts therapies as "real therapies". *American Journal of Dance Therapy, 11.*

찾아보기

인 명

내 용

| 저자 소개 |

류분순(Ryu Boonsoon)은 한국의 무용 · 동작 심리치료 선구자로 상담심리학으로 교육학 박사, 운동심리학으로 이학 박사 학위를 받았다. 1992년 대한정신의학 산하 한국임상예술학회 추계학술 세미나에서 임상무용치료 세미나 발표를 시작으로 1994년 한국무용치료학회를 설립하였고, 이후 많은 언론과 방송에 소개되었다. 2000년 국내 최초로 서울여자대학교에 표현예술치료 전문대학원 석 · 박사 과정 커리큘럼을 설계하고 교육하였으며, 2007년부터는 순천향대학교 대학원에서 심리치료학과 무용치료를 전공하면서 심리치료의 영역을 넓혔다.

20대부터 현대무용 개인 공연과 한국 현대 춤 작가전, 국제 무용세미나, 대구시립무용단 객원 안무 등 대학에서 무용교육과 창작 무용공연을 하였고, 30대에 정신분석 및 심리학 공부를 하면서 이를 무용치료와 접목하여 정신과 임상에 적용하였다. 1995년부터 미국무용치료협회 국제패널, 세계 표현정신병리학회, 유럽 및 일본학회와 국내 상담학회, 정신간호사회, 사회복지협회, 특수교육단체, 가정법원, 중독 회복자 단체, 학교 밖 청소년 단체 등에서 지난 30년간 1,500회 이상의 사회예술 치유세미나와 워크숍을 진행해 왔다.

현재 순천향대학교 대학원 심리치료학과 무용치료 전공교수, 보건정책과 소속 (사)한국댄스테라피협회 이사장, 한국예술심리치료원 원장으로 임상예술치료의 현장에 있다.

국가 프로젝트로 부적응 청소년 상담, 중독문제 치료, 학교폭력 대상자의 상담 및 치료, 가정법원 부부치료, 다문화 가족치료 등을 수행하고 있으며, 전문 예술치료사 교육과 임상감독을 하고 있다.

저서와 역서

창의성 개발을 위한 무용교육의 실제(1986), 무용치료의 입문(1993), 무용 · 동작 치료학(2000), 대체 보완치료(공저, 2002), 몸과 몸짓 문화의 리얼리티(공저, 2003), (마음치료의 열쇠)춤 · 동작치료(2004), 춤 동작치료(2004), 춤 동작을 통한 마음치료(역, 2009), 창의적 통합 예술 치료 매뉴얼(역, 2010), 무용 동작 치료의 예술과 과학(공역, 2014),

논문

Dance/Movement Therapy에서 정신과 신체관계의 신경생리적 접근(1999)

무용 · 동작 치료가 만성정신질환자의 불안과 대인관계에 미치는 효과(2000)

무용동작 심리치료가 성폭행 피해 청소년의 외상 후 스트레스, 뇌파 및 자아 정체감에 미치는 효과(2009) 외 다수

무용 · 동작 심리치료
Dance Movement Psychotherapy

2017년 9월 20일 1판 1쇄 인쇄
2017년 9월 25일 1판 1쇄 발행

지은이 • 류분순
펴낸이 • 김진환
펴낸곳 • (주) 학지사
04031 서울특별시 마포구 양화로 15길 20 마인드월드빌딩
대표전화 • 02)330-5114 팩스 • 02)324-2345
등록번호 • 제313-2006-000265호

홈페이지 • http://www.hakjisa.co.kr
페이스북 • https://www.facebook.com/hakjisa

ISBN 978-89-997-1375-0 93180

정가 20,000원

이 도서의 국립중앙도서관 출판시도서목록(CIP)은 서지정보유통지원시스템 홈페이지(http://seoji.nl.go.kr)와 국가자료공동목록시스템(http://www.nl.go.kr/kolisnet)에서 이용하실 수 있습니다.
(CIP 제어번호: CIP2017022493)